独角兽法考应试宝典

理论法学

独角兽网校◎组编　杨帆◎编著

中国政法大学出版社

2022·北京

图书在版编目（ＣＩＰ）数据

独角兽法考应试宝典：全八册/独角兽网校组编.—北京：中国政法大学出版社，2022.3
ISBN 978-7-5764-0381-7

Ⅰ.①独… Ⅱ.①独… Ⅲ.①法律－中国－资格考试－自学参考资料 Ⅳ.①D920.4

中国版本图书馆 CIP 数据核字(2022)第 042734 号

出 版 者　　中国政法大学出版社

地　　址　　北京市海淀区西土城路 25 号

邮寄地址　　北京 100088 信箱 8034 分箱　邮编 100088

网　　址　　http://www.cuplpress.com (网络实名：中国政法大学出版社)

电　　话　　010-58908285(总编室) 58908433 （编辑部）58908334(邮购部)

承　　印　　保定市中画美凯印刷有限公司

开　　本　　787mm×1092mm　1/16

印　　张　　185

字　　数　　3840 千字

版　　次　　2022 年 3 月第 1 版

印　　次　　2022 年 3 月第 1 次印刷

定　　价　　485.00 元（全八册）

CONTENTS 目 录

法理学

宪　法

司法制度和法律职业道德

中国法律史

习近平法治思想

法理学

第一章
法的本体

第一节　法的概念

一、法的概念的争议

（一）自然法学

自然法学从其发展过程来看可以分为古代自然法学、古典自然法学、现代自然法学。其基本主张有：

1. 早期的自然法认为自然法是上帝制定并颁布、体现上帝理性，且普遍永恒存在的规则。自然法主要表现为以正义为核心的各种道德规范。

2. 在政府产生以前，人类处于自然状态，自然状态中的人们基于自然法享有自然权利即天赋人权。天赋人权的核心内容是自由、平等。

3. 自然状态中没有权威性的长官颁布规则，裁判纠纷，人们运用理性自己发现自然法，并执行自然法，各自为政的结果可能导致自然状态变为战争状态。为了克服自然状态的种种不足，人们通过社会契约，让渡自己的部分权利成立政府，政府的功能在于保障人的人权。

4. 政府通过人们的授权获得了立法权、行政权、司法权，但是政府制定的人定法必须符合自然法，否则为恶法，恶法非法。

5. 自然法学认为法律和道德之间有必然的联系，张扬法的正义价值，主张法学研究应该关注法律应当是什么。

（二）实证主义法学

1. "实证"的意思是用实际存在的东西来证明。"实证主义"就是以实际验证为中心的哲学思想。就广义而言，任何哲学体系，只要求助于经验材料，拒绝、排斥先验（不依赖于人的经验）或形而上学的思辨，都为实证主义。就狭义而言，实证主义指的是法国哲学家孔德的哲学体系。

2. 实证主义哲学应用到法律研究领域，所产生的法学就是实证主义法学。

3. 实证主义法学认为自然法是非实证的，不确定的，反对自然法学把道德和法律混为一谈，反对把法律的效力建立在符合自然法（道德）的基础上。实证主义法学认为**法律和道德之间不存在必然的联系**，是不是法和是不是正义的法是两个不同的问题。

4. 不符合道德的人定法，仍然是法。良法是法，**恶法亦法**。法学家就应该像自然科学家那样，保持**价值中立**，对一切被称为"法"的经验材料进行研究，从而发现其中的规律。研究驴子的动物学家应该对一切被称"驴"的动物进行研究，不能因为自己认为某些驴子是丑的，而把它们排除在驴子之外不去研究，如果排除了自己认为丑的驴子，那么该动物学家得出的结论肯定是不完整的。同理，法学家如果把根据某种道德标准判定为"恶"的人定法排除在研究对象之外，其得出结论同样是不完整的。

5. 实证主义法学只关注法律实际上是什么，不关注法律应该是什么，换言之，实证主义法学只关注"**实然法**"，而不关注"**应然法**"。

6. 实证主义法学内部有好多流派，其观点也五花八门。实证主义法学有**分析实证主义法学**、**法社会学**、**现实主义法学**等流派之分。即使分析法学又有**包容性法律实证主义**和**排他性法律实证主义**之分。

7. 分析实证主义法学也称分析法学，该流派认为法律就是国家立法机关依据法定程序制定的规则，凡是国家立法机关制定的规则都应当具有效力。实际存在的只有国家立法机关制定的法律，在此之外别无法律。

8. 社会学法学认为法律就是对形成社会秩序产生了**实效**的规范。国家立法机关制定的法律并不一定就是法，因为国家立法机关制定的法律不一定能够得到实施，从而对形成社会秩序产生实效。相反，习惯等其他社会规范，虽然不出自国家立法机关之手，但是因为其有实效，因而可以被视为法律。

9. 现实主义法学认为法律要适用于具体案件，必须通过法官的解释，法律解释在某种意义上是法官进行自由裁量的活动，因而在具体案件中对当事人产生实效的是法官的判决，而非以"白纸黑字"形式呈现出来的规则，正是在这个意义上，**真正的法律存在于法官的判决中**，以"白纸黑字"形式呈现出来的规则仅仅是**对法官将要做什么的预测**，是**法律的渊源**。

（三）第三条道路

如果既考虑**内容的正确性**、又考虑**权威性制定**和**社会实效**，这种法学被称为超越自然法学和分析法学的第三条道路。因为其强调法律必须是符合道德的才是有效的，因而和自然法学一道被称为**非实证主义**。

【记忆口诀】

道德必备非实证，实证主义没道德。自然法学看道德，不道德的不是法。分析法学看来源，出自国家才是法。法社会学看实效，有实效的都是法。现实法学重现实，真法只在判决中。何谓道路第三条？来源实效加道德。

【经典习题】

1. 在小说《悲惨世界》中，心地善良的冉阿让因偷一块面包被判刑，他认为法律不公并屡次越狱，最终被加刑至19年。他出狱后逃离指定居住地，虽隐姓埋名却仍遭警探沙威穷追不舍。沙威冷酷无情，笃信法律就是法律，对冉阿让舍己救人、扶危济困的善举视而

不见，直到被冉阿让冒死相救，才因法律信仰崩溃而投河自尽。对此，下列说法正确的是：[1]

　　A. 如果认为不公正的法律不是法律，则可能得出冉阿让并未犯罪的结论

　　B. 沙威"笃信法律就是法律"表达了非实证主义的法律观

　　C. 冉阿让强调法律的正义价值，沙威强调法律的秩序价值

　　D. 法律的权威源自人们的拥护和信仰，缺乏道德支撑的法律无法得到人们自觉的遵守

　　【分析】 自然法学认为国家制定的法律应该符合公平正义等道德观念，不公正的法律是恶法，恶法非法，如果从自然法学的观点看用来给冉阿让定罪的法律并不公正，如果否定了其法律效力，则冉阿让并未犯罪。故 A 对。

　　分析实证主义法学认为只要是国家立法机关通过法定的程序制定的规范都是法律，道德上的公正与否与法律是否具有效力没有必然的联系，"恶法亦法"，沙威笃信法律就是法律，表达了实证主义的法律观。故 B 错。

　　自然法学强调正义等道德价值，认为不正义的法律不是法律，冉阿让持这种观点。分析实证主义法学之所以强调恶法亦法，是因为在他们看来哪怕是恶法也比没有法律强，因为即使恶法也有助于形成一定的社会秩序，沙威持这种观点。故 C 对。

　　美国法律史学家伯尔曼说："法律必须被信仰，否则它将形同虚设。"法律的权威性离不开国家强制力，但是人们内心的拥护和信仰，是更深层的保障，与人们的道德观念严重背离的法律注定无法为人们自觉遵守，故 D 对。

　　2. 公元前 399 年，在古雅典城内，来自社会各阶层的 501 人组成的法庭审理了一起特别案件。被告人是著名哲学家苏格拉底，其因在公共场所喜好与人辩论、传授哲学而被以"不敬神"和"败坏青年"的罪名判处死刑。在监禁期间，探视友人欲帮其逃亡，但被拒绝。苏格拉底说，虽然判决不公正，但逃亡是毁坏法律，不能以错还错。最后，他服从判决，喝下毒药而亡。对此，下列哪些说法是正确的？[2]

　　A. 人的良知、道德感与法律之间有时可能发生抵牾

　　B. 苏格拉底服从判决的决定表明，一个人可以被不公正地处罚，但不应放弃探究真理的权利

　　C. 就本案的事实看，苏格拉底承认判决是不公正的，但并未从哲学上明确得出"恶法非法"这一结论

　　D. 从本案的法官、苏格拉底和他的朋友各自的行为看，不同的人对于"正义"概念可能会有不同的理解

　　【分析】 苏格拉底被判处有罪以后，他的学生已经为他打通所有关节，可以让他从狱中逃走。并且劝说他，判他有罪是不正义的。然而苏格拉底选择了慷慨走向刑场。他的理由：我是被国家判决有罪的，如果我逃走了，法律得不到遵守，就会失去它应有的效力和权威。当法律失去权威，争议也就不复存在。这不是悲剧的声音，这是一个智者在用生命诠释法律的真正含义——法律只有被遵守才有权威性。只有法律树立了权威，才能有国家秩序与社会正义的存在。苏格拉底为了正义死了。

　　法律与道德之间的关系是法学研究的好望角，充满了艰难险阻，但是有一点是肯定的，

----

　　〔1〕【答案】ACD
　　〔2〕【答案】ABCD

那就是法律与道德之间并非总是一致的，法律与道德之间可能会发生冲突，合法的行为不一定合乎道德，合乎道德的行为也不一定合法，故 A 项的说法正确。

对苏格拉底的处罚当然是不公正的，在苏格拉底被处死 14 年后雅典人最终重新发现自己的良知和智慧，认定苏格拉底审判是一大冤案，反而判墨勒托斯犯有诬告罪并处死，判其他起哄者同样犯有诬告罪，并驱逐出境。苏格拉底服从判决的决定表明，一个人可以被不公正地处罚，但不应放弃探究真理的权利，基于此，B 项的说法正确。

苏格拉底以其行动诠释了公民有守法的义务，即使是恶法也应当遵守，故苏格拉底并没有像自然法学派那样认为"恶法非法"，拒绝遵守，在苏格拉底看来"恶法亦法"，这与后世分析实证主义的法学主张相同。故 C 项的说法正确。

正义的观念因人群的不同而不同，因时代的不同而不同，故 D 选项的说法正确。

二、马克思主义法理学关于法的本质的学说

阶级性	国家是统治阶级进行阶级统治的工具。
	在阶级对立的社会，法律所体现的国家意志实质上是统治阶级的意志。
	所有的法律都体现统治阶级的意志，但并非所有的法律都仅仅体现统治阶级的意志，有些法律在体现统治阶级的意志的同时，还反映被统治阶级的愿望和要求。
物质制约性	法律最终是由一定社会的物质生活条件决定的。
	马克思说"立法者应该把自己看作是一个自然科学家，他不是在制造法律，更不是在发明法律，而仅仅是在表述法律。"

帆哥提示

统治工具阶级性；物质制约社会性。

【经典习题】

下列有关法的阶级本质的表述中，哪些体现了马克思主义法学关于法的本质学说？（不定项）[1]

A. 一国的法在整体上是取得胜利并掌握国家政权的阶级意志的体现
B. 历史上所有的法律仅仅是统治阶级的意志的反映
C. 法的本质根源于物质的生活关系
D. 法所体现的统治阶级的意志是统治阶级内部各党派、集团及每个成员意志的相加

【分析】基于马克思主义法理学的基本理论，AC 两项显然表述正确。

在阶级对立的社会中法律体现统治阶级的意志，但是并不是仅仅体现的统治意志，有些法律反映包括统治阶级和被统治阶级在内的所有社会成员的意志，比如维护交通安全的法律就体现社会成员共同意志。故 B 错。

法律体现统治阶级意志，但是这种意志是统治阶级的共同意志，并非是统治阶级内部各党派、集团及每个成员意志的相加。故 D 错。

_____

[1]【答案】AC。

三、"国法"及其外延

定义	特定国家现行有效的法，即一个国家正在实施的法。	
外延	国家专门（立法机关）机关制定的法（成文法）	"成文法"中的文指条文。
	法院或法官在判决中创制的规则（判例法）	①判例法是"**法官造法**"的产物，其基本原则为"**遵循先例**"。 ②中国的"**案例指导制度**"和英美法系的判例法制度具有类似的功能，即限制法官的自由裁量，实现法的统一适用。
	国家通过一定的方式认可的习惯法（不成文法）	"不成文法"有两种含义：一是指不具有文字形式的习惯法；二是指不具有条文形式的判例法。**在日常的用法中，"不成文法"主要指习惯法**。
	其他执行国法职能的法	欧洲中世纪的教会法虽然不是国家制定，但是起到了国法的职能。

🚢 **帆哥提示**

"国法"分四类：国家制定成文法；国家认可习惯法；法院创制判例法；其他职能类似法。

【经典习题】

下列有关"国法"的理解，哪些是不正确的？（多选）[1]

A. "国法"是国家法的另一种说法

B. "国法"仅指国家立法机关创制的法律

C. 只有"国法"才有强制性

D. 无论自然法学派，还是实证主义法学派，都可能把"国法"看作实在法

【分析】 此题的难点在于对"国家法"和"国法"这两个概念的辨析。

"国家法"指的是出自国家的法，与"社会法"或"民间法"相对立。大致而言，"国家法"包括国家立法机关制定的成文法、国家立法机关认可的习惯法、法院创制的判例法。而"民间法"或"社会法"指的是与国家机关无涉，而在社会中存在的建构社会秩序的规范，比如习惯，再比如前文提及的教会法就属于这个范畴。根据前文的对国法的定义，显然国法的外延要大于国家法。基于此，AB两个选项的表述是错误的。

一般而言，规范都有保障自己得以实现的力量，规范都有强制性，并不是只有"国法"才具有强制性，道德规范、宗教规范都有强制性。法律和其他社会规范的区别在于法律具有国家强制性。故C选项表述错误。

D选项中出现了"实在法"一词。所谓实在法就是实际存在的法。自然法学认为实际存在的法有两个系统：自然法和人定法。自然法即普遍的公平正义等道德观念，人定法即国法，自然法学认为人定法应该符合自然法，否则就是恶法，不具有法律效力，恶法非法。分析法学认为只有"国法"才是唯一实际存在的法。由此可见，自然法学和分析法学都认为国法是实在法，其分歧在于是否承认自然法的实存性，以及自然法和人定法之间的必然

---

[1] 【答案】ABC

联系性。

四、法律的特征

（一）法是调整人的行为的一种社会规范

1. 规范的含义大体与标准、尺度、准则、规矩和规则等相似。

2. 社会规范是指人与人相处的准则。法律就是社会规范之一。

3. 法律不同于**技术规范**和**自然法则**。

（1）技术规范，它的调整对象是人与自然的关系，是规定人们如何使用自然的力量和生产工具以有效地利用自然的行为准则。

（2）自然法则，即自然规律，是自然现象之间的联系，自然现象的存在与人的思维和行动无关，因此它不具有文化的意蕴。对于自然法则，人们只能认识和遵守而不能改变，违背自然规律，会招致自然力的惩罚。

（3）社会规范是无数思维着的理性的个人行动的结果，是一种文化现象。

4. 作为调整行为的社会规范，法律又不同于其他社会规范。法律是一种以公共权力为后盾的、具有特殊强制性的社会规范。而习惯、道德、宗教、政策等社会规范则建立在人们的信仰或确信的基础上，大体上通过社会舆论、传统的力量、社团内部的组织力或人们的内心发生作用。因此，它们不仅是人的行为的准则，而且也是人的意识、观念的基础。

帆哥提示

1. 规范性有两层含义：（1）对象不特定；（2）适用可反复。

2. 法典属于规范性法律文件，因为法典针对的对象是不特定的，在同样的情况下是可以反复适用的。根据法律作出的判决书针对对象特定，且不能反复使用，属于非规范性法律文件。

（二）法是由公共权力机构制定或认可的具有特定形式的社会规范

1. 法形成于公共权力机构，这是法律与其他人为形成的社会规范的主要区别之一。

2. 法的形成方式有两种：制定和认可。

3. 通过制定的方式形成的法律就是成文法或制定法。

4. 认可就是国家机关赋予社会已有的社会规范，如习惯、道德、宗教教义、政策等，法律效力。认可有两种方式：

（1）国家立法者在制定法律时将已有的不成文的零散的社会规范系统化、条文化，使其上升为法律。此种方式可称之为"**具体认可**"。

（2）立法者在法律中承认已有的社会规范具有法律的效力，但未将其转化为具体的法律规定，而是交由司法机关灵活掌握，如有关"从习惯""按政策办"等。此种方式可称之为"抽象认可"。

（三）法是具有普遍性的社会规范

1. 法的普遍性就是指法作为一般的行为规范在国家主权管辖范围内具有普遍适用的效力和特性。这就意味着法对国家主权管辖范围内的一切成员一律平等适用，而不管人们的阶级、阶层、个人社会地位、民族、宗教信仰、性别等方面的差别。

2. 其他社会规范只对一国内的部分人有效。例如，道德往往是不统一的，不同阶级、民族的道德只是在一定范围内对社会成员有适用的效力。宗教规范只对那些信仰该宗教的人即信徒具有约束力。社团章程仅对社团成员有效，而对非社团成员则无效。

3. 其他社会规范在适用效力上多采取"属人主义"，而法在适用效力上则以"属地主义"为基础。

4. 法在国家主权管辖范围内普遍有效，具有普遍性，是从法作为一个整体的属性来讲的。就一个国家的具体法的效力而言，则呈现出不同的情况，不可一概而论。有些法律是在全国范围内生效的，有些则是在部分地区或仅对特定主体生效。而那些经国家认可的习惯法，其适用范围则可能更为有限。因此，不能将法的普遍性作片面的理解，认为一切具体的法的效力都是完全相同的。

（四）法是以国家强制力保证其实施的社会规范

1. 法是由国家制定或认可的，具有**国家意志性**，因此，法以国家的强制力作为保证自身实施的力量，具有国家的强制性。

2. **其他的社会规范也具有强制性**，但是它们都不是以国家的强制力作为它们实施的力量，不具有国家的强制性。例如，道德规范主要依靠人的良知、内心确信及其社会舆论等来保证其得到实施。宗教规范的实施主要是通过精神强制的方式，但也必须依靠清规戒律、惩罚制度来保证教徒的遵守。

3. 法的国家强制性与其他社会规范的强制性的不同在于，它不管人们守法与违法的内在动机是什么，只强调人们的外在的行为是否符合法的规定，它以外在的国家强制力强迫人们守法。在这个意义上，法对人的行为的约束和强制是一种"**他律**"。

4. 法依靠国家的强制力得以实施，是从最终意义上来讲的。这就意味一方面，在每一个法的实施活动或过程中，不一定都需要或必需国家暴力介入其中。另一方面，国家的强制力不是保证法实施的唯一力量，在一定程度上，它的实施，也要依靠社会舆论、人们的道德观念和法治观念、思想教育等多种手段来保证。

（五）法是具有严格、明确的程序的社会规范

1. 法的创制、执行、适用、监督等都是严格按照一定的明确的程序来进行的。法体系是作为程序的体系。法是强调程序、规定程序和实行程序的规范体系。

2. 有的社会规范也具有规范性，但是其程序性没有法律严格。

（六）法是可诉的规范体系，具有可诉性

1. 法的可诉性是指法律作为一种规范人们外部行为的规则可以被任何人在法律规定的机构中通过争议解决程序加以运用以维护自身权利的可能性。

2. 不同的社会规范，具有不同的实现方式。法律的实现方式不仅表现在以国家暴力为后盾，更表现在以一种制度化的争议解决机制为权利人提供保障，通过权利人的行动，启动法律与制度的运行，进而凸显法律的功能。所以，判断一种规范是否属于法律，可以从可诉性的角度加以观察。

3. 法的可诉性的构成要素：

（1）**可争讼性**。即任何人均可以将法律作为起诉和辩护的根据。

（2）**可裁判性**（可适用性）。法律能否用于裁判作为法院适用的标准是判断法律有无生命力、有无存续价值的标志。

🔵**帆哥提示** 可诉性要素有二：对公民可争讼；对法院可裁判。

【经典习题】

法是以国家强制力为后盾，通过法律程序保证实现的社会规范。关于法的这一特征，

下列哪些说法是正确的？（多选）[1]

  A. 法律具有保证自己得以实现的力量

  B. 法律具有程序性，这是区别于其他社会规范的重要特征

  C. 按照马克思主义法学的观点，法律主要依靠国家暴力作为外在强制的力量

  D. 自然力本质上属于法的强制力之组成部分

【分析】自然与人为相对应。保证法律实施的力量是国家强制力，国家强制力是一种人为的暴力，而非自然力。故 D 错。其余选项均正确。

五、法的作用

（一）法的作用的定义

1. 法的作用泛指法律对社会产生的影响。

2. 法的作用体现在法与社会的交互影响中，在社会发展的过程中，法作为上层建筑的组成部分，其产生、存在与发展变化都是由社会的生产方式决定的。法在由社会决定的同时，也具有相对的独立性。这种独立性在一定意义上就体现在法能够促进或延缓社会的发展。

3. 法的作用直接表现为国家权力的行使。

4. 法的作用本质上是社会自身力量的体现。法能否对社会发生作用，法对社会发生作用的程度，法对社会发生作用的效果，不是法律自身能够决定的。

5. 法的作用可以分为规范作用和社会作用。规范作用是手段，社会作用是目的。

（二）法的作用对象

1. 现代法治下的法律只规范人的行为，而不惩罚人的思想动机。

2. 马克思在《评普鲁士最近的书报检查令》中说："只是由于我表现自己，只是由于我踏入现实的领域，我才进入受立法者支配的范围。对于法律来说，除了我的行为以外，我是根本不存在的，我根本不是法律的对象。我的行为就是法律在处置我时所应依据的唯一的东西，因为我的行为就是我为之要求生存权利、要求现实权利的唯一东西，而且因此我才受到现行法的支配。可是，追究倾向的法律不仅要惩罚我所做的，而且要惩罚我在行动以外所想的。所以，这种法律是对公民名誉的一种侮辱，是一种危害我的生存的法律。"

3. 人是共同居住、共同活动的动物，因而人的行为可以分为两部分：涉己行为和涉他行为。涉己行为是指仅与自己有关而与他人无关的行为；涉他行为指的是与他人相关、可能影响到他人利益的行为。涉他行为又称交互行为。

4. 涉己行为属于个人自主的范围，不是法律干预的对象。法律作用的行为是人与人之间的交互行为，人与人之间的交互行为形成了社会关系，故也可以说法律调整的对象是社会关系，经过法律调整的社会关系就是法律关系。

（三）法的规范作用

法的规范作用可以分为指引、评价、教育、预测和强制五种。法的这五种规范作用是法律必备的，任何社会的法律都具有。但是，在不同的社会制度下，在不同的法律制度中，由于法律的性质和价值的不同，法的规范作用的实现程度是会有所不同的。

---

[1] 【答案】ABC

1. 指引作用

（1）指引作用的对象：自己的行为。

（2）指引作用的形式：

①个别性指引，即通过一个具体的指示形成对具体的人的具体情况的指引，它具有针对性强的优点，但也有任意性强、成本高、缺乏效率、缺乏统一性，容易导致人们的不稳定心理等缺点。

②规范性指引，是通过一般的规则对同类的人或行为的指引，它存在针对性弱、可能造成个案不正义的缺点，但是同时具有连续性、稳定性和高效率的优势。

（3）法律的指引属于规范性指引，以行为人是否可以做出选择可分为确定的指引和不确定的指引（选择性指引）。

（4）权利性规则对人的行为进行选择性指引，义务性规则对人的行为进行确定性指引。但是要注意的是确定性规则不一定是确定性指引。

（5）《管子·七臣七主》说："法律政令者，吏民规矩绳墨。"在一个法治社会中，人们主要是依据法律来安排自己的行为的。

2. 评价作用

（1）**评价作用的对象：他人的行为。**

（2）任何人都可以依据法律对他人的行为作出评价。

（3）评价作用有专门评价和一般的评价之分。专门评价具有法律约束力。

（4）一般的评价虽然无法律上的约束力，但是对司法活动既有积极影响，也有消极影响。就积极影响而言可以形成舆论监督，从而保证司法公正的实现。就消极作用而言，可能影响到司法机关独立行使审判权，从而造成司法不公。

　　帆哥提示　评价作用是依据法律对他人行为作出的评价，因而评价的结果有二：合法和违法。最严重的违法行为是犯罪。如果题目中出现了合法、违法，或者构成某罪，一般都体现了法的评价作用。

3. 预测作用

（1）预测作用的对象：人们之间的相互作用。

（2）预测作用可分为：

①对如何行为的预测。即当事人根据法律规范的规定预计对方当事人将如何行为，自己将如何采取相应的行为。

②对行为后果的预测。借助于法律规范行为人可以预测到自己的行为的后果，从而对自己的行为作出理性的安排。

（3）预测作用与人对安全、稳定的需求有关。一个社会中人们行为的法律后果可预测性越强，人们的安全感越高。

（4）法律要发挥预测作用，它必须是不溯及既往的、稳定的、确定的、不矛盾的。

　　帆哥提示　预测作用是对将要发生的后果的预测，预测作用往往和指引作用联系在一起。比如说根据交通法规，我可以预测到：如果我开车闯红灯，将被罚款 200 元，所以我就按照交通规则行为而不去闯红灯。

4. 教育作用

（1）**教育作用的对象：一般人的行为。**

（2）教育作用分为示警作用和示范作用。通过法的强制作用可以达到"兴功惧暴"的目的，"兴功"是示范作用的表现，"惧暴"是示警作用的体现。

5. 强制作用

（1）强制作用的对象：**违法犯罪者的行为**。

（2）法的强制作用首先表现为对违法行为的否定和制裁，其目的在于对合法行为的肯定和保护。

（3）强制作用是法的其他作用的重要保障。没有强制作用，法的指引作用就会降低，评价作用就会失去意义，预测作用就会受到怀疑，教育作用也会在一定程度上受到影响。

（4）德国法学家耶林认为法律乃是国家通过外部强制手段而加以保护的社会生活条件的综合。强制是法律的形式要素，没有强制力的规则是"一把不燃烧的火，一缕不发亮的光"。

（5）虽然法律要发挥作用离不开强制，但是强制并非保证法律实施的唯一力量，而只是最后力量。法律要得到良好地遵守，还得建立在人们自觉自愿的基础上。

（6）自愿遵守建立在人们对法律信任乃至信仰的基础之上。美国法学家伯尔曼说："法律必须被信仰，否则它将形同虚设。"故，树立法律的公信力，培育民众对法律的信仰是法治建设亟需解决的课题。

【小结】 法的规范作用，是法考的高频考点。总结如下：

1. 生活在社会中的人在作出一项涉他行为前要根据社会规范**对他人如何行为进行预测**，从而与他人的行为取得**协调**。也需要根据法律规范**对自己行为的法律后果进行预测**，从而对自己的行为作出理性的安排。预测作用的对象是相互行为。

2. 在预测的基础上，行为人在法律的**指引**下作出一个行为。指引作用的对象是行为人**自己的行为**。法的指引作用是规范性指引而非个别指引。**个别性指引**是针对特定人的具体行为发出的指令，而**规范性指引**指的是针对某个范围内的所有人的某类行为作出的指引。规范性指引下如果允许行为人作出选择则为**有选择的指引或不确定的指引**；如果不允许行为人作出选择，只能按照法律规则设定的行为模式行为的则为**确定性指引**。**权利性规则是不确定的指引，义务性规则是确定性指引**。

3. 一个人一旦作出一个行为后就要接受其他社会主体以法律为标准进行的**评价**。评价作用的对象是**他人的行为**。评价的结果有**违法（犯罪）**和**合法**之区别。如果题目中出现了合法、违法，或者构成某罪，一般都体现了法的评价作用。

4. 当一个行为被专门的国家机关评价为违法行为后，就要接受国家的制裁，制裁体现的法的**强制**作用。

5. 对违法犯罪行为的制裁的目的是对违法行为的惩罚和对合法行为的救济和保护。保护和救济合法行为是对社会上一般人的**示范**，惩罚违法犯罪行为是对社会上一般人的**威慑和示警**。示范和示警构成了法的**教育**作用。

【经典习题】

关于法的规范作用，下列哪一说法是正确的？（单选）[1]

A. 陈法官依据诉讼法规定主动申请回避，体现了法的教育作用

---

[1]【答案】D

B. 法院判决王某行为构成盗窃罪，体现了法的指引作用

C. 林某参加法律培训后开始重视所经营企业的法律风险防控，反映了法的保护自由价值的作用

D. 王某因散布谣言被罚款 300 元，体现了法的强制作用

【分析】陈法官主动申请回避体现了法的指引作用。法院判决王某行为构成盗窃罪，体现了法的评价作用。林某参加法律培训后开始重视所经营企业的法律风险防控，体现了法的指引作用。故 ABC 选项错误，D 选项正确。

（四）法的社会作用

1. 法的社会作用是由法的内容、目的决定的。

2. 法的社会作用主要涉及了三个领域和两个方向。

（1）三个领域即社会经济生活、政治生活、思想文化生活领域。

（2）两个方向即政治职能（通常说的阶级统治的职能）和社会职能（执行社会公共事务的职能）。

（五）法的作用的局限性

1. 法律产生局限性的原因

法律作为人造物，其局限性根源于人的局限性。人，**智性有限难免犯错，德性有限难免自利。**"**徒善不足以为政，徒法不足以自行**"，法律从制定到实施与人的活动息息相关，人的有限性决定了法的作用的局限性。

2. 法律局限性的表现

（1）法律规制和调整社会关系的**深度**和**范围**是有限的：

①法律只能调整人的外部行为而**不涉及人的思想**。意识是行为的先导，任何行为都有其思想意识根源。思想意识问题只能劝导、说服，而不能依靠法律进行强制。

②虽然法律调整社会关系，但是有些社会关系并不适合用法律的手段进行调整，存在**法外空间**，如爱情、友谊。

（2）法律自身的局限性：

①"**法律规制将来，法官裁判过去**"。立法者为未来立法，这就要求立法者对将来发生的行为要具有一定的预测能力，但立法者的理性是有限的，未来发生的某些行为是立法者无法预测到的。"**法律有限，情伪无穷**"因而**法律难免会有空白或者漏洞。**

②法律是通过语言表达的，语言的模糊性决定了法律难免会有**不确定性**。不确定性的出现会**破坏国民的预测可能性**，导致执法和司法过程中存在执法人员和司法人员的**自由裁量权。**

③法律关注的是某类行为的共性，具有概括性和抽象性，而法官运用法律处理的是具体的个案，概括抽象的法律有可能无法照顾到个案的特殊性，从而出现法律的**僵硬性**，僵硬性的表现就是裁判结果**合法而不合理，即"个案不正义"**。

④为了保障国民的预测可能性和信赖利益，法律不能朝令夕改，应该保持稳定，但是法律所调整的社会关系是频繁变化的，故法律难免会有**滞后性**。

（3）在法律实施的过程存在**法律与事实对应的难题**。

司法裁判需要以事实为根据，以法律为准绳。但是司法人员面对的永远是过去已经发生的事实。在司法裁判的过程中需要司法人员构建证据链条对已经发生的进行再现，即"**还原真相**"。人的能力决定人无法对已经发生的客观事实进行完全还原，通过法律程序认

定的"**证据事实**"并不总是等于"**客观事实**"，仅仅是在证据事实符合某个事先设定标准时，司法人员作出的推定。当这种推定背离客观事实时，就会出现**冤假错案**。

🌀**帆哥提示**　法的作用的局限性是分析许多法理学问题的出发点，尤其是以下三个方面经常会被提起：

（1）当法律出现漏洞的时候，法官不能拒绝裁判案件，此时法官有法律续造的义务，即填补法律漏洞。记忆口诀为：理性有限有漏洞，法律续造补漏洞。填补法律漏洞的方法有：

①当法律规则出现漏洞的时候，适用法律原则。

②法律的正式渊源出现漏洞的时候，适用法的非正式渊源。

③对法律进行创造性解释，也可以起到填补法律漏洞的作用。用目的论扩张的方法填补明显漏洞，适用目的论限缩的方法填补隐藏漏洞。

④类比推理、当然推理、反向推理也可以起到填补法律空白的作用。

（2）语言的模糊性导致了法律的不确定性，法律的不确定性导致了自由裁量权的产生，自由裁量权的行使有可能导致同案不同判。记忆口诀为：语言模糊不确定，自由裁量不可免。要实现法律面前人人平等，必须限制法官的自由裁量权。"禁止向一般条款逃逸"就是限制自由裁量权的方法之一，"一般条款"就是更加抽象、更加概括的条款，一般条款授予法官更大的自由裁量权，该原则要求有四：

①同一机关指定的一般法和特别法之间，优先使用特别法；

②上位法和下位法之间，当下位法符合上位法时，优先适用下位法；

③同一部规范性法律文件中的规则规定和原则规定之前，优先适用规则规定；

④同一部规范性法律文件中的总则规定和分则规定之间，优先适用分则规定。

（3）用一般性的法律裁判个案，可能会导致个案不公正。记忆口诀为：一般对个别，合法不合理，法现僵硬性。克服法律的僵硬性的方法之一就是赋予法官适度的自由裁量权。

【经典习题】

关于法的作用，下列哪些选项是错误的？（多选）[1]

A. 法是由人创制的，人们在立法时受社会条件的制约

B. 法律人在处理法律问题时没有自己的价值立场

C. 法具有概括性，能够涵盖社会生活的所有方面

D. 法律不能要求人们去从事难以做到的事情

分析　本题考查法的作用。法的作用体现在法与社会的相互影响中，法是由人创造的，人们在立法时会受到社会条件的制约，立法者不可能脱离其所处时代的社会条件去创造法律，比如秦始皇就不能制定信息安全法。因此，A项说法正确。

法律规范体现了立法者的价值判断。法律人处理法律问题时必须严格依照法律规范进行，但是，法律人适用法律的时候也存在自由裁量权，行使自由裁量权就是法律人在做自己的价值判断。因此，B项说法错误。

法不是万能的，法的局限性是和法律调整对象的有限性相联系的，法不可能调整社会

――――――――――

[1]　**【答案】** BC

生活的全部，有些社会关系（如人的情感关系，友谊关系）不适宜由法律来调整，法律不应涉足其间。因此，C 项说法错误。

　　法律是人的行为准则而不是神的行为标准，法律是一般人的行为准则而不是圣人的行为准则，所以法律不能把一般人做不到的行为规定为义务，即法律不强人所难。故 D 项说法正确。

第二节　法的价值

一、法的价值的含义

　　1. 法的价值是指作为客体的法相对于作为主体的人而言所表现出来的性状、属性和作用。

　　2. 法的价值体现了一种主客体之间的关系。法律无论内容还是目的都必须符合人的需要。

　　3. 法的价值表明了法律对于人们而言所拥有的正面意义，它体现了其属性中为人们所珍视或珍惜的部分。

　　4. 法的价值既包括对实然法的认识更包括对应然法的追求。

二、法的价值判断和法的事实判断

　　1. 事实判断是一种描述性判断，是关于客体实际上是什么的判断，而价值判断是一种规范性判断，是关于客体应该是什么的判断。

　　2. 客观世界是由事实构成的，价值是判断者附加在客体之上的，不同的主体其价值观不同，故对同一客体会做出不同的价值判断，因此，价值判断具有主观性。

　　3. 法律作为一种规范，它是立法者从自己的价值体系出发，做出的关于人应该如何行为的判断，故，法律规范为价值判断。

　　4. 根据三段论的推理规则，如果大前提是价值判断结论必然为价值判断，故在法律实施过程中，一定主体依据法律规范所作出的实体结论为价值判断。

　　5. 在法律的实施过程中，对案件事实的认定总体上属于事实判断，但是认定案件事实离不开证据，一个证据有无证明力以及证明力大小需要相关主体做价值判断。

　　🔊**帆哥提示**　描述案件事实判断；依法决定价值判断。

【经典习题】

　　贾律师在一起未成年人盗窃案件辩护意见中写道："首先，被告人刘某只是为了满足其上网玩耍的欲望，实施了秘密窃取少量财物的行为，主观恶性不大；其次，本省盗窃罪的追诉限额为 800 元，而被告所窃财产评估价值仅为 1 050 元，社会危害性较小；再次，被告人刘某仅从这次盗窃中分得 200 元，收益较少。故被告人刘某的犯罪情节轻微，社会危害性不大，主观恶性小，依法应当减轻或免除处罚。"关于该意见，下列哪些选项是不正确

的?（多选）[1]

　　A. 辩护意见既运用了价值判断，也运用了事实判断

　　B. "被告人刘某的犯罪情节轻微，社会危害性不大，主观恶性小，依法应当减轻或免除处罚"，属于事实判断

　　C. "本省盗窃罪的追诉限额为 800 元，而被告人所窃取财产评估价值仅为 1 050 元"，属于价值判断

　　D. 辩护意见中的"只是""仅为""仅从"这类词汇，属于法律概念

　　【分析】事实判断是一种描述性判断，是关于客体实际上是什么的判断，而价值判断是一种规范性判断，是关于客体应该是什么的判断，具有主观性。"主观恶性不大""社会危害性较小"属于价值判断，"分得 200 元"属于事实判断，所以辩护意见既运用了价值判断，也运用了事实判断。选项 A 正确。

　　"被告人刘某的犯罪情节轻微，社会危害性不大，主观恶性小，依法应当减轻或免除处罚"属于价值判断。选项 B 错误。

　　"本省盗窃罪的追诉限额为 800 元，而被告人所窃取财产评估价值仅为 1 050 元"属于事实判断。选项 C 错误。

　　法律概念，是对各种法律事实进行概括，抽象出它们的共同特征而形成的权威性范畴。法律概念与日常生活用语中的概念不同，它具有明确性、规范性、统一性等特点。法律概念是构成整个法律体系的原子，是法律知识体系中最基本的要素，如故意犯罪，法人、正当防卫都属于法律概念。辩护意见中的"只是""仅为""仅从"这类词汇属于连词，不是法律概念。选项 D 错误。

三、法的价值的种类

（一）秩序

　　1. 按照马斯洛的看法，人的需求是分层次的，由低到高分别为：生理需求、安全需求、爱和归属感、尊重、自我实现。安全需求是人的需求之一。**所谓安全就是确定性，就是自己行为后果的可预测性，一个人的行为后果如果是确定的，是可以预测的，那么他就从心理上感觉到自己是安全的。**

　　2. 安全只有在一个有秩序的社会中才能实现。而秩序的实现需要有规则的存在。在法治社会，这个规则主要是法律。

　　3. 之所以要追求法治，反对人治，就是因为在人治之下，作为统治者的个人经常朝令夕改，以自己的一己好恶颁布政令，民众行为的法律后果处在不确定的状态。而在法治之下，法律具有确定性和稳定性，行为模式和法律后果之间结合的恒定性，使得民众能够根据法律预测到自己行为的后果，而不用担心人治之下的朝令夕改和人存政举、人亡政息。

　　4. 在法治之下，由于确定的法律的存在以及严格的执法和司法，人们可以在做出一个行为之前轻易地预测到自己的行为后果，因而，人们可以在基于对自己行为后果预测的基础上理性的安排自己的行为。大多数人都是理性的，只要他的行为后果是可预测的，而且这种后果由于严格的执法和司法，是必然会实现的，那么他在做出一个行为之前就会对自己违法的收益和成本进行权衡，对一个理性人而言，如果其违法的成本远远大于其收益，

───────────

　　[1]　**【答案】**BCD

那么他就会在法律的指引下行动，就会守法。

5. 秩序只是维持人有尊严存在的前提条件，并不是法的唯一价值，也不是最高价值。

（二）自由

1. 人既具有**自然性**也具有**自由性**。自然性指欲望和本能。就具有自然性这点而言人和其他动物没有差别。人和动物的区别在于人具有自由性。马克思说："**自由确实是人的本质**。"

2. **自由是指人能够依赖自己的理性、根据自己的意志作出决定与选择**。自由是否存在取决于**决定论**是否成立。如果世界上的一切事物都是被决定的，受因果律的支配，那么一切都是必然的，自由就是不存在的。宇宙中除了人可以自由的运用自己的意志支配自己的行为外，其他东西似乎都是被客观规律所决定的。

3. 自由有内在运用和外在运用。内在运用就是内在自由，外在运用就是外在自由。

4. 内在自由就是人运用理性为自己立法，摆脱了欲望的束缚，实现了**自律**。

5. 外在自由涉及人的行为及决定。人是社会动物，不能离群索居。人需要共同居住，共同活动。这就涉及每个人的外在自由能否兼容的问题。如果人人都能够实现自律，这个社会就不会有矛盾和冲突。但是人类的理性是有限的，每个人的理性程度是不一样的，因而，人无法完全自律。不能完全自律的人之间难免会有矛盾和冲突，这就需要法律来提供**他律**，从而实现定分止争的功能。

6. 法律需要为公民的自由确定范围，划出**群己权界**，即个人自由的边界，在这个边界以内个人可以自由行为，他人不能干涉，故法律格言说：**他人的自由就是你我行为的边界**。但是在这个边界以外一个人只能做法律不禁止的事情。所以法律格言说："**法无禁止即自由**"。

7. 立法者可以制定法律限制公民的自由。但是在民主法治国家立法者必须要向公众证明自己的限制是正当的。立法者用来证明立法限制自由正当性的原则有：

（1）伤害（或者危害）原则

禁止伤害他人或社会公共利益。一个人有自主作出某种的行为的自由，但是没有伤害他人或者公共利益的自由。

（2）冒犯原则

禁止公然违背公序良俗。公序良俗就是大家都接受的道德准则或者说大多数人都同意的道德规范。在公众场合公然违背公序良俗，对社会大众构成了冒犯，因而法律予以禁止是正当的。

（3）法律家长主义（或者父爱主义）原则

禁止不理性的伤害自己。比如，法律要求人们在驾驶汽车或骑摩托车的时候必须系安全带或者佩戴头盔，就是为了避免在发生车祸时对驾驶人员造成伤害。

（4）法律道德主义原则

法律道德主义有广义的法律道德主义原则和狭义的法律道德主义原则。

狭义的法律道德主义原则是指**禁止私下发生的没有危害后果的违背道德的行为**。因为其私下发生所以不适用冒犯原则；又因为其没有危害后果，所以不适用伤害原则。该行为被禁止仅仅是因为其违反了道德。

广义的法律道德主义原则包含了以上伤害原则、冒犯原则、家长主义原则、狭义的法律道德主义原则。

8. 法律家长主义原则如果适用于完全行为能力人会导致国家公权力对公民自由的一种过度干预，因而**一般适用于对无行为能力和限制行为能力人的行为的干预**。但是仍然有一些国家用之作为干预成年公民自由的理由。

9. 如果以狭义的法律道德主义原则来干预公民的自由，会导致公权力对公民私域的过度介入。而且由于以狭义的法律道德主义原则针对的行为发生在私域，一般不容易被发现，以法律的方式禁止必然会导致**选择性执法**，选择性执法有违法律面前人人平等原则，会伤害法律的公信力。**对没有危害后果的、私下的违背道德行为国家可以从道德上予以劝勉，但是不适合用法律来强制**。

10. 在一个理性的、宽容的国家里，立法者一般适用伤害原则、冒犯原则对所有公民的自由进行限制，出于保护无行为能力和限制行为能力人的目的，也可基于家长主义原则对其自由进行限制。

【经典习题】

1. "法律只是在自由的无意识的自然规律变成有意识的国家法律时，才成为真正的法律。哪里法律成为实际的法律，即成为自由的存在，哪里法律就成为人的实际的自由存在。"关于该段话，下列说法正确的是[1]

A. 从自由与必然的关系上讲，规律是自由的，但却是无意识的，法律永远是不自由的，但却是有意识的

B. 法律是"人的实际的自由存在"的条件

C. 国家法律须尊重自然规律

D. 自由是评价法律进步与否的标准

【分析】本题涉及对必然和自由的理解。在必然王国，受规律支配，人只能被动的适应规律，因而没有自由可言，规律是必然的，不是自由的，故 A 错。其余选项说法正确。

2. 2012 年，潘桂花、李大响老夫妇处置房产时，发现房产证产权人由潘桂花变成其子李能。原来，早在七年前李能就利用其母不识字骗其母签订合同，将房屋作价过户到自己名下。二老怒将李能诉至法院。法院查明，潘桂花因精神障碍，被鉴定为限制民事行为能力人。据此，法院认定该合同无效。对此，下列哪一说法是不正确的？[2]

A. 李能的行为违反了物权的取得应当遵守法律、尊重公德、不损害他人合法权益的法律规定

B. 从法理上看，法院主要根据"法律家长主义"原则（即，法律对于当事人"不真实反映其意志的危险选择"应进行限制，使之免于自我伤害）对李能的意志行为进行判断，从而否定了他的做法

C. 潘桂花被鉴定为限制民事行为能力人是对法律关系主体构成资格的一种认定

D. 从诉讼"争点"理论看，本案争执的焦点不在李能是否利用其母不识字骗其母签订合同，而在于合同转让的效力如何认定

【分析】对法律限制公民自由进行证成的原则有：伤害原则、家长主义原则、冒犯原则等。伤害原则的主旨是法律禁止伤害他人法益的行为是正当的；法律家长主义原则也称

---

[1]【答案】BCD
[2]【答案】B

父爱主义，其基本思路是，禁止自我伤害的法律，即家长式的法律强制是合理的。冒犯原则赋予了法律禁止冒犯他人的行为的正当性，这里的冒犯他人的行为一般指违背公序良序的行为。而本题中李能的行为之所以无效是因为他侵犯了其母的合法权益，本题体现的是伤害原则而非法律家长主义原则，故 B 选项的说法不正确，其余三个选项表述均正确。

（三）正义

1. 美国法理学家博登海默曾经说过："正义具有一张普罗透斯似的脸，变幻无常，随时可呈不同的形状，并具有极不相同的相貌。"这就是说正义的概念形形色色，正义的观念也有很多种。在以往的考试中，关于正义的理论曾经考到的有：

（1）功利主义：一个行为、一项制度只要实现了最大多数人的最大幸福，则该行为或者该制度是正义的。

（2）自由至上主义：个人权利和自由具有绝对的优先性，除非经过个人同意，否则不得以大多数人幸福为由侵犯个人的自由和权利。

【经典习题】

一外国电影故事描写道：五名探险者受困山洞，水尽粮绝，五人中的摩尔提议抽签吃掉一人，救活他人，大家同意。在抽签前摩尔反悔，但其他四人仍执意抽签，恰好抽中摩尔并将其吃掉。获救后，四人被以杀人罪起诉并被判处绞刑。关于上述故事情节，下列哪些说法是不正确的？（多选）[1]

A. 其他四人侵犯了摩尔的生命权

B. 按照功利主义"最大多数人之福祉"的思想，"一命换多命"是符合法理的

C. 五人之间不存在利益上的冲突

D. 从不同法学派的立场看，此案的判决存在"唯一正确的答案"

【分析】在本事例中，其他四人以民主的方式剥夺了摩尔的生命权，充分说明了民主有非理性的要素，会造成多数人的暴政，从而侵犯少数人的权利，故 A 的说法正确。

在功利主义者看来，本例中牺牲了摩尔一个人，而挽救了其余四个人，四个人的幸福总量大于一个人的幸福总量，故该行为是正当合理的。故 B 的说法正确。

在当时的情况下五个人的利益显然是有冲突的，故 C 的说法错误。

在疑难案件中，从不同的法学立场出发可能会得到不同的法律判决，故 D 的说法错误。

2. 正义的核心是平等。正义有形式正义（形式上的平等）与实质正义（实质平等）之分。

（1）形式正义：要求不管人们出于何种目的，不管在何种场合，都要以同一方式对待人。正义总意味着平等，意味着平等待人。

（2）实质正义：要求具体情况具体分析，照顾和保护弱者。

形式正义和实质正义二者的区别，如下图所示：

价值位阶 ＋ 必要限度 ⟹ 比例原则

―――――――――――

[1]【答案】CD

3. 实体正义和程序正义：

（1）实体正义：**实体正义指的是案件事实的正确认定和实体法的正确适用**。在刑事诉讼中实体正义的要素包括：犯罪的人受到刑罚；无罪的人不被定罪；罪刑相适应。

（2）程序正义：**指判决过程的公平性和合理性**，比如说法官的中立性、程序的公开性，过程的平等性等。

4. 分配正义和矫正正义

（1）**分配正义**：人是社会动物。人需要共同居住、分工协作共同活动。这就涉及基本权利和义务如何分配的问题，还涉及社会职务和因合作而产生的物质财富如何分配的问题。在一个人人平等的社会中，基本权利和义务应该**平等分配**，即每个社会成员的基本权利和义务都是一样的。但是社会职务和物质财富不能平等分配，应该**差别分配**：社会职务让有能力的人来担任，但是**机会应该向所有人开放**；社会财富**按贡献分配**，但是应该**对社会中最不利者有利**，保护弱者的利益。

（2）**矫正正义**：如果一个社会的分配符合以上原则，社会成员的基本权利和义务、物质财富处于一个正义的状态。但是由于侵权行为或者犯罪行为，正义的状态有可能被打破，从而进入一种不正义的状态，这就需要进行人为的矫正，侵权法和刑法就是用来实现矫正正义的。

5. 主观意义的正义和客观意义的正义

（1）主观意义的正义：指个人的美德，即某个人诚实正直与受人尊敬的品德。比如常有人说："帆哥是个有正义感的人"，就是在主观意义上适用正义一词的。

（2）客观意义的正义：指社会状态和规则的合理性。

【经典习题】

法律谚语："平等者之间不存在支配权。"关于这句话，下列哪一选项是正确的？（单选）〔1〕

A. 平等的社会只存在平等主体的权利，不存在义务；不平等的社会只存在不平等的义务，不存在权利

B. 在古代法律中，支配权仅指财产上的权利

C. 平等的社会不承认绝对的人身依附关系，法律禁止一个人对另一个人的奴役

D. 从法理上讲，平等的主体之间不存在相互的支配，他们的自由也不受法律限制

【分析】按照马克思主义法理学的看法，自从有了法律就有了权利和义务，"没有无权利的义务，也没有无义务的权利"，关键是以何者为本位的问题，民主法制社会以权利为本位，等级特权社会以义务为本位。A 项表述绝对化，是错误的。

古代法律中支配权既有对财产的支配也有对人身的支配，如在古罗马的有夫权婚姻制度下，丈夫对妻子的人身就有权支配。B 项错误。

在现代社会人与人之间是平等的，法律禁止奴役和剥削。C 项正确。

人与人之间平等，并不是说人的自由就是不受限制的，任何自由都是有限的而不是无限的，现代社会中的自由是法律下的自由，就是"做法律所不禁止的事情的权利"，故自由仍然受到法律的限制和约束。D 项错误。

――――――――――――

〔1〕【答案】C

（四）人权

1. 人权就是人之为人所应当享有或者已经享有的权利。享有人权的前提条件只有一个：**作为人**。**自由是人权的内容要素，平等是人权的形式要素**。

2. 权利由三要素构成：**自由权、请求权、胜诉权**。自由是权利的核心，请求权和胜诉权是对自由的保障。当我们说"某人有做 X 的权利"时，我们的意思有三：首先，某人可以自由地决定做或者不做 X，当他决定做的时候，其他人不能禁止他做，当他决定不做的时候，其他人不能强迫他去做。这就是自由权。第二，如果有人强迫他做或者禁止他做的时候，他可以请求他人不要干涉他做 X。这就是请求权。请求权是一种私力救济。第三，当他的请求无效时，他可以寻求司法机关的救济，如果他真的享有某项权利，则他一定会胜诉。这就是胜诉权。诉讼是寻求公力救济。权利的实现最终需要救济措施的存在，无救济则无权利。

3. 人类并非生而有政府。在政府产生以前，人类处于自然状态。自然状态有诸多不便，为了生活得更好，理性的人们签订契约，让渡自己的部分权利，组成了政府。政府是人们同意的产物，是契约的产物。这个人人同意的契约就是宪法。**人权逻辑上先于宪法，宪法逻辑上先于政府**。制定宪法，成立政府的目的是为了保障人权。宪法就是一张写满人民权利的纸，其目的在于通过限制政府权力的手段达到保障人权的目的。没有让渡的权利属于公民个人，政府的公权力以人民的让渡（授权）为限，政府不得侵犯公民没有让渡的权利。没有让渡的权利属于私域，私域范围内的事务属于个人的自治领域，政府和法律不得侵犯。

> 🚢**帆哥提示**　秩序基础但非最高。自由最高但要受限。一视同仁形式正义，保护弱者实质正义。

四、法的价值冲突及其解决

（一）法的价值冲突的表现形式

以上所言秩序、自由、正义、人权等都是法律的最基本价值。除此之外，法律尚有效率等基本价值。法的价值之间可能发生矛盾和冲突。比如，要保证社会正义的实现，有可能会牺牲效率。法的价值冲突主要有以下形式：

1. 个体之间法律所承认的价值发生冲突：行使个人自由可能导致他人利益的损失。

2. 共同体之间价值发生冲突：国际人权与一国人权之间可能出现的冲突。

3. 个体与共同体之间的价值冲突。如个人自由与社会秩序的冲突。

（二）法的价值冲突的解决原则

1. 价值位阶原则

（1）位阶即排序。**价值位阶就是价值排序**。

（2）价值具有主观性，因而价值排序也具有主观性，**没有一个固定不变的位阶次序**。不同的国家和地区，因其珍视的价值不同，在价值的排序上也呈现出不同。即使同一国家和地区在不同的历史时期，对价值的排序也会有不同。

（3）答题时只要涉及了排序就是价值位阶，如在抗洪抢险中，王某认识到个人服从社会或国家利益，同意救灾队拆除了家里的门板充作救灾物资，此例中体现的就是价值位阶，因为在个人利益和国家利益之间进行了排序。

2. 个案中的比例原则

在具体情境下，为了保护某种较为优越的法价值而必须侵犯另外一种法益时，**不得逾**

越此目的所必要的限度。比如为了维护公共秩序，交警必要时可以实行交通管制，但应尽可能实现"最小损害"或"最小限制"。在此事例中，首先运用价值位阶原则对公共秩序和个人通行自由进行了排序，其次，对个人通行自由的限制规定了必要的限度，即要实现"最小损害"和"最小限制"，体现了比例原则。

第三节　法的要素

一、法的要素概览

1. 法律职业资格考试教材认为：法律有三要素，即规则、原则和概念，规则和原则合称法律规范。

2. 一个国家的法律运行过程是这样的：先确立**法律原则**（价值目标），对原则具体化后形成**法律规则**，法官根据法律规则作出**判决**。这是一个逐步具体化的过程。

二、法律规范的表述

1. 法律规范具有语言的依赖性，任何法律规范都是通过语言（句）表述于外的。**语言之外不存在法**。

2. 由于语词具有多义性、不确定性以及随着时代的流变性，所以，**法律概念会呈现出不确定性、开放性**。

3. 表述法律的语句既可以是**规范句**也可以是**陈述句**。

4. 规范句就是带有道义助动词的语句，有**命令句**（必须、应当、禁止）和**允许句**（可以）之分。

5. 陈述句是不带有道义助动词的语句，但是表述法律规范的陈述语句都是可以改为规范句的。

6. **法律规范是法律语句所要表达的意义**，并不是语词本身。适用法律规范并不是适用法律语句（词），而是适用语句（词）所表达的意义，而语词的意义需要解释才能明了。思维离不开抽象的概念，要把抽象概念用于具体事物就得进行解释。

7. 法律语句可以口耳相传，也可以文字化。如果形诸法律条文那就是成文法。**法律条文与法律规范之间不是一一对应关系**，即，一个条文并不都仅仅表述一个法律规范。

8. 法律语句如果没有以条文形式表现出来，就是不成文法。**不成文法包括习惯法和判例法**，在我们的语境中主要指习惯法。

9. **规范性法律条文和非规范性法律条文构成了规范性法律文件**。规范性条文是表述法律规范（包括法律规则和法律原则）的条文。非规范性条文是指不直接规定法律规范，而规定某些法律技术内容（如专门法律术语的界定、公布机关和时间、法律生效日期等）的条文。

图示如下：

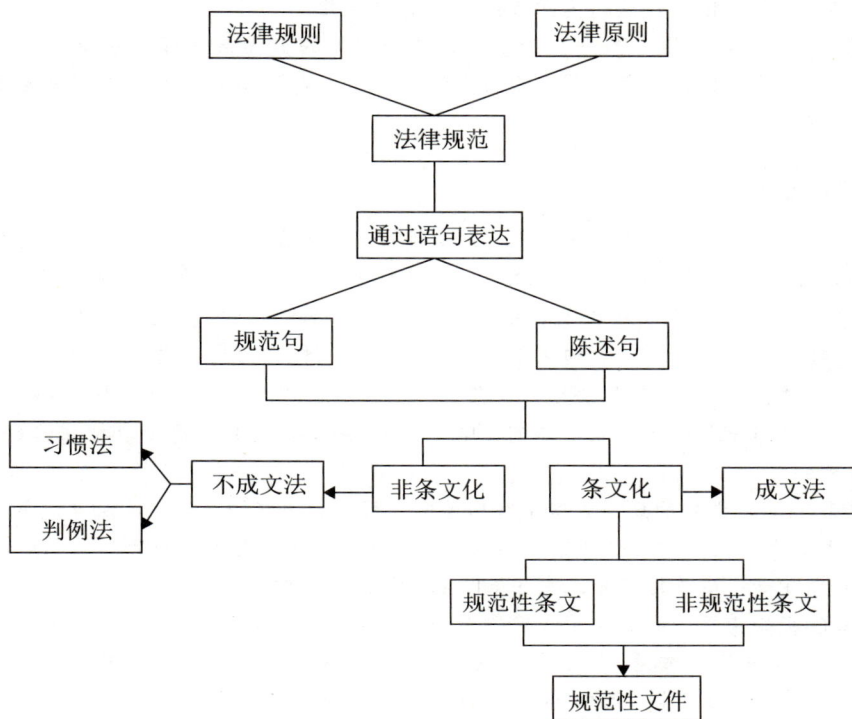

🐟帆哥提示 《中华人民共和国刑法》第232条规定："故意杀人的，处死刑、无期徒刑或者十年以上有期徒刑；情节较轻的，处三年以上十年以下有期徒刑。"此条文表述的是一个刑法规则，属于规范性法律条文。但是要适用这个条文，必须明白什么是故意杀人、以上究竟包含不包含本数？为此，我国《刑法》第14条第1款规定："明知自己的行为会发生危害社会的结果，并且希望或者放任这种结果发生，因而构成犯罪的，是故意犯罪。"第99条规定："本法所称以上、以下、以内，包括本数。"第14条和第99条是规定适用规范性法律条文的技术性规定，属于非规范性法律条文。

三、法律规则

（一）法律规则的逻辑结构

1. **假定条件**：立法者预设的法律规则在什么时间、什么空间、对什么人适用以及在什么情境下对人的行为有约束力的条件。包含两个方面：

（1）**法律规则的适用条件**：确认法律的时间效力、空间效力、对人效力范围。

（2）**行为主体的行为条件**：规定行为人如果做出了什么行为，就会适用该规则。

2. **行为模式**：从大量实际行为中概括抽象出来的法律行为的要求。

（1）**可为模式**：在假定条件下，可以如何行为的模式。

（2）**应为模式**：在假定条件下，应当如何行为的模式。

（3）**勿为模式**：在假定条件下，禁止如何行为的模式。

3. **法律后果**：符合或不符合行为模式时应该承担的相应的法律后果。

（1）**合法后果**：因为合法行为而导致的肯定性后果。

（2）**违法后果**：因为违法行为而导致的否定性后果。

【注意1】 法规规则的三部分**逻辑上不可少**，因为缺少任何一部分法律规范就无法适用，但是在具体的法律条文中为了表达的简洁的需要，**在不影响人们对法律含义理解的情况下可以省略**。

【经典习题】

关于法律规则的逻辑结构与法律条文，下列哪些选项是正确的?[1]

A. 假定部分在法律条文中不能省略　　　B. 行为模式在法律条文中可以省略

C. 法律后果在法律条文中不能省略　　　D. 法律规则三要素在逻辑上缺一不可

【分析】 法律规则的逻辑结构主要有"三要素说"和"两要素说"两种观点。法考采用的是"三要素说"，认为任何法律规则在逻辑上均由假定条件、行为模式和法律后果三个部分构成。这三部分在逻辑上缺一不可，在具体的法律条文中都是可以被省略的。因此，BD项是正确的。

【注意】 刑法分则中的规则的逻辑结构如何分析，有法官和普通公民两种视角。笔者以《中华人民共和国刑法》第232条来说明这个问题："故意杀人的，处死刑、无期徒刑或者十年以上有期徒刑；情节较轻的，处三年以上十年以下有期徒刑。"

从法官的视角来看：刑法是立法机关对法院如何判案的指令，面对这个法条，法官读到的意思是："如果有人故意杀人，则法院应当对其处死刑、无期徒刑或者十年以上有期徒刑；情节较轻的，处三年以上十年以下有期徒刑。"因而，"故意杀人的"属于假定条件中行为人的行为条件，"处……"为行为模式。

从普通公民的视角来看：刑法也是对公民行为的指引，对一般公民而言，面对该条文他读到的意思是："禁止故意杀人。如果故意杀人，处死刑、无期徒刑或者十年以上有期徒刑；情节较轻的，处三年以上十年以下有期徒刑。"如此一来，"禁止故意杀人"是行为模式，"故意杀人"是假定条件，"处……"是法律后果。在实际的表述中，行为模式被省略了。

（二）法律规则的分类

1. 按照规则的内容不同，可以分为：

授权性规则		规定人们**可以做**或者**可以不做**某种行为的规则。
义务性规则	命令性规则	规定**积极义务**即人们**应当作出**某种行为的规则。
	禁止性规则	规定**消极义务**即人们**不得作出**某种行为的规则。

2. 按照规则内容的确定性程度不同，可以分为：

确定性规则	规则内容本身已经**明确肯定**，无须援引或参照其他规则。
委任性规则	内容尚未确定，只**概括性指示其他机关通过相应的途径制定规则**。
准用性规则	把规则的内容**指向了其他规则**，要求使用者参照其他规则。

---

[1] 【答案】BD

3. 按照规则对人们的行为限定的范围和程度不同，可以分为：

强行性规则	规则内容具有**强制性**，不容许更改。
任意性规则	允许行为人**自行选择、协商确定**行为的模式。

【经典习题】

1. 法律规则是法律的基本构成因素。下列关于法律规则分类的表述哪一项可以成立?[1]

A. "没有取得律师执业证书的人员，不得以律师名义执业，不得为牟取经济利益从事诉讼代理或者辩护业务。"此规定为义务性规则

B. "国家鼓励中小企业与研究机构、大专院校开展技术合作、开发与交流，促进科技成果产业化，积极发展科技型中小企业。"此规定为强行性规则

C. "中华人民共和国公民的通信自由和通信秘密受法律的保护。除因国家安全或者追查刑事犯罪的需要，由公安机关或者检察机关依照法律规定的程序对通信进行检查外，任何组织或者个人不得以任何理由侵犯公民的通信自由和通信秘密。"此规定为命令性规则

D. "军队医疗机构的医疗事故处理办法，由中国人民解放军卫生主管部门会同国务院卫生行政部门依据本条例制定。"此规定为准用性规则

【分析】 A 项属于禁止性规则，义务性规则，故 A 对。B 项属于任意性规则，C 项属于禁止性规则，D 项属于委任性规则，故 BCD 错误。

2. "公安机关依法实施罚款处罚，应当依照有关法律、行政法规的规定，实行罚款决定与罚款收缴分离；收缴的罚款应当全部上缴国库。"关于该条文，下列哪一说法是正确的?[2]

A. 表达的是禁止性规则   B. 表达的是强行性规则

C. 表达的是委任性规则   D. 表达了法律规则中的法律后果

【分析】 该题考查的是法律规则的逻辑结构和分类，至为简单。从行为模式的角度来说题干表述的是命令性规则而非禁止性规则，故 A 错。

从对人的行为限定范围和程度而言，在该规则之下，行为人并不能对自己的行为模式进行选择，只能按照法律规定的行为模式行为，故该规则属于强行性规则而非任意性规则，故 B 项的说法正确。

题干中的规范是一个程序性规则，而非法律原则。故 C 项错误。

题干中的规则仅仅规定了法律规则的行为模式，并未涉及法律后果，故 D 项说法错误。

四、法律原则

（一）法律原则的含义

1. 法律原则是为法律规则提供某种基础或本源的综合性的、指导性的原理或价值准则的一种规范。

---

[1]【答案】A
[2]【答案】B

2. 法律原则确定性与可预测性的程度相对较低，不能直接用来对某个裁判进行证立，还需要进一步的规范性前提。

帆哥提示 原则指导规则，原则是规则的上位规范，规则应当符合原则。

（二）法律原则的分类

分类标准	类别	特征	举例
产生的基础	公理性原则	由法律原理构成，是由法律上之事实推导出来的法律原则	法律平等、诚实信用、无罪推定、罪刑法定
	政策性原则	一个国家或民族出于一定的政策考虑制定的原则，具有时代性、民族性、针对性	四项基本原则、计划生育原则、建设社会主义市场经济的原则等
法律原则对人的行为及其条件之覆盖面的宽窄和适用范围大小	基本原则	整个法律体系或某一法律部门所适用的、体现法的基本价值的原则	宪法中的各种原则
	具体原则	适用某一法律部门中特定情形的原则	英美契约法中的要约原则和承诺原则
法律原则涉及的内容和问题不同	实体性原则	涉及实体法问题的原则	民法、刑法等实体法中的原则
	程序性原则	涉及程序法问题的原则	"一事不再理"；辩护原则；非法证据排除；无罪推定

（三）法律原则与法律规则的区别

第一，规则和原则**性质**不一样。**规则是"应该做"的规范，原则是"应该是"的规范**。"应该做"就是说规则是直接针对人的行为的，直接告诉有关主体应该做什么。"应该是"是说原则不直接针对人的行为，而是直接针对规则，规定了规则应该是什么，规则应该符合原则。规则直接针对人的行为，人不能同时做出两个截然相反的行为，因而**两个冲突的规则不能存在于一个规范性法律文件之中，除非二者是一般和例外的关系**。但是法律原则并不直接针对人的行为，因而**相互冲突的法律原则可以存在于一个规范性法律文件之中**。

第二，规则和原则的**确定性程度**不一样。相对于原则而言，**规则是明确具体的**。一个规则越明确越具体，适用者的自由裁量权就越弱，所以规则存在的目的就是为了**限制和削弱自由裁量**，为人们的行为提供明确的指示。原则只是为人的行为大致设定了不能逾越的边界，因而法律原则是**笼统模糊**的，在法律原则之下，**法官有很大的自由裁量权**。

第三，规则和原则**关注的对象**不一样。由于规则是针对某个范围内的所有人而制定的，因而一条**规则仅仅关注的是某类行为的共性**，它无法照顾到个案的个别性和特殊性。原则赋予了适用者较大的自由裁量权，实质上就是赋予了适用者根据个案的特殊情况便宜行事的权力，因而**原则既可以针对某类案件的共性，也可以照顾到个案的特殊性和个别性**。

第四，规则和原则**覆盖面**不同。一个概念内涵越确定，其外延越小。规则比原则确定，因而**规则的覆盖面要小于原则**。一个规则只针对一类行为，但是一个部门法的原则针对该部门法所调整的所有行为。

第五，规则和原则的**适用方式**不一样。在具体案件的裁判过程中，法官先查明和确定案件事实，然后再找到适合该案的法律规则，把法律规则规定的法律后果适用于该案，得出判决结论。在众多同类性质的规则中选定了一个规则后，其他同类性质的规则就不能适用于该案。比如，王某使用十万假币在某钟表店购买劳力士手表一块，按照《中华人民共和国刑法》该行为既构成了使用假币罪，又构成了诈骗罪，法官只能选择其中一个规则来定罪量刑，而不能同时定两个罪名。也就是说，一个规则对一个行为而言，只有两种情况，要么百分之百的适用，要么完全不适用，不存在两个或两个以上同类性质的规则共同适用于一个行为的情况，在上述那个案件中要么是诈骗罪，要么不是诈骗罪，不能说这个行为30%是诈骗罪，70%是使用假币罪。规则的这种适用方式被称为"**全有或全无**"。而原则则不同，规则是根据原则制定的，一个规则背后，有多个原则。比如一个刑法的罪名规则至少同时体现三个原则：罪刑法定、罪刑相适应、刑事法律面前人人平等，所以适用一个刑法的罪名规则，就是在同时适用三个原则，也就是说**不同的原则可以同时适用于同一个案件中。当多个原则同时适用于同一案件时，其强度可能是不一样的**。比如有些刑事案件可能更关注罪刑法定一些，但是更关注罪刑法定并不意味着不受罪刑相适应原则和平等原则的约束。

🚢 帆哥提示

1. 规则：属于"应该做"的规范，明确具体，限制自由裁量，仅仅针对共性，冲突不能共存，全有全无适用。

2. 原则：属于"应该是"的规范，笼统模糊，赋予自由裁量，更能关注个性，冲突可以共存，无需全有全无。

（四）法律原则的适用方式

1. 穷尽法律规则，方得适用法律原则

法律规则比法律原则更加明确，能够限制法官的**自由裁量权，保障国民的预测可能性**，因而，**在司法实践中，应该优先适用法律规则。**

法律规则是会出现空白或漏洞的。当法律规则出现空白或者漏洞的时候，法官不能以此为由拒绝裁判案件。之所以不能拒绝裁判案件，原因在于司法具有**终局性**，是社会纠纷的最后一道解决程序，如果法官拒绝裁判，社会纠纷就失去了合法的解决渠道，权利义务处于不确定的状态，不利于社会的和谐和稳定。

所以，即使穷尽了法律规则，法官仍然有作出裁判的义务。但是法官裁判必须有法律依据，没有法律规则作为依据的时候，法官可以援引法律原则作出判决。此时，法律原则起到了填补法律规则空白或漏洞的作用。故，法律原则的适用第一个条件就是："**穷尽法律规则，方得适用法律原则。**"

2. 除非为了实现个案正义，否则不得舍弃法律规则而直接适用法律原则

法律规则针对的是某类行为的共性，因而在具体的司法实践中，它可能无法照顾案件的个别性或特殊性，因而导致个案的裁判结果虽然合法，但是不合理，即"**个案不正义**"。而正义是司法的灵魂，法官应该尽力在每一个案件中实现正义。当严格适用法律规则，会导致个案不公正时，证明相对待裁判案件而言是一项"恶法"，此时法官就可以摈弃该规则，而选择适用能作出正义判决的法律原则。此时，法律原则起到了克服法律规则僵硬性的作用，基于此，法律原则的第二个适用条件是："**除非为了实现个案正义，法律原则不得直接适用。**"

3. 没有更强理由，不得径行适用法律原则

但是，和规则相比较，原则毕竟赋予了法官更大的自由裁量的空间。自由裁量权越大，法官枉法裁判的可能性就越大。法官也是人，是人就有滥用权力的可能，所以，当有法律规则可以适用，但是法官却要舍弃规则而适用原则时，法官必须提供更强理由，进行充分地说理，来论证自己的选择是正当的。故，法律原则的第三个适用条件是："**没有更强理由，不得直接适用法律原则。**"

📢 **帆哥提示**　原则指导规则，优先适用规则，原则填补规则空白，克服规则僵硬性。

【经典习题】

全兆公司利用提供互联网接入服务的便利，在搜索引擎讯集公司网站的搜索结果页面上强行增加广告，被讯集公司诉至法院。法院认为，全兆公司行为违反诚实信用原则和公认的商业道德，构成不正当竞争。关于该案，下列哪一说法是正确的？（单选）[1]

A. 诚实信用原则一般不通过"法律语句"的语句形式表达出来

B. 与法律规则相比，法律原则能最大限度实现法的确定性和可预测性

C. 法律原则的着眼点不仅限于行为及条件的共性，而且关注它们的个别性和特殊性

D. 法律原则是以"全有或全无"的方式适用于个案当中

分析　所有的法律规范（包括法律规则和法律原则）都是通过法律语句的形式表现出来的。法律具有语言的依赖性，语言之外不存在法律。故 A 项的说法错误。

法律规则在逻辑结构上有三部分构成：假定条件、行为模式、法律后果，与法律原则相比，法律规则明确、具体，关注案件及行为的共性，限制法官的自由裁量权，能够最大限度地实现法的可预测性和确定性。而法律原则笼统、模糊，赋予法官较大的自由裁量权，既可以关注案件的个别性、也可以着眼于案件的共性。故 B 项的说法错误，C 项的说法正确。

在适用方式上，法律规则以"全有或者全无"的方式适用于个案当中，故 D 项的说法错误。

五、法律概念

（一）法律概念的含义

法律概念是指通过对某类法律事实进行**观察**，**抽象**出他们的**共同属性**而形成的观念体系。

（二）法律概念的功能

1. 确证法律概念的含义是适用法律的前提

法律概念的连接使法律原则和法律规则得以表达。因而要了解法律的含义必须首先确证法律概念的含义。

2. 概念能够涵摄事实是特定法律后果发生效力的前提

涵摄，也叫摄于或包摄。就是指确定生活事实与法律规范之间的关系的思维过程，将事实涵摄于法律规范，检验事实是否满足法律规范的事实构成，是产生该规范所规定的法律后果的前提。

─────────────

〔1〕【答案】C

3. 法律概念的含义限定了对法律进行目的论证的范围

把具体的生活事实涵摄于法律概念的过程中，需要法官进行法律解释。在疑难案件中，生活事实能否涵摄于某一法律概念存在着多种看法，这时候需要法官基于立法目的作出自由裁量，法律概念的基本含义为自由裁量划定了基本界限。

（三）法律概念的分类

1. 根据概念的定义要素是否确定，可以分为：

确定性概念	语意构成清晰的概念。
不确定的概念	语意构成不清晰的概念，主要包括了歧义、模糊和评价的开放性等。不确定性法律概念又可以被区分为：
	描述性不确定性概念：指对事实描述的模糊。如秃子、森林。
	规范性不确定性概念：指价值评价的模糊。如猥亵、反革命。

【重点提示】

确定性概念可以限制和约束法官的自由裁量权，但是概念越确定，其涵盖范围越小、社会适应性越差，因而会导致法律的不稳定；相应地，不确定性概念赋予了法官较大的自由裁量权，但是其覆盖面大，社会适应性强，可以增强法律的稳定性。因而在立法的过程中要根据具体情况确定性概念和不确定性概念结合使用。

【经典习题】

法律格言云："不确定性在法律中受到非难，但极度的确定性反而有损确定性"。对此，下列哪些说法是正确的？[1]

A. 在法律中允许有内容本身不确定，而是可以援引其他相关内容规定的规范

B. 借助法律推理和法律解释，可提高法律的确定性

C. 通过法律原则、概括条款，可增强法律的适应性

D. 凡规定义务的，即属于极度确定的；凡规定权利的，即属于不确定的

【分析】为了实现社会秩序，实现国民的预测可能性，法律必须是确定的。但是法律确定性与法律的稳定性之间有时候是矛盾的。法律规范越确定，其覆盖面就越小，其社会适应性就越弱，稳定性就越差，为了增加法律的社会适应性和稳定性，立法时可以适当采用一些概括性条款和不确定的法律概念，比如规定一些法律原则。故 AC 正确。

借助法律推理和法律解释，可以赋予某些不确定的、模糊的法律概念具体的含义，从而提高法律的确定性，故 B 项的说法正确。

无论是义务性规范还是权利性规范，都有可能是确定的也有可能是不确定的，故 D 错。

2. 根据概念的定义要素之间的关系的不同，可分为：

分类概念	定义要素之中不存在可分级的要素的概念，相当于种概念。
类型概念	定义要素之中含有可分级的要素的概念，相当于属概念。

[1] 【答案】ABC

3. 根据概念的功能，可分为：

描述概念	**描述事实**的概念。包含描述性概念的命题具**有真假**之分。
评价概念	包含有对事实或事物的**价值判断**的概念。包含评价概念的命题**没有真假之分**。
论断性概念	**基于对某个事实的确认来认定（论断）另个事实的存在**的概念。如民法上的宣告失踪和宣告死亡。

【经典习题】

关于法律概念、法律原则、法律规则的理解和表述，下列哪一选项不能成立？[1]

A. 法律规则并不都由法律条文来表述，并非所有的法律条文都规定法律规则

B. 法律原则最大程度地实现法律的确定性和可预测性

C. 法律概念是解决法律问题的重要工具，但是法律概念不能单独适用

D. 法律原则可以克服法律规则的僵硬性缺陷，弥补法律漏洞

【分析】法律规则有成文法规则、习惯法规则、判例法规则之分。只有成文法规则是由条文表现出来的。法律条文可以表述法律，法律也可以表述法律原则，还可以表述法律概念。所以 A 正确。

是法律规则而非法律原则最大程度地实现法律的确定性和可预测性，故 B 错。

法律概念本身不是法律规则或者法律原则，而是表述规则和原则之内容的工具，不能单独适用。故 C 正确。

法律原则能够克服法律规则的僵硬性缺陷，弥补法律漏洞，故 D 正确。

六、法律权利与法律义务

（一）法律权利

1. 权利的概念：

权利的概念众说纷纭，有自由说、范围说、意思说、利益说、折衷说、法力说、资格说、主张说、可能性说、选择说等多种，每种学说都有道理，但也都有缺陷，正如盲人摸象，每个盲人感觉到的只是象的一部分，所有盲人感觉到的综合才是大象的全貌。

2. 法律权利的特点：

（1）法律性：必须由法律确认，并且得到国家认可和保障。

（2）自主性：权利意味着权利主体可以按照自己的愿望决定是否实施某种行为。

（3）求利性：权利不完全等于利益，但其行使以追求和维护某种利益为目的。

（4）与义务的关联性：权利人的权利总是与义务人的义务相关联。

（二）法律义务

1. 法律义务的概念有多种学说，此不赘述。但一般而言义务都含有为某种行为的必须性和强制性。

2. 义务的结构：

（1）积极义务：义务人必须根据权利的内容做出一定的行为。在法学上被称作"作为

---

[1]【答案】B

义务"或"积极义务"（如赡养父母、抚养子女、纳税、服兵役等）。

（2）消极义务：义务人不得做出一定行为的义务，被称为"不作为义务"或"消极义务"，例如，不得破坏公共财产，禁止非法拘禁，严禁刑讯逼供，等等。

（三）权利和义务的关系

1. 结构上：权利和义务紧密联系、不可分割。正如马克思说："**没有无权利的义务，也没有无义务的权利。**"它们的存在和发展都必须以另一方的存在和发展为条件。

2. 数量上：权利人的权利总是对应着义务人的义务，故二者在总量上应该是相等的。

3. 产生和发展上：权利和义务的发展经历了从浑然一体到分裂对立再到相对一致的过程。

4. 价值上：权利和义务代表了不同的法的价值，一般而言在**等级特权社会强调义务本位；民主法治社会强调权利本位。**

（四）权利和义务的分类

根据根本法与普通法规定的不同	基本权利义务	宪法中规定的根本权利义务。
	普通权利义务	宪法以外的普通法律中规定的权利义务。
根据相对应的主体范围不同	绝对权利义务	**绝对权又称"对世权"，是指其效力及于一切人，即义务人为不特定的任何人的权利。**各种人身权、所有权和其他物权等都属于绝对权。 绝对义务又称"对世义务"，指对一般人承担的义务，例如不得侵害法律所保护的任何公民的基本权利。
	相对权利义务	**对人权，又称为相对权，是权利效力所及相对人仅为特定人的权利。相对权的效力仅仅及于特定的义务人。**如债权，债权人仅能向特定债务人主张权利。 相对义务，又称对人义务，指对特定人承担的义务，如债务人只对债权人承担清偿债务的义务。
根据权利义务主体的性质不同	个人权利义务	公民（自然人）在法律上应该享有的权利和应该履行的义务。
	集体权利义务	国家机关、社会团体、企事业组织的权利和义务。
	国家权利义务	国家作为法律关系主体在国际法和国内法上享有的权利和承担的义务。

【经典习题】

甲和乙系夫妻，因外出打工将女儿小琳交由甲母照顾两年，但从未支付过抚养费。后甲与乙闹离婚且均不愿抚养小琳。甲母将甲和乙告上法庭，要求支付抚养费2万元。法院认为，甲母对孙女无法定或约定的抚养义务，判决甲和乙支付甲母抚养费。关于该案，下列哪一选项是正确的？（单选）[1]

A. 判决是规范性法律文件

---

[1]【答案】B

B. 甲和乙对小琳的抚养义务是相对义务

C. 判决在原被告间不形成法律权利和义务关系

D. 小琳是民事诉讼法律关系的主体之一

【分析】规范性文件和非规范性文件的区别在于针对的对象是否特定，是否可以反复适用。如果一个文件针对的对象是特定的且可以反复适用，则该文件是规范性法律文件。反之，则为非规范性法律文件。各类法典是典型的规范性法律文件，判决书是典型的非规范性法律文件。故 A 选项的说法错误。

如果一项义务对应的权利人是特定的，则该义务是相对义务。在本题中，甲和乙的抚养义务针对的权利人是其女小琳这个特定的人，故为相对义务，故 B 项的说法正确。

法院判令甲和乙支付甲母抚养费，在甲、乙和甲母之间形成了权利义务关系，故 C 项的说法错误。

在题干提及的民事诉讼法律关系中，原告是甲母，被告是甲和乙，诉请的事项是支付甲母对小琳的抚养费，小琳并未参与该民事诉讼。故 D 项的说法错误。

第四节　法的渊源

一、法的渊源的概念

（一）法的渊源含义

1. 通俗地讲，法律渊源就是指作出法律决定时法律规范的来源。

2. 法的渊源指明了法律人作出法律决定时大前提（即法律依据）的来源。也就是说当法律人作法律决定时在何处寻找依据。这些依据对法律人或者具有约束力（必须遵守），或者具有说服力（可以参考）。

3. 由于社会制度、国家管理形式和结构形式的不同及受政治思想、道德、历史与文化传统、宗教、科技发展水平、国际交往等的影响，哪些资料能够作为特定法律共同体的法的渊源的范围与种类是不同的。即使同一个法律共同体在不同历史时期，法的渊源的范围与种类也是不同的。

（二）正式渊源与非正式渊源

1. 分类标准：**是否具有国家制定的法明文规定的法律效力**。

2. 正式渊源的含义

（1）正式法源是指具有明文规定的法的效力并且直接作为法律人的法律决定的大前提的规范来源的那些资料，**主要为制定法**。

（2）对于正式法源，**法律人有义务适用它们**。

3. 非正式渊源的含义

（1）非正式的法的渊源则指不具有明文规定的法律效力，但具有法律说服力，并能构成法律人法律决定前提准则来源的那些资料。

（2）非正式渊源没有明确的界限和范围，**凡是对法律人作出法律决定有参考价值的均可以构成法的非正式渊源**。

（3）正义标准、理性原则、公共政策、道德信念、社会思潮、习惯、乡规民约、社团规章、权威性法学著作、外国法等均可以成为法律的非正式渊源。

4. 司法实践中法源选取的原则：

（1）在**民事司法实践中**，在法源的选取上遵循的原则是："**先正式渊源，后非正式渊源**"。

（2）作为正式渊源的成文法，因为有明确的条文，相对于习惯、法理等非正式渊源而言，具有确定性，因而可以保障国民的预测可能性，保护国民的信赖利益，因而**在裁判民事案件时应该优先选择适用法的正式渊源**。

（3）但是，成文法不可能穷尽所有的民事关系，成文法难免会有漏洞。**由于司法的终局性特征，法官在成文法出现漏洞时，是不能拒绝对案件作出裁判的**。因为如果法官以法无明文规定为由而拒绝裁判案件，就会导致民事纠纷得不到最终的解决，民事权利不能够获得司法的保障。职是之故，即使成文法出现了漏洞，法官也有作出判决的义务。而此时法官要作出判决，就得寻求其他的法律依据。民事权利不仅仅来源于成文法的确认，还可以来源于习惯和法理，故，在成文法没有规定的情况下，法官可以援引习惯和法理等非正式渊源**填补成文法的漏洞**，进而作出裁判。

（4）"先正式渊源，后非正式渊源"，这条法源的选取准则，仅适用于裁判民事案件，而**不适用于裁判刑事案件**。如果裁判刑事案件时，以习惯和法理作为定罪量刑的依据，则违背了**罪刑法定**原则，赋予了法官过大的自由裁量权，扩大了法院的刑罚权，不利于人权的保障。

🔊 帆哥提示

1. 正式渊源主要为成文法，在英美法系还包括判例法。

2. 成文法难免会有空白、不确定、僵硬性等局限性。

3. 从《法国民法典》以来，关于民事案件的裁判形成了一个原则：禁止拒绝裁判原则。

4. 禁止拒绝裁判原则意思是即使法律没有明文规定，法官也有作出裁判的义务。此时，法官就得进行法律续造，即填补法律空白。

5. 填补法律空白的方法有很多种，其中适用法律的非正式渊源是一个非常重要的措施。

二、当代中国法的正式渊源

（一）正式渊源的种类

1. 宪法

制宪权属于人民；全国人大修改宪法；全国人大常委会解释宪法。全国人大和全国人大常委会监督宪法实施。

2. 法律

全国人大及常委会行使国家立法权。全国人大制定修改基本法律；全国人大常委会制定修改非基本法律；全国人大闭会期间全国人大常委会可对基本法律进行部分补充和修改。全国人大及常委会作出的具有规范性的决议、决定、规定、办法等，也属于"法律"类的渊源。

法律可以规定任何应当由法律规定的事项，但是有 11 类事项只能由法律规定：国家主权、国家机关组织、自治制度、罪和罚、政治权利的剥夺与人身自由的限制、税收基本制度、非国有财产的征收（用）、民事基本制度、基本经济制度以及财政、海关、金融和外贸的基本制度、诉讼和仲裁、其他事项。
以上 11 类事项全国人大及常委会可以授权国务院就部分事项制定行政法规，但是罪与罚、对公民政治权利的剥夺和限制人身自由的强制措施和处罚、司法制度等事项除外 。
授权期限一般不超过5 年，授权不得转授。

3. 行政法规

由国务院制定；可规定执行法律的事项、《宪法》第 89 条国务院行政管理职权的事项。
行政法规一般称"条例""规定""办法"。

4. 地方性法规

省、自治区、直辖市和设区的市、自治州的人大及其常委会有权制定。地方性法规可以就执行法律、行政法规以及地方性事务作出规定。除法律保留事项外，尚未制定法律、行政法规的事项也可以作出规定。
设区的市、自治州就城乡建设与管理、环境保护、历史文化保护等事项制定法规。
设区的市、自治州的地方性法规需要报省级人大常委会批准后生效，省级人大常委会审查其合法性，如果合法在4 个月内予以批准。
地方性法规一般称"条例""规则""规定""办法"。

5. 自治法规

包括自治条例和单行条例、自治区（州、县）的人大制定，可变通法律行政法规。自治州（县）的自治法规还可以对省级法规进行变通。
自治区的需要全国人大常委会批准、自治州和自治县的需要省级人常批准。
自治条例是综合性法规，内容比较广泛。单行条例是有关某一方面事务的规范性文件。一般采用"条例""规定""变通规定""变通办法"等。

6. 行政规章

国务院各部门、省级人民政府、设区的市、自治州的人民政府可制定。
设区的市、自治州规章就城乡建设与管理、环境保护、历史文化保护等事项进行规定。

7. 国际条约和国际惯例

一国参与或认可的条约，是该国法的正式渊源。
中华人民共和国缔结或者参加的国际条约同中华人民共和国的民事法律有不同规定的，适用国际条约的规定，但中华人民共和国声明保留的条款除外。
中华人民共和国法律和中华人民共和国缔结或者参加的国际条约没有规定的，可以适用国际惯例。

8. 其他的法的正式渊源

中央军事委员会制定的**军事法规**和军内有关方面制定的**军事规章**。
监察委员会制定的**监察法规**。
特别行政区的各种法律。
经济特区根据全国人大的专门**授权**而制定的规范性法律文件。

🔊 帆哥提示

1. 法律的绝对保留事项：罪、政、限、司。
2. 行政法规可以规定的事项：执行法律＋行政管理。
3. 地方性法规可以规定的事项：执行法律、行政法规＋地方性事务＋除法律保留外尚未制定法律的事项。
4. 批准才能生效的文件：省常批准市州县，全常只批区条例。省级人大常委会批准设区的市和自治州的地方性法规以及自治州、自治县的自治条例和单行条例。全国人大常委会批准自治区的自治条例和单行条例。
5. 设区的市和自治州的法规和规章规定的事项有：城建＋环保＋历文等
6. 行政法规、地方性法规、自治条例和单行条例都可以被称为：条例、规定、办法，答题时区别的关键在于看其名称，如果包含地方名称的则为地方性法规，如《黑龙江省母婴保健条例》，否则为行政法规，如《婚姻登记条例》《中华人民共和国认证认可条例》。
7. 司法解释是否属于法的正式渊源存在争议，在这个问题上考生不必纠结。

【经典习题】

1983 年 3 月 1 日，全国人大常委会通过的《商标法》生效；2002 年 9 月 15 日，国务院制定的《商标法实施条例》生效；2002 年 10 月 16 日，最高法院制定的《关于审理商标民事纠纷案件适用法律若干问题的解释》施行。对此，下列哪些说法是正确的？（多选）[1]

A.《商标法实施条例》是部门规章
B.《关于审理商标民事纠纷案件适用法律若干问题的解释》是司法解释
C.《商标法实施条例》的效力要低于《商标法》
D.《商标法实施条例》是《关于审理商标民事纠纷案件适用法律若干问题的解释》的母法

【分析】《商标法实施条例》是国务院制定的行政法规。选项 A 错误。

---

[1]【答案】BC

《关于审理商标民事纠纷案件适用法律若干问题的解释》是最高人民法院制定的司法解释。选项 B 正确。

《商标法实施条例》属于行政法规，《商标法》属于法律，行政法规的效力要低于法律。选项 C 正确。

狭义上的母法指的是宪法。广义的母法不限于宪法。如果 A 法根据 B 法制定，则 B 法是 A 法的母法。《关于审理商标民事纠纷案件适用法律若干问题的解释》是针对《商标法》而制定的司法解释，所以《商标法》才是《关于审理商标民事纠纷案件适用法律若干问题的解释》的母法。选项 D 错误。

（二）我国正式法源的效力等级

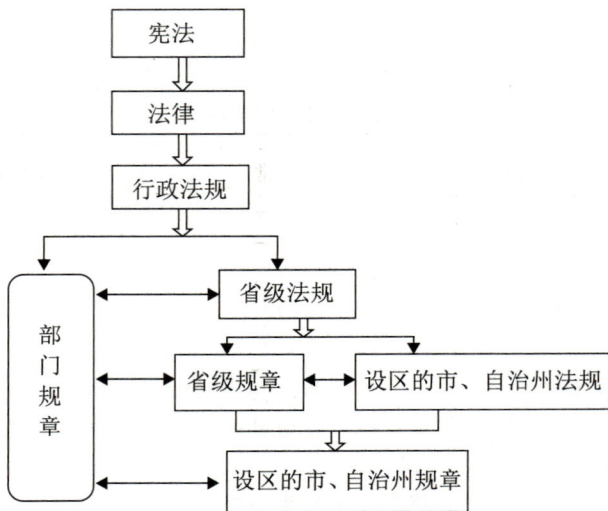

```
            ┌────────┐
            │  宪法  │
            └────────┘
                │
            ┌────────┐
            │  法律  │
            └────────┘
                │
            ┌────────┐
            │ 行政法规 │
            └────────┘
            ↙        ↘
  ┌──────┐      ┌──────────┐
  │      │ ←──→ │ 省级法规  │
  │  部  │      └──────────┘
  │  门  │        ↙      ↘
  │  规  │ ←──→ ┌────────┐  ┌──────────────────┐
  │  章  │      │ 省级规章 │  │ 设区的市、自治州法规 │
  │      │      └────────┘  └──────────────────┘
  └──────┘        ↘          ↙
             ←──→ ┌──────────────────┐
                  │ 设区的市、自治州规章 │
                  └──────────────────┘
```

帆哥提示

1. 判断两个规范性法律文件之间有没有效力上的高下之别，关键是看两个文件的制定机关之间有没有宪法上的从属关系。

2. 同级法规的效力高于同级的规章。省级法规的效力高于同级的规章，高于下级的法规和规章。省级的规章的效力高于下级的规章，但是和设区的市、自治州的法规具有同等的效力。

3. 部门规章与所有的地方性法规具有同等的效力，部门规章与所有的地方性规章具有同等的效力。

（三）正式法源的备案

1. 备案的基本规律：下位法报上位法的制定机关备案。

2. 备案的基本规律的制约条件：

①各级人大不接受备案；

②全国人大常委会不接受规章的备案；

③报请批准的规范性文件由批准机关报其他上位法制定机关备案；

④宪法、法律和自治区的自治条例和单行条例没有备案的问题；

⑤行政法规，地方性法规，行政规章，自治州、自治县的自治条例和单行条例在公布

后 30 日内报有关机关备案。

　　🚢**帆哥提示**　关于备案机关的记忆，可以总结如下口诀：公布 30 日，备案找上位。各级人大不备案，规章避开全人常。被批文件批者报，司法解释报人常。

　　【注意】我国《立法法》的第 98 条规定了各类文件的备案问题：

种类	谁报？	报谁备案？
行政法规	国务院	全国人大常委会
省法规	省级人大常委会	国务院和全国人大常委会
市、州法规	省级人大常委会	国务院和全国人大常委会
自治州（县）自治法规	省级人大常委会	国务院和全国人大常委会
部门规章	国务院部门	国务院
省规章	省级政府	省人大常委会、国务院
市州规章	市州政府	市州人大常委会、省政府、省人大常委会、国务院
授权法规	制定机关	授权决定规定的机关

（四）审查要求与审查建议

1. 提出的主体

主体	针对	向全人常书面提出	常务委员会工作机构
两央、两高、一委[1]	行政法规、地方性法规、自治条例、单行条例	审查要求	分送有关的专门委员会进行审查、提出意见
其他主体	行政法规、地方性法规、自治条例、单行条例	审查建议	进行研究，必要时，送有关的专门委员会进行审查、提出意见

2. 处理程序

专门委员会、常委会工作机构认为同宪法或者法律相抵触的	可以向制定机关提出书面审查意见。
	可以由宪法和法律委员会与有关的专门委员会、常委会工作机构召开联合审查会议，要求制定机关到会说明情况，再向制定机关提出书面审查意见。制定机关应当在两个月内研究提出是否修改的意见，并向前述机构反馈。
	宪法和法律委员会、有关的专门委员会、常委会工作机构审查认为同宪法或者法律相抵触而制定机关不予修改的，应当向委员长会议提出予以撤销的议案，由委员长会议决定是否提请常务委员会会议审议决定。
	审查研究情况应当向提出要求或建议者反馈，可以向社会公开。

---

　　[1]　"两央"指：国务院和中央军事委员会。"两高"指最高人民法院和最高人民检察院。"一委"指省、自治区、直辖市的人大常委会。

（五）改变与撤销

领导关系	人大对其常委会	改变或撤销	不适当的文件
	上级行政机关对下级行政机关		
	行政机关对其工作部门		
监督关系	上级人大及常委会对下级人大及常委会	撤销	中央机关（全人大、全人常、国务院）参与：不合法
	人大及常委会对同级行政机关		地方机关之间：不适当

🛬 帆哥提示

1. 人大只处理其常委会制定或批准的文件，不处理同级的规章。

2. 全人常不处理规章；上级人常处理下级规章；国务院不处理地方性法规。自治州、自治县的自治法规由全人常处理。

3. 省级人大改变或撤销其常委会批准的不适当的设区的市、自治州制定的地方性法规。

4. 做改变或撤销类题目分三步进行：首先找到处理机关，其次找到被处理的文件的制定机关，最后，判断处理机关和制定机关之间是监督关系还是领导关系。

【练习】 根据以上规律，在空白处填上 A（改变或撤销）或 B（撤销）：[1]

全国人大有权		全国人大常委会制定的不适当的法律
		全国人大常委会批准的不合法的自治区人大制定的自治法规
全国人大常委会有权		国务院制定的不合法的行政法规
		省级人大及常委会制定的不合法的地方性法规
		省、自治区人大常委会批准的不合法的自治州、自治县的自治法规
国务院		不适当的部门规章
		不适当的地方规章
省级人大有权		其常委会制定的不适当的地方性法规
		其常委会批准的市州人大及常委会制定的不适当的法规
地方人大常委会有权		本级人民政府制定的不适当的规章
省级政府有权		下一级人民政府制定的不适当的规章
授权机关有权		被授权机关制定的超越授权范围或者违背授权目的的法规，必要时可以撤销授权

---

[1] 答案依次是：A、B、B、B、B、A、A、A、A、B、A、B

（六）法律规范冲突的处理

上下位阶		上位法优于下位法。
效力相等	同一机关制定	新法优于旧法。
		特别法优于一般法。
		新的一般规定与旧的特别规定之间对同一问题规定不一致，由制定机关裁决。
		【帆哥提示】在处理规范冲突时人大与人大常委会视为同一机关。
	不同机关制定	部门规章与地方性法规之间对同一问题规定不一致，由国务院提出处理意见，国务院认为应当适用地方性法规的适用地方性法规，国务院认为应当适用部门规章的，由全国人大常委会裁决。
		部门规章与部门规章之间，部门规章与地方性规章之间对同一问题规定不一致，由国务院裁决。
		法律与授权法规之间对同一问题规定不一致，由全国人大常委会裁决。
		设区的市、自治州的地方性法规与省、自治区、直辖市的规章规定不一致，由省、自治区、直辖市人大常委会做出处理决定。

【经典习题】

耀亚公司未经依法批准经营危险化学品，2003 年 7 月 14 日被区工商分局依据《危险化学品安全管理条例》罚款 40 万元。耀亚公司以处罚违法为由诉至法院。法院查明，《安全生产法》规定对该种行为的罚款不得超过 10 万元。关于该案，下列哪些说法是正确的？（多选）[1]

A.《危险化学品安全管理条例》与《安全生产法》的效力位阶相同

B.《安全生产法》中有关行政处罚的法律规范属于公法

C. 应适用《安全生产法》判断行政处罚的合法性

D. 法院可在判决中撤销《危险化学品安全管理条例》中与上位法相抵触的条款

【分析】《安全生产法》属于法律，其效力高于作为行政法规的《危险化学品安全惯例条例》，故 A 错。

关于行政处罚的法律是对行政权的规制，故属于公法的范畴，故 B 对。

当下位法与上位法发生冲突的时候，应该适用上位法，所以在本案中应该适用《安全生产法》判断行政处罚的合法性，故 C 正确。

我国法院在判决中并无对违背上位法的下位法进行处理的权力，故 D 错。

三、当代中国法的非正式渊源

1. 法的非正式渊源具有法律意义，但是不具有法律效力。对正式渊源具有弥补作用。

2. 当代中国法的非正式渊源主要但不仅仅有：

（1）习惯：

---

[1]【答案】BC

①所谓习惯就是某一社群内，人们在长期的交往过程中，经过反复博弈而形成的、为大家**共同遵守**的行为规则。它是一个社群中人们**共同理性**的体现，是社会中**自发形成**的规则，而不是外部强加的。

②对一个社群的大部分成员而言，习惯已经融入他们的血液，成为其性格的一部分，因而他们对习惯的遵守是**自愿**的、习焉不察的。在一个由熟人组成的社群中，因为大家的交往属于经济学上的"重复博弈"，因而即使那些不认同习惯的少数人，要想在该社群中生活也必须遵守习惯，否则可能会遭到其他社会成员的制裁，比如孤立、舆论谴责。

③正因为习惯对形成某个社群的社会秩序起到了真真切切的作用，所以**社会法学派认为习惯本身就是活的法律**。但是，分析法学把法律同国家联系起来，认为法律就是立法机关创制的规范。习惯只有通过国家立法机关的**认可**，才能成为由国家强制力保证实施的法律命题。

④为了使国家法律能产生实效，国家立法机关在立法的时候应该慎重对待习惯，把合理的习惯吸收到国家的正式法律中来，特别是在民事立法的过程更应如此。如果国家立法机关罔顾习惯，以强力来移风易俗，往往会事与愿违。比如许多农村婚姻中男方向女方付彩礼、出嫁的女孩不继承父母的遗产等习惯，保持了顽强的生命力，国家的法律也不得不与之妥协，故法谚语云：**习惯可以创造法律，也可以废止法律**。

⑤立法机关在表达法律的时候，为了增强法律的适用性，难免会使用一些不确定的法律概念，比如"尽合理的注意义务""遵守公序良俗""从交易习惯"等等，对于这些模糊性的法律概念，执法人员和法官在确定其含义时，就得考察人们的通行做法，即习惯。

（2）判例：

①**判例在英美法系属于法的正式渊源**。

②当代中国实行案例指导制度。2010年11月26日，最高人民法院发布了《关于案例指导工作的规定》，其序言指出，"为总结审判经验，统一法律适用，提高审判质量，维护司法公正"，而展开案例指导工作。其第7条规定："最高人民法院发布的指导性案例，各级人民法院审判类似案例时应当参照。"这说明**作为非正式的法的渊源的判例只能是最高人民法院发布的判例**。

③判例之所以在法的适用中具有重要性，是因为它可以弥补制定法的不足。具体地说，任何判例都是法官结合特定案件事实将具有一般性和抽象性的制定法规范具体化的一种结果。这至少为将来的法官运用该制定法解决具体案件提供了思路、经验和指导。同理，任何判例都是法官针对具体案件事实将具有模糊性和歧义性的制定法进行解释而得到的一种结果，也就是说，任何判例都在一定程度上消除了语言的模糊性和歧义性，使制定法的语言的外延和内涵在一定程度上得到厘清。这样，判例就为将来的法官适用制定法解决具体案件提供了帮助，至少可以减轻法官的工作负担。

（3）政策：

在中国，作为法的非正式渊源的政策指的是没有被整合到法律之中的**国家政策**和**中国共产党的政策**。

🕮 **帆哥提示**　非正式法律渊源有法律意义，但是无正式的法律效力。

【经典习题】

林某与所就职的鹏翔航空公司发生劳动争议，解决争议中曾言语威胁将来乘坐鹏翔公司航班时采取报复措施。林某离职后在选乘鹏翔公司航班时被拒载，遂诉至法院。法院认为，航空公司依《合同法》负有强制缔约义务，依《民用航空法》有保障飞行安全义务。尽管相关国际条约和我国法律对此类拒载无明确规定，但依航空业惯例航空公司有权基于飞行安全事由拒载乘客。关于该案，下列哪些说法是正确的？（多选）[1]

　　A. 反映了法的自由价值和秩序价值之间的冲突

　　B. 若法无明文规定，则法官自由裁量不受任何限制

　　C. 我国缔结或参加的国际条约是正式的法的渊源

　　D. 不违反法律的行业惯例可作为裁判依据

　　【分析】缔约自由是法的自由价值的体现，而飞行安全是法的秩序价值的体现，为了公众的安全而拒绝与有危害飞行安全危险的乘客订立运输合同体现了法的自由价值与秩序价值的冲突，故 A 正确。

　　在进行民事裁判时，如果法律没有明文规定，法官不得拒绝裁判案件，但并不是说在这种情况下法官可以不受任何限制地进行自由裁量，此时法官仍然应该受法律原则、习惯等的限制。故 B 错。

　　我国缔结或参加的国际条约是我国法的正式渊源，故 C 正确。

　　习惯或惯例作为法的非正式渊源，对法官裁判案件具有说服力，可以成为裁判案件的依据，故 D 正确。

第五节　法律部门与法律体系

一、法律部门

　　1. 法律部门也称部门法，是根据一定标准和原则所划定的调整同一类社会关系的法律规范的总称。

　　2. 社会关系复杂交错，法律部门之间很难截然分开。有的社会关系需要几个法律部门来调整，如经济关系就需要经济法、民法、行政法、劳动法来调整。

　　3. 划分法律部门的主要标准是法律所调整的不同的社会关系，即调整对象；其次是法律的调整方法。

　　4. 部门法是通过规范性法律文件表述出来的。但是**一个法律部门中的规范可以通过多个规范性法律文件来表述**，《民法典》总则编的司法解释；《民法典》物权编的司法解释；《民法典》婚姻家庭编的司法解释等多个规范性法律文件来表述的。当然，一个规范性法律文件中所表述的法律规范有可能属于多个法律部门，比如《中华人民共和国森林法》中表述的法律规范，规定林木所有权的规范属于民法部门；规定采伐林木许可程序的属于行政法部门；规定盗伐滥伐林木应该追究刑事责任的属于刑法部门。总而言之，**法律部门与规范性法律文件之间是内容和形式之间的关系，但并不是一一对应的关系**。

　　✈帆哥提示　划分法律部门的标准：调整对象（主要标准）＋调整方法（次要标准）

――――――――――

〔1〕【答案】ACD

二、公法、私法、社会法

1. 公法与私法的划分是大陆法系国家的一项基本分类。最早由古罗马法学家乌尔比安提出。

2. 大陆法系的法学理论中并没有形成普遍接受的公法和私法的区分标准。

3. 公法和私法的区分有利于法学教育和法学研究，划定不同法庭的管辖权限。

4. 现在公认的公法部门包括了宪法和行政法等，私法包括了民法和商法等。

5. 随着社会的发展，又形成了一种新的法律即社会法，如社会保障法。社会法是介于公法和私法之间的法。

6. 公法、社会法与私法在调整对象、调整方式、法的本位、价值目标等方面存在不同。

三、法律体系

1. 法律体系又称部门法体系，是指一国的全部现行法律规范，按照一定的标准和原则划分为不同的法律部门而形成的内部和谐一致、有机联系的整体。

2. 法律体系包括现行有效的国内法和被本国承认的国际条约和国际惯例。

3. 当代中国的法律体系主要由七个法律部门和三个不同层次的法律规范构成。七个法律部门是：宪法及相关法；民商法；行政法；经济法；社会法；刑法；诉讼与非诉程序法。三个不同层次的法律规范是：法律；行政法规；地方性法规、自治条例和单行条例。

【经典习题】

关于法的渊源和法律部门，下列哪些判断是正确的？（多选）[1]

A. 自治条例和单行条例是地方国家权力机关制定的规范性文件

B. 行政法部门就是由国务院制定的行政法规构成的

C. 国际公法是中国特色社会主义法律体系的组成部分

D. 划分法律部门的主要标准是法律规范所调整的社会关系

【分析】自治条例和单行条例是由自治区、自治州、自治县的人大制定的，而人大属于地方国家权力机关，故 A 项的说法正确。

所谓行政法部门就是调整行政关系的法律规范的集合。这些规范从渊源上来讲，可以来源于宪法、法律、行政法规、地方性法规等。故 B 项的说法错误。在这里关键是要区分清楚法律部门和法律渊源的异同。

一个国家的法律体系是由现行有效的国内法组成，不包含国际公法。故 C 错。

划分法律部门的主要标准是法律规范所调整的社会关系，次要标准是法律规范的调整方法。故 D 对。

---

[1]【答案】AD

第六节　法的效力

一、法的效力概念及其分类

（一）法律效力的概念

法的效力，即法的约束力，指人们应当按照法律规定的行为模式来行为，必须予以服从的一种法律之力。

（二）法的效力分类

1. 规范性法律文件的效力，也叫狭义的法的效力，指法律的生效范围或适用范围，即法律对什么人、什么事、在什么地方和什么时间有约束力。

2. 非规范性法律文件的效力，指判决书、裁定书、逮捕证、许可证、合同等法的效力。这些文件在经过法定程序之后也具有约束力，任何人不得违反。但是，**非规范性法律文件是适用法律的结果而不是法律本身**，因此不具有普遍约束力。

帆哥提示 通常所讲的法的效力主要指狭义的法的效力。一般而言，法对人和对事的效力范围，先于法的时间和空间效力范围。

二、法的效力的来源

来自于法律	法律有国家强制力，法律规定了具体的否定性法律后果，任何明显的违法行为都会受到国家相应的制裁，因此法律具有效力。
来自于道德	法律与人们的道德观念相一致，法律建立在社会主流道德基础之上，法律体现了公平、正义，因而人们服从政府、遵守法律。
来自于社会	民众从小就养成了模仿他人所为的习惯，包括按照别人的行为守法的习惯。法律维护社会秩序，社会要求人们的行为符合法律。

帆哥提示

1. 分析实证主义法学认为法律的效力来源于国家强制力，因而人们遵守法律是被动的。

2. 自然法学认为法律的效力来源于道德，法律之所以是有效的，是因为它符合正义的标准，因而人们遵守是出于自愿的。

3. 法律社会学认为法律之所以有效是因为它与一个社会存在的道德规范相吻合。

4. 现代法理学的洞见之一是法律的效力不能仅仅建立在强制力的基础上，有一些法律的效力来源于人们自愿的接受。

三、法的对人效力

（一）确定法律对人效力范围的原则

	含义	缺陷
属人原则	一国法只适用于本国公民，只要是本国公民，不论其身在国内还是国外，均受该国法的约束，但对于外国人，即使在该国境内，也不适用该国法律。	①不约束生活在本国领域内的外国人。②对于生活在其他国家并且受到所在国法律约束的本国人而言，本国法虽然加以约束，实际上却难以实现。
属地原则	一国法只适用于本国主权范围，不论是否为该国公民，只要其身在该国境内，都适用该国法。	①对于身处外国的本国人，缺乏有效的保护手段。②对于发生在本国以外的、侵犯本国利益的行为，缺乏有效约束。
保护主义原则	一国法的适用以保护该国利益为依据，任何人不论其是否为该国公民，也不论其身居国内还是国外，只要侵害了该国利益，就适用该国法。	这个原则虽然强调了对于本国利益的保护，但是却容易发生挑战其他国家主权的情形。
折中主义原则	以属地主义为主，结合属人主义和保护主义，既维护了本国利益，又尊重了他国主权，具有现实的操作性。	无缺陷。

（二）我国法律的对人效力

1. 中国公民的效力。

中国公民在中国境内适用中国法律，中国公民在境外也应遵守中国法律并受中国法律保护，但须考虑中国法律与所在国法律的关系问题。

2. 外国人和无国籍人的效力。

（1）对在中国境内的外国人和无国籍人，除法律另有规定外，适用中国法律。

（2）对外国人和无国籍人在中国境外对中国国家和公民犯罪的，按中国刑法应处3年以上有期徒刑的，可适用中国刑法，但按犯罪地法律不受处罚的除外。

四、法律的对事效力

1. 法律作用于主体的行为及通过行为所建立起来的社会关系。法律的事项效力通常是指法对主体所进行的哪些行为、事项、社会关系有效。

2. 确立法律事项效力范围的原则

（1）事项法定原则。法律对哪些事项有效一般以"是否有法律明文规定"为限。法律明确规定进行调整的事项，法对之都有效力；相反，没有法律明确规定的事项，法对之没有效力。

（2）一事不再理原则。同一机关不得两次或两次以上受理同一当事人就同一法律关系所作的同一请求。

（3）一事不二罚原则。对同一个行为，不得处以两次或两次以上性质相同或同一罪名的处罚。

五、法的空间效力

1. 一般说来，一国法在该国主权所及范围内有效。

2. 法律的空间效力有两种情形：

（1）法律的域内效力。

法律是规范性的国家意志，法律的域内效力是指法律在一主权国家领域内具有效力，相反，在该主权国家领域外无效。

（2）法律的域外效力。

法律的域外效力是指法律在其所在的主权国家管辖领域外的效力。在殖民地时期，法律的域外效力通常是宗主国的治外法权。现代国家基于"主权平等""尊重他国主权和内政"等国际法原则，本国法在他国有效必须是建立在平等基础上的，是国与国之间互惠互利的合意的结果，通常是双方国家通过签订国际条约或根据国际惯例互相允许对方法律在本国有效。

六、法的时间效力

（一）公布与法律的生效

1. **知法是守法的前提**。一个人不可能去遵守自己毫无所知的规则。按照道理，不知道法律从而作出了违法行为，应该成为免责的事由。但是，把不知道法律作为免责的事由在操作上有不可克服的难题。假如一个犯罪嫌疑人在法庭上主张自己不知道法律，因而才作出了犯罪行为，那么此时控诉方如果坚持有罪控诉，就要证明他知晓法律，但是一个人知不知道某个法律规则，是其内在的思想意识问题，而内在的思想意识是无法有效地予以客观化地证明的。为了解决这个难题，现代法治都贯彻**法律公开化**原则，即所有成文法律都必须面向所有人公布，**未经公布的法律不发生效力**。

2. 法律一经公布，在法律管辖范围内的人都有学习法律的义务。法律一经公布，所有人都有知晓法律的可能性。职是之故，只要是法律是公开的，就推定为所有公民都知晓法律，因而法律格言云：**可以知法即等于知法，法律假定任何人都知晓法律**。既然可以知法等于知法，那么犯罪嫌疑人就不能以不知法作为脱逃罪责的理由。

（二）效力的终止

明示废止	在新法或者其他法律文件中明确规定废止旧法。
默示废止	已生效的法律与原有法律的规定在某些方面有冲突，根据"**新法优于旧法**"或"**后法废止前法**"原则，适用新法从而废止旧法相关内容。

（三）法的溯及力

1. 法律是人的行为准则。作为人的行为准则，**法律应该在人的行为之前存在**。只有法律在人的行为之前存在，人们才可以依据法律对自己的行为后果进行预测，从而理性地安排自己的行为。

2. 立法者是在为未来立法，即立法者制定的法律只适用于其颁布且生效以后的行为，而不能适用于其颁布以前的行为，其颁布以前的行为按照行为正在实施的法律即旧法来处理，这被称为"**法不溯及既往**"。法不溯及既往也称"从旧"原则。法不溯及既往的目的在于保障国民的预测性，从而保障他们的信赖利益。

3. 法不溯及既往也是对国家权力的限制。如果一个国家的法律可以溯及既往，那就意味着公权力机关在国民的行为完成后制定法律对其行为进行重新评价，还意味着公权力机关在作出越权行为后可以制定法律对自己进行事后授权。这样一来，法治国家所追求的"法无授权即禁止"的公法原则就形同虚设。

4. 但是，法不溯及既往原则并不是绝对的。因为现代法治的目标就是为了保障人权，当新的法律和旧的法律相比较，新的法律更加有利于保障人权时，新法可以溯及既往地适用于其生效以前的行为，这被称为"有利追溯原则"。比如在刑法中，新刑法和旧刑法相比较，同一行为，如果新刑法的处罚比旧刑法更轻的时候，新刑法就可以被溯及既往的适用。

　　帆哥提示　溯及从新不从旧，保障人权可从新。

【经典习题】

有法谚云："法律为未来作规定，法官为过去作判决"。关于该法谚，下列哪一说法是正确的？（单选）[1]

　　A. 法律的内容规定总是超前的，法官的判决根据总是滞后的
　　B. 法官只考虑已经发生的事实，故判案时一律选择适用旧法
　　C. 法律绝对禁止溯及既往
　　D. 即使案件事实发生在过去，但"为未来作规定"的法律仍然可以作为其认定的根据

【分析】"法律为未来作规定"，意思是说法律是针对未来的行为发生效力的，人们在做出一个行为的时候只应该遵守行为时已经存在的法律，这个原则被称为"法不溯及既往"，也叫"从旧"原则。但是当新法和旧法相比较，新法更加有利于保障人权时，可以适用新法来解决新法生效以前已经发生的行为，这叫"从新"，也就是说新法可以有条件的溯及既往。由此可见，在法律时间效力问题上，以不溯及既往为原则，以溯及既往为例外。

"法官为过去作判决"，意思是说法官要裁判的事实，是已经发生的事实，就法官介入这一时间点而言，该事实已经实施完毕。法官裁判时，应该以该事实发生前已经存在的法律作为裁判的依据。

综上所述，只有 D 项的表述正确，其余三项错误。就 A 项的表述来说，立法者是为未来立法，这就要求立法者对将来要发生的行为具有一定的预测能力，但是立法者的预测能力是有限的，将来要发生的行为总有一些是立法者无法预测到的，正因为如此，现实中的法律总有滞后性，故说"法律的内容总是超前的"是不对的。B 项说法官裁判案件时总考虑适用旧法也是不对的，因为新法在能更好地保障人权时也可以溯及既往的适用。C 项的错误如前所说："法不溯及既往"这一原则并不绝对。

---

[1]　【答案】D

第七节　法律关系

一、法律关系概念、特征

(一) 法律关系的概念

所谓法律关系就是法律规范在调整社会关系的过程中形成的人们之间的权利义务关系。

(二) 法律关系的特征

1. 法律关系是根据法律规范建立的一种社会关系，具有**合法性**。

(1) 法律规范是法律关系产生的前提。如果没有相应的法律规范的存在，就不可能产生法律关系。

(2) 法律关系不同于法律规范调整或保护的社会关系本身。社会关系是一个庞大的体系，其中有些领域是法律所调整的（如政治关系、经济关系、行政管理关系等），也有些是不属于法律调整或法律不宜调整的（如友谊关系、爱情关系、政党社团的内部关系），还有些是法律所保护的对象，这些被保护的社会关系不属于法律关系本身（如刑法所保护的关系不等于刑事法律关系）。即使那些受法律法规调整的社会关系，也并不能完全视为法律关系。例如，民事关系（财产关系和身份关系）也只有经过民法的调整（立法、执法和守法的运行机制）之后，才具有了法律的性质，成为一类法律关系（民事法律关系）。

(3) 法律关系是法律规范的实现形式，是法律规范的内容（行为模式及其后果）在现实社会生活中得到具体的贯彻。法律关系是人与人之间的合法（符合法律规范的）关系。这是它与其他社会关系的根本区别。

2. 法律关系是体现**意志性**的特种社会关系。

(1) 法律关系是根据法律规范有目的、有意识地建立的。所以，法律关系像法律规范一样必然体现国家的意志。

(2) 有些法律关系的产生，不仅要通过法律规范所体现的国家意志，而且要通过法律关系参加者的个人意志表示一致（如多数民事法律关系）。也有很多法律关系的产生，并不需要这种意志表示。例如，行政法律关系，往往基于行政命令而产生。

3. 法律关系是**特定法律关系主体之间的权利和义务关系**。

🗨 帆哥提示

1. 凡是法律关系都是社会关系。

2. 凡是法律关系都具有合法性，不存在不合法的法律关系，但是可以有非法的社会关系。

3. 行为有违法和合法之分，但是无论是违法行为还是合法行为，其产生的法律关系都是合法的。

4. 所有的法律关系首先反映国家意志，但不仅仅反映国家意志，民事法律关系还反映参与人的意志。

5. 法律规范和法律关系都以权利和义务为内容，但是属于两个不同的领域，前者属于应然性、可能性领域，后者属于实然性、现实性领域。

【经典习题】

"在法学家们以及各个法典看来，各个个人之间的关系，例如缔结契约这类事情，一般是纯粹偶然的现象，这些关系被他们看作是可以随意建立或不建立的关系，它们的内容完全取决于缔约双方的个人意愿。每当工业和商业的发展创造出新的交往形式，例如保险公司等的时候，法便不得不承认它们是获得财产的新方式。"据此，下列表述正确的是：（不定项）[1]

A. 契约关系是人们有意识、有目的地建立的社会关系

B. 各个时期的法都不得不规定保险公司等新的交往形式和它们获得财产的新方式

C. 法律关系作为一种特殊的社会关系，既有以人的意志为转移的思想关系的属性，又有物质关系制约的属性

D. 法律关系体现的是当事人的意志，而不可能是国家的意志

【分析】 契约关系是人们有意识、有目的地建立的社会关系，目的在于为双方设定一种权利义务关系，故选项 A 正确。

法律规范是法律关系产生的前提。如果没有相应的法律规范的存在，就不可能产生法律关系。只有社会发展到一定阶段才有公司法、保险法等。各个时期的法都不得不规定保险公司等新的交往形式和它们获得财产的新方式是错误的。选项 B 错误。

法律关系是一种特殊的社会关系，体现了人的因素，又有物质关系的制约。选项 C 正确。

法律是统治阶级的意志上升为国家的意志，依据法律所产生的法律关系也必然体现国家的意志。选项 D 错误。

二、法律关系的分类

（一）按照法律关系产生的依据、执行的职能和实现规范的内容不同，法律关系可以分为调整性法律关系和保护性法律关系

1. 调整性法律关系是基于人们的合法行为而产生的、执行法的调整职能的法律关系，它所实现的是法律规范（规则）的行为规则（指示）的内容。调整性法律关系不需要适用法律制裁，法律主体之间即能够行使权利、履行义务，如各种依法建立的民事法律关系、行政合同关系。

2. 保护性法律关系是由于违法行为产生的、旨在恢复被破坏的权利和秩序的法律关系，它执行法的保护职能，所实现的是法律规范（规则）的保护规则（否定性法律后果）的内容，是法的实现的非正常形式。在公法上，它的典型特征是一方主体（国家）适用法律制裁，另一方主体（通常是违法者）必须接受这种制裁，如刑事法律关系。

帆哥提示

保护性法律关系是在调整性法律关系因主体的违法行为不能正常实现时，由此引发法律制裁时形成的法律关系。如杨帆对自己的手机拥有所有权，从而杨帆和杨帆之外的所有人之间形成了调整性法律关系，在这个法律关系中杨帆对自己的手机有占有、使用、收益、

_____

[1]【答案】AC

处分的权利，杨帆之外的所有人负有不干预杨帆对自己手机行使所有权的义务。但是小王弄坏了杨帆的手机，杨帆向法院起诉，法院作出判决，判令小王向杨帆承担赔偿责任，此时基于法院的判决，在杨帆和小王之间形成的赔偿法律关系属于保护性法律关系。

（二）按法律主体在法律关系中的地位——纵向（隶属）的法律关系和横向（平权）的法律关系

1. 纵向（隶属）的法律关系是指在**不平等的法律主体**之间所建立的权力服从关系（旧法学称"特别权力关系"）。其特点为：

（1）法律主体处于不平等的地位。如亲权关系中的家长与子女，行政管理关系中的上级机关与下级机关，在法律地位上有管理与被管理、命令与服从、监督与被监督诸方面的差别。

（2）**法律主体之间的权利与义务具有强制性**。

2. 横向法律关系是指**平权法律主体**之间的权利义务关系。其特点在于，法律主体的地位是平等的，权利和义务的内容具有一定程度的任意性，如民事财产关系。

（三）按照法律主体的多少和权利义务是否一致为根据——单向（单务）法律关系和双向（双边）法律关系和多向（多边）法律关系

1. 单向（单务）法律关系，是指权利人仅享有权利，义务人仅履行义务，两者之间不存在相反的联系（如不附条件的赠与关系）。单向法律关系是法律关系体系中最基本的构成要素。一切法律关系均可分解为单向的权利义务关系。

2. 双向（双边）法律关系，是指在特定的双方法律主体之间，存在两个密不可分的单向权利义务关系，其中一方主体的权利对应另一方的义务，反之亦然。例如，买卖法律关系就包含着这样两个相互联系的单向法律关系。

3. 多向（多边）法律关系，又称"复合法律关系"或"复杂的法律关系"，是三个或三个以上相关法律关系的复合体，其中既包括单向法律关系，也包括双向法律关系。例如，行政法中的人事调动关系，至少包含三方面的法律关系，即调出单位与调入单位之间的关系，调出单位与被调动者之间的关系，调入单位与被调动者之间的关系。这三种关系相互关联，互为条件，缺一不可。

（四）按照相关的法律关系作用和地位不同法律关系可分为：第一性法律关系（主法律关系）和第二性法律关系（从法律关系）

1. 第一性法律关系（主法律关系），是人们之间依法建立的不依赖其他法律关系而独立存在的或在多项法律关系中居于支配地位的法律关系。

2. 第二性法律关系（从法律关系），是由第一性法律关系产生的、居于从属地位的法律关系。

帆哥提示 一切相关的法律关系均有主次之分，例如，在调整性和保护性法律关系中，调整性法律关系是第一性法律关系（主法律关系），保护性法律关系是第二性法律关系（从法律关系）；在实体和程序法律关系中，实体法律关系是第一性法律关系（主法律关系），程序法律关系是第二性法律关系（从法律关系）。

【经典习题】

甲、乙分别为某有限责任公司的自然人股东，后甲在乙知情但不同意的情况下，为帮助妹妹获取贷款，将自有股权质押给银行，乙以甲侵犯其股东权利为由向法院提起诉讼。

关于本案，下列哪一判断是正确的？（单选）[1]

  A. 担保关系是债权关系的保护性法律关系

  B. 债权关系是质押关系的第一性法律关系

  C. 诉讼关系是股权关系的隶属性法律关系

  D. 债权关系是质押关系的调整性法律关系

【分析】担保关系和债权关系都是基于合法行为而产生的，都属于调整型法律关系。正确的表述应该是担保法律关系是债权法律关系的第二性法律关系。故 A 错。

债权法律关系是质押法律关系产生的基础，故债权法律关系是质押关系的第一性关系。故 B 项说法正确，D 的说法错误。

诉讼法律关系和股权法律关系中，法律关系主体的地位都是平等的，故均属于横向法律关系，即平权型法律关系。故 C 的说法错误。

三、法律关系的构成要素

（一）法律关系的主体

1. 概念

法律关系的主体指法律关系的参加人，即在法律关系中享有权利或承担义务的人，享有权利的一方是权利人，承担义务的一方是义务人。

2. 种类

公民（自然人）。
机构或组织（法人）。
国家。国家既可以成为国际法律关系的主体，也可以成为国内法律关系的主体。比如刑事法律关系的一方主体是国家。

3. 权利能力和行为能力

（1）权利能力

权利能力指能够参与一定的法律关系，依法享有一定的权利和承担一定义务的法律资格。
公民（自然人）的一般权利能力始于出生终于死亡。一般权利能力不能被任意剥夺或解除。但是特殊的权利能力只授予特定的法律主体，如国家机关及其工作人员行使职权的资格。
法人的权利能力自法人成立时产生，至法人解体时消灭。其范围由法人成立的宗旨和范围决定。

（2）行为能力

法律关系主体能够通过自己的行为，实际取得权利和履行义务的能力。
确定公民有无行为能力标准有二：一是能否认识自己行为的意义和后果；二是能否控制自己的行为并对自己的行为负责。

---

[1]【答案】B

续表

| 对公民（自然人）而言，具有权利能力并不必然具有行为能力，但具有行为能力则必然具有权利能力。 |
| 公民（自然人）的行为能力可以分为：权利行为能力、义务行为能力和责任行为能力。 |
| 公民的行为能力有完全和不完全之分，法人的行为能力总是有限的，由其成立宗旨和业务范围决定。法人的行为能力同时产生，同时消灭。 |

（二）法律关系的内容

1. 法律关系主体的权利义务与作为法律规则内容的权利义务的异同比较：

	所属领域不同	针对的主体不同	法律效力不同
法律关系主体的权利义务	是法律关系主体实有权利和义务，属于现实性领域	特定的主体，是某一法律关系中的有关主体	仅对特定的法律主体有效，没有普遍的效力
作为法律规范内容的权利和义务	应有权利和义务，属于可能性领域	不特定的主体	有一般的、普遍的法律效力

2. 权利与权利能力：

联　　系	区　　别
权利能力是法律关系主体享有权利的前提，或者说资格	（1）任何人具有权利能力，并不必然表明他可以参与某种法律关系，而要参与法律关系，就必须要有具体的权利
	（2）权利能力包括享有权利和承担义务这两方面的法律资格，而权利本身不包括义务在内。

（三）法律关系客体

1. 概念

| 法律关系主体之间权利和义务所指向的对象。 |
| 法律关系建立的目的总是为了保护某种利益、获取某种利益，或者分配转移某种利益。客体所承载的利益本身才是法律权利和法律义务联系的中介。 |
| 法律关系客体的范围是一个历史概念，随着社会历史的不断发展变化，其范围和形式、类型也在不断变化着。总体来看有不断扩大的趋势。 |

2. 法律关系客体的种类

（1）物

作为法律关系客体的物与物理意义上的物既有联系，又有不同，它不仅具有物理属性，而且应具有法律属性。物理意义上的物要成为法律关系客体，须具备以下条件：	①应得到法律之认可；
	②应为人类所认识和控制。不可认识和控制之物（如地球以外的天体）不能成为法律关系客体；
	③能够给人们带来某种物质利益，具有经济价值；
	④须具有独立性。不可分离之物（如道路上的沥青、桥梁之构造物、房屋之门窗）一般不能脱离主物，故不能单独作为法律关系客体存在。
在我国，大部分天然物和生产物可以成为法律关系的客体，但有几种物不得进入国内商品流通领域，成为私人法律关系的客体。	①人类公共之物或国家专有之物，如海洋、山川、水流、空气；
	②文物；
	③军事设施、武器（枪支、弹药等）；
	④危害人类之物（如毒品、假药、淫秽书籍等）。

（2）人身

人身是由各个生理器官组成的生理整体（有机体）。它是人的物质形态，也是人的精神利益的体现。不仅是人作为法律关系主体的承载者，而且在一定范围内成为法律关系的客体。	①活人的（整个）身体，不得视为法律上之"物"，不能作为物权、债权和继承权的客体，禁止任何人（包括本人）将整个身体作为"物"参与有偿的经济法律活动，不得转让或买卖。贩卖或拐卖人口，买卖婚姻，是法律所禁止的违法或犯罪行为，应受法律的制裁；
	②权利人对自己的人身不得进行违法或有伤风化的活动，不得滥用人身，或自践人身和人格。例如，卖淫、自杀、自残行为属违法行为或至少是法律所不提倡的行为；
	③对人身行使权利时必须依法进行，不得超出法律授权的界限，严禁对他人人身非法强行行使权利。例如，有监护权的父母不得虐待未成年子女的人身。
但须注意的是：人身（体）部分（如血液、器官、皮肤等）的法律性质，是一个较复杂的问题。它属于人身，还是属于法律上的"物"，不能一概而论。应从三方面分析：	①当人身之部分尚未脱离人的整体时，即属人身本身；
	②当人身之部分自然地从身体中分离，已成为与身体相脱离的外界之物时，亦可视为法律上之"物"；
	③当该部分已植入他人身体时，即为他人人身之组成部分。

（3）精神产品

精神产品是人通过某种物体（如书本、砖石、纸张、胶片、磁盘）或大脑记载下来并加以流传的思维成果，属于非物质财富。西方学者称之为"无体（形）物"。我国法学界常称为"智力成果"或"无体财产"。	①不同于有体物，其价值和利益在于物中所承载的信息、知识、技术、标识（符号）和其他精神文化；
	②不同于人的主观精神活动本身，是精神活动的物化、固定化。

（4）行为结果

作为法律关系客体的行为结果是特定的，即义务人完成其行为所产生的能够满足权利人利益要求的结果。这种结果一般分为两种：	①一种是物化结果，即义务人的行为（劳动）凝结于一定的物体，产生一定的物化产品或营建物（房屋、道路、桥梁等）；
	②另一种是非物化结果，即义务人的行为没有转化为物化实体，而仅表现为一定的行为过程，直至终了，最后产生权利人所期望的结果（或效果）。例如，权利人在义务人完成一定行为后，得到了某种精神享受或物质享受，增长了知识和能力等。

四、法律关系产生、变更与消灭

（一）法律关系产生、变更与消灭的条件

1. 法律规范

法律规范是法律关系形成、变更和消灭的法律依据，没有一定的法律规范就不会有相应的法律关系。

2. 法律事实

法律事实，就是法律规范所规定的、能够引起法律关系产生、变更和消灭的客观情况或现象。

（二）法律事实的分类

依是否以**当事人**的意志为转移作标准，法律事实可以分为：

1. 法律事件

法律事件是法律规范规定的、不以当事人的意志为转移而引起法律关系形成、变更或消灭的客观事实。法律事件可分为：

（1）社会事件：如社会革命、战争等。

（2）自然事件：如人的生老病死、自然灾害等。

2. 法律行为

法律行为指以当事人的主观意志为转移，能够引起法律关系形成、变更和消灭的事件。

帆哥提示

1. 同一个法律事实可以引起多种法律关系的产生、变更和消灭，如死亡。

2. 两个或两个以上的法律事实引起同一法律关系的产生、变更或消灭的，称为"事实构成"。

【经典习题】

王某恋爱期间承担了男友刘某的开销计 20 万元。后刘某提出分手，王某要求刘某返还开销费用。经过协商，刘某自愿将该费用转为借款并出具了借条，不久刘某反悔，以不存在真实有效借款关系为由拒绝还款，王某诉至法院。法院认为，"刘某出具该借条系本人自愿，且并未违反法律强制性规定"，遂判决刘某还款。对此，下列哪些说法是正确的？（多选）[1]

A. "刘某出具该借条系本人自愿，且并未违反法律强制性规定"是对案件事实的认定

B. 出具借条是导致王某与刘某产生借款合同法律关系的法律事实之一

C. 因王某起诉产生的民事诉讼法律关系是第二性法律关系

D. 本案的裁判是以法律事件的发生为根据作出的

【分析】"刘某出具该借条系本人自愿，且并未违反法律强制性规定"是对案件事实的认定，故 A 的说法正确。

出具借条属于法律行为，该行为导致了借款合同法律关系的产生，故 B 正确，D 项错误。

不依赖于其他法律关系可以独立存在的法律关系被称为第一性法律关系，基于第一性法律关系产生的法律关系属于第二性法律关系，第一性法律关系又叫主法律关系，第二性法律关系又叫从法律关系。题干中的民事诉讼法律关系属于第二性法律关系。故 C 正确。

第八节　法律责任

一、法律责任的含义、特点

（一）法律责任的含义

法律责任指行为人由于**违法行为、违约行为或者由于法律的规定**而应承受的某种不利的法律后果。

（二）法律责任的特征

1. 承担法律责任的最终依据是法律。

2. 法律责任具有国家强制性。

帆哥提示　违法行为不一定会导致法律责任产生，因为即使违法，也可能存在责任的阻却事由，从而不承担法律责任。法律责任并不仅仅因为违法行为而产生。

（三）法律责任的本质

道义责任论	法律责任是以道义责任为前提，它的本质是违法者的道义责难。
社会责任论	社会是一个各种利益的互动系统，法律责任的本质是对合法的社会利益系统的维护。
规范责任论	法律是一个规范系统，法律责任的本质是对行为的否定性规范评价。

[1]　ABC

（四）法律责任与权力、权利、义务的关系

1. 法律责任与法律权力

（1）责任的认定、归结与实现都离不开国家司法、执法机关的权力（职权）。

（2）责任规定了行使权力的界限以及越权的后果。

2. 法律责任与法定权利和义务

（1）法律责任规范着法律关系主体行使权利的界限，以否定的法律后果防止权利行使不当或滥用权利；

（2）在权利受到妨害，以及违反法定义务时，法律责任又成为救济权利、强制履行义务或追加新义务的依据；

（3）法律责任通过否定的法律后果成为对权利、义务得以顺利实现的保证。

二、法律责任的竞合

概念	法律责任的竞合，是指由于某种法律事实的出现，导致两种或两种以上的法律责任产生，而这些责任之间相互冲突的现象。
特征	数个法律责任的主体为同一法律主体。
	责任主体实施了一个行为。
	该行为符合两个或两个以上的法律责任构成要件。
	数个法律责任之间相互冲突。
产生原因	法律责任产生的原因有二：首先，不同的法律规范从不同角度对社会关系加以调整，而由于法律规范的抽象性以及社会关系的复杂性，不同的法律规范在调整社会关系时可能会产生一定的重合，使得一个行为同时触犯了不同的法律规范，面临数种法律责任，从而引起法律责任的竞合问题。其次，一个行为可能产生多个后果，此时，如果以结果衡量，一个行为就会面临多种法律责任，从而导致法律责任竞合。
处理	1. 对于不同法律部门间法律责任的竞合，一般来说，应按重者处之。如果相对较轻的法律责任已经被追究，再追究较重的法律责任时应适当考虑折抵。 2. 侵权责任与违约责任的竞合，理论上存在争议，各国的法律规定也有所不同。 我国在发生违约责任和侵权责任竞合的情况下，允许受害人选择其中一种责任提起诉讼。

帆哥提示　法律责任的竞合就是指两个法律责任可以同时适用于一个行为，但是两个责任不能同时追究，只能选择其中一个。故在答题时判断有无法律责任的竞合关键不是看存在不存在两个法律责任，有两个或多个法律责任并不必然构成法律责任的竞合，只有当存在两个法律责任，且这两个法律责任相互冲突，不能同时追究时才构成竞合，如行政处罚法上的罚款和刑法上的罚金就不能同时追究。

【经典习题】

下列构成法律责任竞合的情形是：（不定项）[1]

A. 方某因无医师资格开设诊所被卫生局没收非法所得，并被法院以非法行医罪判处 3 年有期徒刑

B. 王某通话时，其手机爆炸导致右耳失聪，可选择以侵权或违约为由追究手机制造商法律责任

C. 林某因故意伤害罪被追究刑事责任和民事责任

D. 戴某用 10 万元假币购买一块劳力士手表，其行为同时触犯诈骗罪与使用假币罪

［分析］ A 选项中虽然存在两种法律责任，但是作为行政责任的没收非法所得和作为刑事责任的 3 年有期徒刑可以同时追究，因而不构成法律责任的竞合。B 选项中既存在违约责任，也存在侵权责任，但是违约责任和侵权责任不能同时追究，因而属于法律责任的竞合。C 选项中，民事责任和刑事责任可以同时追究，因而不属于法律责任的竞合。D 选项中的事例属于想象竞合犯，只能择一重处，不能两个罪名同时追究，因而属于法律责任的竞合。

三、归责与免责

归责的概念	由特定国家机关或国家授权的机关依法对行为人的法律责任进行判断和确认。	
归责的原则	责任法定（合法）	法律责任作为一种否定性的法律后果，应当由法律规范预先规定。
		特定国家机关既要按照实体法，又要按照程序法确定责任主体是否承担责任、承担什么责任以及承担多大责任。
		禁止特定国家机关擅断责任和法外责罚。
	公正	坚持法律面前人人平等，不允许有超越法律的特权。
		法律责任的定性要公正。
		法律责任的定量要公正。
	效益	追究法律责任要从效益角度出发，分析成本与所得，努力以较小的成本获得最大的效益。
	责任自负	谁违法谁负责，反对株连或变相株连。该原则既要求保证责任人的法律责任得到追究，又要保证无责任的人不被法律追究。
免责	法律责任免除的条件主要有：（1）时效免责；（2）不诉免责；（3）自愿协议免责；（4）不可抗力、正当防卫、紧急避险免责；（5）自首、立功免责；（6）人道主义免责，等等。	

四、法律制裁

1. 法律制裁是指由特定国家机关对违法者依其法律责任而实施的强制性的惩罚措施。

---

[1]【答案】BD

2. **法律责任是前提，法律制裁是结果或体现**。但法律责任不等于法律制裁，有法律责任不等于一定有法律制裁。

3. 与法律责任相对应，法律制裁有刑事制裁、民事制裁、行政制裁和违宪制裁。

【经典习题】

下列有关法律后果、法律责任、法律制裁和法律条文等问题的表述，哪些可以成立？（多选）[1]

A. 任何法律责任的设定都必定是正义的实现

B. 法律后果不一定是法律制裁

C. 承担法律责任即意味着接受法律制裁

D. 不是每个法律条文都有法律责任的规定

【分析】法律有良法和恶法之分，恶法设定的法律责任就是不正义的。据此，选项 A 错误。

法律后果包括肯定的法律后果和否定的法律后果（即法律责任），法律制裁是被动承担法律责任的一种方式，因此选项 B 正确。

承担法律责任，可以主动承担，也可以被动承担，而法律制裁是被动承担法律责任的一种方式。据此，选项 C 错误。

法律规则由假定条件、行为模式和法律后果三个要素组成。在法律条文中这三部分都是可以被省略的。法律责任作为否定性法律后果在法律条文中当然可以省略。据此，选项 D 正确。

---

〔1〕　BD

第二章
法的运行

第一节 立 法

一、立法的定义

1. 立法是指一定的国家机关依照法定职权和程序，制定、修改和废止法律和其他规范性法律文件及认可法律的活动，是将一定阶级的意志上升为国家意志的活动，是对社会资源、社会利益进行第一次分配的活动。

2. 立法有广义、狭义之分：

（1）广义上的立法概念与法律制定的含义是相同的，泛指一切有权的国家机关依法制定各种规范性法律文件的活动，它既包括国家最高权力机关及其常设机关制定宪法和法律的活动，也包括有权的地方权力机关制定其他规范性法律文件的活动，还包括国务院和有权的地方行政机关制定行政法规和其他规范性法律文件的活动。

（2）狭义上的立法是国家立法权意义上的概念，仅指享有国家立法权的国家机关的立法活动，即国家的最高权力机关及其常设机关依法制定、修改和废止宪法和法律的活动。

3. 立法的特征：

（1）是由特定主体进行的活动。

（2）是依据一定的职权进行的活动。

（3）是依照法定程序进行的活动。

（4）是具有专业性和技术性的活动。

（5）是制定、认可、修改和废止法律的活动。

（6）立法是对有限的社会资源进行制度性的分配，是对社会资源的第一次分配，反映了社会的利益倾向性。立法是对社会进行权威的、有效的资源分配或财富分配，是通过规定权利义务所进行的分配，从而实现社会控制、社会调整，实现社会动态平衡。

帆哥提示 立法是对社会资源的第一次分配，解决的是分配正义的问题。

二、立法体制

1. 立法体制包括立法权限的划分、立法机关的设置和立法权的行使等各方面的制度，立法权限的划分是立法体制的核心。中国现行的立法体制是中央统一领导和一定程度的分权的、多级并存和多类结合的立法体制。

2. 立法权限的划分

	定　义
国家立法权	由**一定中央国家权力机关行使**，用以调整基本的、全局性的社会关系，在立法体系中居于基础和主导地位的最高立法权。我国国家立法权由全国人大及其常委会行使。
地方立法权	由**地方国家权力机关行使的立法权**，享有地方立法权的地方权力机关可以是单一层次的，也可以是多层次的。我国地方立法权由省、自治区、直辖市的人大及其常委会，设区的市、自治州的人大及其常委会，自治县的人大行使。自治县的人大只能制定自治条例和单行条例，而不能制定地方性法规。
行政立法权	源于宪法、由**国家行政机关依法行使的**、低于国家立法权的一种独立的立法权，**包括中央行政立法权和地方行政立法权**。我国行政立法权由国务院及国务院的部门，省、自治区、直辖市的人民政府，设区的市、自治州的人民政府行使。
授权立法权	又称委托立法权或委任立法权，是有关国家机关经立法机关的授权而获得的、在一定期限和范围内进行立法的一种附属立法权。**我国授权立法权由全国人大及其常委会授权给国务院、经济特区所在地的省、市的人大及其常委会行使。**

3. 我国的立法体制呈现出"**一元多层级**"的样式。

三、立法原则

当代中国的立法原则为**科学立法原则、民主立法原则、依法立法原则**。

四、立法程序

（一）全国人大的立法程序

1. 提案

主席团	
全人常、两央、两高、监察委员会、专门委员会	由主席团决定列入会议议程
一个代表团或30名以上代表	由主席团决定列入会议议程或由专委会审议提出意见再决定是否列入会议议程。专委会审议时可邀请提案人列席会议，发表意见。
向人大提出的法律案在人大闭会期间可以先向全人常提出，常委会审议后提请人大审议，由全人常或者提案人向大会作说明。全人常审议时应征求代表意见，专门委员会和全人常工作机构可进行立法调研。全人常应在举行会议的一个月前将法律草案发给代表。	

　　📢**帆哥提示**　可以向全国人大提案的主体可以概括为：两团、三委、两央、两高。其中"两团"为主席团和一个代表团；"三委"为全国人大常委会、专门委员会和监察委员会；"两央"为中央人民政府（国务院）和中央军事委员会；两高为最高人民法院和最高人民检察院。

2. 审议议案

| 全人大全体会议
听取提案人说明 | → | 各代表团审议 | → | 有关专门委
员会审议 | → | 法律委员会进行
统一审议，形成
修改稿 |

| 提案人要求撤回的，应当说明理由，经主
席团同意，向大会报告，终止审议 |

| 有重大问题需要进一步研究的，经主席团
提出，全体会议决定，可授权常委会进一
步审议，作出决定，向人大下次会议报告；
也可以授权常委会进一步审议，提出修改
方案，提请下次会议审议决定 |

| 必要时，主席团常务主席可召开
代表团团长会议就重大问题听取
代表团审议意见，也可召集代表
团推选的代表进行讨论 |

| 法律委员会形成表决稿，交付大会
表决 |

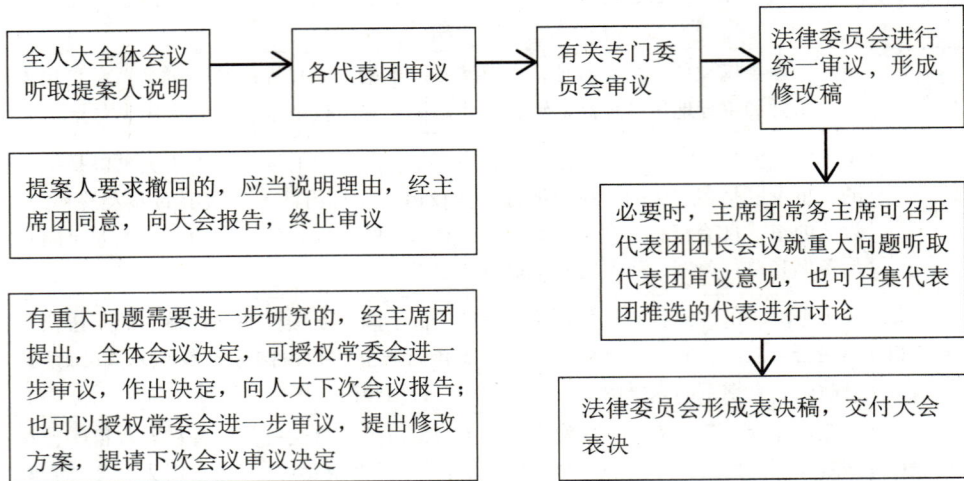

🔹 **帆哥提示**　各代表团审议法律案时，提案人应当派人听取意见，回答询问。各代表团审议法律案时，根据代表团的要求，有关机关、组织应当派人介绍情况。

3. 表决

法律草案修改稿经各代表团审议，由法律委员会根据各代表团的审议意见进行修改，提出法律草案表决稿，由主席团提请大会全体会议表决，由全体代表的过半数通过。

4. 公布

全国人民代表大会通过的法律由国家主席签署主席令予以公布。

（二）全国人大常委会的立法程序

1. 提案

委员长会议		
两央、两高、专门委员会、 监察委员会	由委员长会议决定列入常务委员会会议 议程，或者先交有关的专门委员会审 议、提出报告，再决定列入常务委员会 会议议程。	有重大问题需要研究，可建 议修改完善后再提
常委会组成人员 10 人以上		决定不列入的，应向常委会 报告或向提案人说明

2. 审议

	除特殊情况外，应当在会议 7 日前将法律草案发给常委会组成人员。
"三读"	第一次审议法律案，在全体会议上听取提案人的说明，由分组会议进行初步审议。
	第二次审议法律案，在全体会议上听取宪法和法律委员会关于法律草案修改情况和主要问题的汇报，由分组会议进一步审议。
	第三次审议法律案，在全体会议上听取宪法和法律委员会关于法律草案审议结果的报告，由分组会议对法律草案修改稿进行审议。
	可以召开联组会议或者全体会议，对法律草案中的主要问题进行讨论。
"三读"例外	各方面意见比较一致的，可以经两次常务委员会会议审议后交付表决；调整事项较为单一或者部分修改的法律案，各方面的意见比较一致的，也可以经一次常务委员会会议审议即交付表决。
民主立法	宪法和法律委员会、有关专门委员会、常委会工作机构应当采用座谈会、论证会、听证会等形式听取各方面意见。
	有关问题专业性较强，需要进行可行性评价的，应当召开论证会。
	有关问题存在重大分歧或者涉及利益关系重大调整的，需要进行听证的，应当召开听证会。
	列入常务委员会会议议程的法律案，应当在常务委员会会议后将法律草案及其起草、修改的说明等向社会公布，征求意见，但是经委员长会议决定不公布的除外。向社会公布征求意见的时间一般不少于 30 日。征求意见的情况应当向社会通报。
终止审议	列入常委会议程的法律案，在交付表决前，提案人要求撤回的，应当说明理由，经委员长会议同意，并向常委会报告，对该法律案的审议即行终止。
	列入审议的法律案，因各方面对制定该法律的必要性、可行性等重大问题存在较大意见分歧搁置审议满 2 年的，或者因暂不交付表决经过 2 年没有再次列入常务委员会会议议程审议的，由委员长会议向常务委员会报告，该法律案终止审议。

帆哥提示

（1）列入常务委员会会议议程的法律案，由有关的专门委员会进行审议，提出审议意见，印发常务委员会会议。有关的专门委员会审议法律案时，可以邀请其他专门委员会的成员列席会议，发表意见。（注意这里是可以邀请）

（2）列入常务委员会会议议程的法律案，由宪法和法律委员会根据常务委员会组成人员、有关的专门委员会的审议意见和各方面提出的意见，对法律案进行统一审议，提出修改情况的汇报或者审议结果报告和法律草案修改稿，对重要的不同意见应当在汇报或者审议结果报告中予以说明。对有关的专门委员会的审议意见没有采纳的，应当向有关的专门委员会反馈。宪法和法律委员会审议法律案时，应当邀请有关的专门委员会的成员列席会议，发表意见。（注意这里是应当邀请）

3. 表决和通过

法律草案修改稿经常务委员会会议审议，由宪法和法律委员会根据常务委员会组成人员的审议意见进行修改，提出法律草案表决稿，由委员长会议提请常务委员会全体会议表决，由常务委员会全体组成人员的过半数通过。
法律草案表决稿交付常务委员会会议表决前，委员长会议根据常务委员会会议审议的情况，可以决定将个别意见分歧较大的重要条款提请常务委员会会议单独表决。单独表决的条款经常务委员会会议表决后，委员长会议根据单独表决的情况，可以决定将法律草案表决稿交付表决，也可以决定暂不交付表决，交宪法和法律委员会和有关的专门委员会进一步审议。
对多部法律中涉及同类事项的个别条款进行修改，一并提出法律案的，经委员长会议决定，可以合并表决，也可以分别表决。

4. 公布

常务委员会通过的法律由国家主席签署主席令予以公布。

（三）其他规定

议案撤回	法律案在列入会议议程前，提案人有权撤回。
未通案的处理	未获人大及人常通过的法律案，可重新提出，由主席团、委员长会议决定是否列入议程。其中未获人大通过的应提请人大审议决定。
法律的标准文本	在全国人大常委会公报和中国人大网及全国范围内发行的报纸上刊载。全国人大常委会公报上的文本为标准文本。
配套规定	法律明确要求配套规定的，有关机关自施行起 1 年内作出规定。法律另有规定的从其规定。
立法后评估	专门委员会、常委会工作机构可以作立法后评估，向人常报告。
答复询问	全国人大常委会工作机构可以对具体问题的询问进行答复，报全国人大常委会备案。

【经典习题】

根据《宪法》和《立法法》规定，关于法律案的审议，下列哪些选项是正确的？（多选）[1]

A. 列入全国人大会议议程的法律案，由宪法和法律委员会根据各代表团和有关专门委员会的审议意见，对法律案进行统一审议，向主席团提出审议结果报告和法律草案修改稿

B. 列入全国人大会议议程的法律案，在交付表决前，提案人要求撤回的，应说明理由，经主席团同意并向大会报告，对法律案的审议即行终止

C. 列入全国人大常委会会议议程的法律案，因调整事项较为单一，各方面意见比较一

---

〔1〕【答案】ABCD

致的，也可经一次常委会会议审议即交付表决

D. 列入全国人大常委会会议议程的法律案，因暂不付表决经过 2 年没有再次列入常委会会议议程审议的，由委员长会议向常委会报告，该法律案终止审议

【分析】列入全国人大会议议程的法律案，审议程序如下：（1）全国人大全体会议听取提案人说明；（2）各代表团审议；（3）各专门委员会审议；（4）宪法和法律委员会根据各代表团和有关专门委员会的审议意见，对法律案进行统一审议，向主席团提出审议结果报告和法律草案修改稿。故 A 对。

《立法法》第 22 条规定："列入全国人民代表大会会议议程的法律案，在交付表决前，提案人要求撤回的，应当说明理由，经主席团同意，并向大会报告，对该法律案的审议即行终止。"B 选项与之完全吻合，故正确。

列入常委会议程的法律案一般应该经常委会三次会议审议通过，俗称"三读"。但是也有例外，《立法法》第 30 条规定："列入常务委员会会议议程的法律案，各方面意见比较一致的，可以经两次常务委员会会议审议后交付表决；调整事项较为单一或者部分修改的法律案，各方面的意见比较一致的，也可以经一次常务委员会会议审议即交付表决。"基于此，C 对。

《立法法》第 42 条规定："列入常务委员会会议审议的法律案，因各方面对制定该法律的必要性、可行性等重大问题存在较大意见分歧搁置审议满 2 年的，或者因暂不付表决经过 2 年没有再次列入常务委员会会议议程审议的，由委员长会议向常务委员会报告，该法律案终止审议。"D 项的表述与该条吻合，故正确。

第二节　法的实施

一、法的实施的概念

（一）法的实施

法的实施，是指法在社会生活中被人们实际施行。法是一种行为规范。法在被制定出来后实施前，只是一种"书本上的法律"，处在应然状态；法的实施，就是使法律从书本上的法律变成"行动中的法律"，使它从抽象的行为模式变成人们的具体行为，从应然状态进到实然状态。以实施法律的主体和法的内容为标准，法的实施方式可以分为四个环节：法的遵守；法的执行；法的适用；法律监督。

法的实施是实现法的作用和目的的重要途径和保障，制定法律的目的在于通过法律的实施，建构符合统治阶级预期的社会秩序。法的实施也是建立法治国家的必要条件，法治国家不仅要通过民主程序制定良法，还要通过正当程序实施良法，使法律获得普遍的服从。

（二）法的实现

法的实现是指法的要求在社会生活中被转化为现实。

法的实现与法的实施不同，法的实施是人们施行法律，使法从应然状态到实然状态的过程和活动。

法的实现不同于法的实效，法的实效是法律被人们实际施行的状态和程度，侧重于结果。法的实现是将法的实施的过程性与法的实效的结果性结合的一个概念。

二、执法

1. 执法有广义和狭义之分，法考教材采用狭义说，狭义的执法仅指国家行政机关及其公职人员依照法定职权和程序实施法的活动。

2. 执法的特点：

主体的特定性	执法的主体是行政机关及其公职人员或经行政机关授权、委托的组织和个人。
范围的广泛性	执法涉及广泛社会领域，内容纷繁复杂，其活动直接关系到公民的合法权益。
过程的主动性与单向性	执法一般处于积极主动的状态，是行政机关依据职权的单向性活动。
优益性	执法机关在行使执法权时，依法享有法定的行政优益权，即执法权具有优先行使和实现的效力。
国家强制性	行政机关依法对社会进行管理，必须以国家强制力为保障。

3. 执法的原则：

（1）依法行政原则

所谓依法行政，就是要求国家行政机关及其公职人员在执行法律时，要严格按照法定权限和程序，不得越权执法、滥用权力或违反程序。

（2）讲求效能原则

这一原则要求行政机关及其公职人员在执行法律时，在严格遵循依法行政原则的前提下，要端正执法态度、完善办事流程，努力提高行政执法效率。

（3）公平合理原则

公平合理指行政机关在执法时应当权衡多方面的利益因素和情境因素，在严格执行规则的前提下做到公平、公正、合理、适度，避免由于滥用自由裁量权而形成执法轻重不一、标准失范的结果。

三、司法

1. 司法又叫法的适用，是国家司法机关依照法定职权和程序，将法运用于具体案件的专门活动。

2. 司法的特征

司法权的专属性	司法权只能由专门的国家机关及其公职人员，依照法定职权和法定程序行使。
司法活动的职业性	司法职业人员必须具备专门的理念、知识技能，运用法言法语、法律推理和职业能力。司法是发现法律事实、得出法律结论的过程。
司法过程的程序性	司法机关在职权范围内依法行使司法权过程中，必须严格依照法定程序进行，处理不同的案件需要使用不同的法律程序。科学合理的程序对司法公正起着至关重要的作用。

续表

司法裁决的终局性	司法机关适用法律过程中作出的判决和裁定具有极大的权威性和终局性。任何法律裁决一经生效，就有法律上不可撤销性和强制性，当事人都要受其约束，切实执行，任何人都不能擅自变更或违抗。
司法结果具有文书性	司法文书对特定的当事人和事项具有法律约束力，必须执行和履行法律义务。如果对司法文书内容有异议，可依据法定程序上诉或申诉，但不得拒不执行已经发生法律效力的判决、裁定或决定。
审判权的被动性与中立性	法院以"不告不理"为原则，非当事人请求不做主动干预。法官在当事人之间保持不偏不倚的中立态度，不受其他因素的干涉和影响，法官在处理个案过程中不能存在偏见或偏袒一方当事人。

3. 司法和执法的区别

	执　法	司　法
主体不同	国家行政机关及其公职人员。	司法机关（法院和检察院）及其公职人员。
内容不同	以国家的名义对社会进行管理，内容比司法广泛。	司法本质上是一种判断，其对象是各种纠纷和争端。
程序性要求不同	执法活动讲究效率、快捷和迅速的特点，使得执法程序设计得相对比较简便。	司法要遵循严格程序法规定，违反程序性规定，产生的司法裁判结果是无效的。
主动性不同	执法具有较强的经常性和主动性。	司法活动具有被动性，贯彻不告不理的原则。

4. 司法的原则：司法公正，法律面前一律平等，以事实为根据、以法律为准绳，司法机关依法独立行使职权等原则，具体内容参照《司法制度与法律职业道德》部分的相关内容。

【经典习题】

关于司法的表述，下列哪些选项可以成立？（多选）[1]

A. 司法的依据主要是正式的法律渊源，而当代中国司法原则"以法律为准绳"中的"法律"则需要作广义的理解

B. 司法是司法机关以国家名义对社会进行全面管理的活动

C. 司法权不是一种决策权、执行权，而是一种判断权

D. 当代中国司法追求法律效果与社会效果的统一

【分析】司法是司法机关以国家名义对具体纠纷进行认定和裁决的专门性活动，而外部行政行为属于对社会进行全面管理的活动，因此，司法权不是一种决策权、执行权，而是一种判断权。选项AC正确。司法的依据主要是正式的法律渊源，而当代中国司法原则"以法律为准绳"中的"法律"则需要作广义的理解，它包括具有立法权的国家机关颁布

---

[1]【答案】ACD

的法律、法规，特别情况下还包括习惯、政策等。在当代中国，司法要追求法律效果与社会效果的统一，也就是合法性和合理性的统一，合法性即法律效果，合理性即社会效果。因此，正确选项为 ACD。

四、守法

概念		守法，指公民、社会组织和国家机关以法律为自己的行为准则，依照法律行使权利、履行义务的活动。
构成要素	守法的主体	即要求谁守法，与法律的本质、政体的性质、社会力量对比关系、历史及文化传统有着直接的关系。全民守法是社会主义法治的必要组成部分，全体人民都是社会主义法治的忠实崇尚者、自觉遵守者和坚定捍卫者。在当今的中国，党政领导干部带头学法、模范守法，是树立法治意识的关键。
	守法的范围	即所要遵守的法律的种类及范围。在我国，它不仅包括宪法和全国人民代表大会及其常委会制定的基本法律和非基本法律，而且包括与宪法和法律相符合的行政法规、地方性法规、行政规章等。
	守法的内容	包括行使法律权利和履行法律义务，两者密切联系，不可分割。守法是行使法律权利和履行法律义务的有机统一。

💬**帆哥提示**

1. 在通常人们所讲的"奉公守法"中，守法的含义大多限于不违法，不做法律所禁止的事情或做法律所要求做的事情。但是这里的守法除了这种消极的不违法外，还包括积极地行使权利和履行法律义务。

2. 对判决书等非规范性文件的遵守也属于守法，换言之，非规范性法律文件也属于守法的范围。

【经典习题】

下列有关执法与守法区别的说法哪些是不正确的？（多选）[1]

A. 执法的主体不仅包括国家机关，也包括所有的法人；守法的主体不仅包括国家机关，也包括所有的法人和自然人

B. 行政机关的执法具有主动性，公民的守法具有被动性

C. 执法是执法主体将法律实施于其他机关、团体或个人的活动，守法是一切机关、团体或个人实施法律的活动

D. 执法须遵循程序性要求，守法毋须遵循程序性要求

[分析] A 项错在执法的主体仅包括国家行政机关，即执法机关，而不包括所有的法人；B 项错在公民的守法既包括积极的守法也包括消极地守法；C 项是正确的表述；D 项错在积极守法也要遵循程序性要求。

---

〔1〕【答案】ABD

五、法律监督

概念	广义	国家机关、社会组织和公民个人对各种法律活动是否合法进行的监督，也称为一般法律监督。
	狭义	特定国家机关，依照法定权限和程序对立法、司法和执法活动的合法性所进行的监督，也称为国家机关的法律监督。
内容	监督主体	即由谁来监督。在现代民主法治国家，法律监督的主体具有广泛性，包括国家机关、政党、社会组织、公民、大众传媒等。
	监督对象	即监督谁。在现代民主法治国家，法律面前人人平等，因而各类进行法律监督的主体同时也是被法律监督的客体。
	监督内容	即监督什么。法律监督的内容包括与客体行为是否合法相关的所有问题，重点是国家行政机关及其公职人员行使行政权的行为和国家司法机关及其公职人员行使司法权的行为。
	监督的依据	宪法和法律是法律监督的依据。
	监督方式	即如何进行监督。监督主体实施监督活动所应遵循的步骤和方式。
体系	国家监督体系	国家法律监督包括国家权力机关、司法机关和行政机关、监察机关所进行的监督。
		国家法律监督具有国家强制力和法的效力，是我国法律监督体系的核心。
	社会监督体系	中国共产党的监督。
		社会组织的监督。
		公民的监督。
		法律职业群体的监督。
		新闻舆论的监督。

【经典习题】

1. 王某向市环保局提出信息公开申请，但未在法定期限内获得答复，遂诉至法院，法院判决环保局败诉。关于该案，下列哪些说法是正确的？（多选）[1]

A. 王某申请信息公开属于守法行为

B. 判决环保局败诉体现了法的强制作用

C. 王某起诉环保局的行为属于社会监督

D. 王某的诉权属于绝对权利

【分析】守法指的是所有社会主体，依据法律行使权利和履行义务的行为。王某申请信息公开属于行使权利的行为，属于守法行为，故 A 对。

法院判决环保局败诉，是法院依据法律对环保局的行为作出了评价，认为环保局的行

---

[1] 【答案】ABC

为违法，故体现了法律的评价作用。司法部的答案认为体现了法的强制作用，我认为不妥，强制作用必须有强制性措施比如法律制裁的适用，但本题题干中并无强制的信息。故 B 选项错误。

王某起诉环保局的行为属于社会监督，因为王某不是国家机关而是社会主体，故 C 对。

王某的诉权针对的是环保局，义务人是特定的，属于相对权利而非绝对权利。故选项 D 错误。

2. 律师潘某认为《母婴保健法》与《婚姻登记条例》关于婚前检查的规定存在冲突，遂向全国人大常委会书面提出了进行审查的建议。对此，下列哪一说法是错误的？（单选）[1]

　　A.《母婴保健法》的法律效力高于《婚姻登记条例》

　　B. 如全国人大常委会审查后认定存在冲突，则有权改变或撤销《婚姻登记条例》

　　C. 全国人大相关专门委员会和常务委员会工作机构需向潘某反馈审查研究情况

　　D. 潘某提出审查建议的行为属于社会监督

【分析】《母婴保健法》由全国人大常委会制定，属于法律，《婚姻登记条例》由国务院制定属于行政法规。法律的效力高于行政法规。故 A 项的说法正确。

全国人大常委会和国务院之间是监督关系，故全国人大常委会只能撤销而不能改变国务院制定的《婚姻登记条例》。故 B 项的说法错误。

按照《立法法》第 99 条的规定，有关主体在认为行政法规违法时可以提出审查要求和审查建议。其中提出审查要求的主体是特定的，国务院、中央军事委员会、最高人民法院、最高人民检察院、省级人大常委会可以提出审查要求，其余主体提出审查建议。审查工作由全国人大专门委员会和全国人大常委会工作机构负责进行。《立法法》第 101 条规定："全国人民代表大会有关的专门委员会和常务委员会工作机构应当按照规定要求，将审查、研究情况向提出审查建议的国家机关、社会团体、企业事业组织以及公民反馈，并可以向社会公开。"据此，C 项的说法正确。

法律监督分为国家监督和社会监督。国家监督是指国家机关的监督。社会监督是指公民、其他社会主体的监督。基于此，D 项的说法正确。

第三节　法律适用的一般原理

一、法律适用的目标

1. 法律人适用法律最直接的目标就是为了得到一个合理的决定。在法治社会所谓合理的法律决定就是指法律决定具有可预测性和正当性。

2. 可预测性是形式法治的要求，正当性是实质法治的要求。

3. 可预测性要求法律人依据法律做出决定，限制和削弱其自由裁量权。可预测性又称合法性、安定性。

4. 正当性是指按照实质价值和某些道德考量，法律决定是正当的或正确的。实质价值

---

[1]【答案】B

和道德主要是指特定法治国家或宪政国家的宪法规定的一些该国公民都承认的、法律和公共权力保障和促进的实质价值，如自由、平等、人权、正义的观念等。**正当性又称合理性、可接受性、合目的性。**

5. 从作为整体的法治来说，它要求做法律整体决定的人应该努力在可预测性和正当性之间寻找最佳的协调。在现代法治社会人们总是要求二者兼备。

6. 由于法律自身的局限性，法律决定的可预测性和正当性之间可能会存在矛盾和冲突，有时候是难以兼得的。对特定的一个时间段内特定的国家的法律人来说，**法律决定的可预测性具有初始的优先性。**

【经典习题】

"法律人适用法律的最直接目标就是要获得一个合理的决定。在法治社会，所谓合理的法律决定就是指法律决定具有可预测性和正当性。"对于这一段话，下列说法正确的是：（不定项）[1]

　　A. 正当性是实质法治的要求

　　B. 可预测性要求法律人必须将法律决定建立在既存的一般性的法律规范的基础上

　　C. 在历史上，法律人通常借助法律解释方法缓解可预测性与正当性之间的紧张关系

　　D. 在法治国家，法律决定的可预测性是理当崇尚的一个价值目标

【分析】 法律人适用法律的最直接的目标就是要获得一个合理的决定，在法治社会，所谓合理的决定就是法律决定具有可预测性和正当性。可预测性是形式主义法治的要求，它的正当性是实质法治的要求。故 A 正确。

可预测性意味着做法律决定的人在做决定的过程中尽可能地避免武断和恣意。这就要求法律人将法律决定建立在既存的一般性法律规范的基础上，而且他们必须按照一定的方法适用法律规范，如推理规则和解释方法。故 B 正确

法律决定的可预测性和正当性之间存在着一定的紧张关系。这种紧张关系实质上是形式法治与实质法治之间的紧张关系的一种体现。在历史上，法律人通常借助法律解释方法缓解可预测性与正当性之间的紧张关系。但是对特定的一个时间段内特定的国家的法律人来说，法律决定的可预测性具有初始的优先性。因为对于特定国家的法律人来说，首先理当崇尚的是法律的可预测性。故 C、D 正确。

二、法的发现与法的证成

1. 法律人适用法律解决个案纠纷的过程究竟是一个客观的推理的过程还是一个法律人自由裁量的主观过程历来有争议。

2. 如果说法律人适用法律得出判决结论的过程是一个严格地遵循法律与事实、运用客观的逻辑规则进行推理和证明的过程，那么我们可以称之为**"法的证成"**。如果法律适用的过程是一个法的证成的过程，则法律结论是可预测的。

3. 如果说法律人适用法律得出判决的过程是一个法官个人主观因素起主导作用的过程，那么我们可以称之为**"法的发现"**。现实主义法学就持这种观点，他们认为成文法需要法官解释，而法官的解释在某种意义上是一个法官自由裁量的过程，是一个法官说了算的

---

[1]　**【答案】** ABCD

过程。杰克逊法官的名言："**我们说了算，并不因为我们正确，我们正确，是因为我们说了算**"，就是这种观点的代表。如果说法的适用的过程是一个法的发现的过程，则判决结论是不可预测的。

4. 从保障国民的预测可能性的角度，我们应该**从制度上把法的适用的过程塑造成一个法的证成起主导作用、占优先性地位的过程**。

三、内部证成与外部证成的区分

内部证成	内部证成是为了证明案件的结论是否成立，即为案件结论提供充足理由。
外部证成	外部证成是为了证明赖以证明结论的前提是否成立，包括三个方面： （1）小前提是否成立：案件事实是否存在。 （2）大前提是否成立：法律规范是否存在。 （3）大前提是否能够涵摄小前提：规范是否包含事实。

帆哥提示

1. 内部证成证明结论，外部证成证明前提。

2. 在法律适用的过程中内部证成和外部证成是相互关联的，外部证成是将一个新的三段论附加在证据的链条中，这个新的三段论是用来支持内部证成中的前提。

3. 法律推理或法律适用在整体框架上是一个三段论，而且是大三段论套小三段论。这就意味着在外部证成的过程中也必然涉及内部证成。

4. 法律人在证成前提的过程中必须遵循一定的推理规则，即法律决定所依赖的前提得到一定的法律渊源和法律解释的支持，但是这个前提作为一个判断或结论，如果不是从该前提所依赖的前提中逻辑地推出的，就是不正当或不合理的前提。

5. 法律人在法律适用或者做法律决定的过程中所确立的每一个法律命题或法律判断都必须能够被重构为逻辑上正确的结论。

6. 关于内部证成和外部证成举例如下：

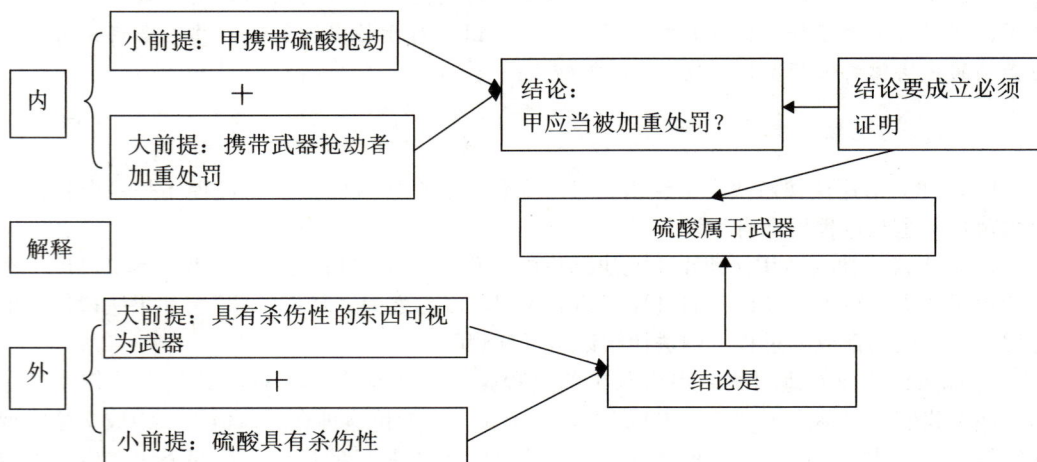

在上例中：

（1）对结论"甲是否应当被加重处罚？"的证明属于内部证成。

（2）但是这个结论成立的条件是赖以推出该结论的两个前提是否成立。而前提是否成立，需要相关主体运用证据进行证明。在本例中：

①首先要证明"某甲携带硫酸进行抢劫"，这是对小前提的证明。

②其次要证明刑法典中有"携带武器抢劫应当加重处罚"的规定，这是对大前提的证明。

③再次要证明小前提是否符合大前提，在本题中就是要证明"硫酸是武器"。

以上三个步骤就是外部证成。

（3）要证明"硫酸是武器"，就必须另行构建一个三段论：

大前提：具有杀伤性的东西都可视为武器	结论：硫酸在本案中可视为武器。
小前提：硫酸在本案中也具有杀伤性	

孤立地看，对"硫酸是武器"这个结论的证明属于内部证成。但是和前面的三段论相比较，这个新的三段论是为了证明前面的三段论的小前提是否符合大前提的，因而又属于外部证成。因而内部证成和外部证成总是相对的。外部证成的过程其实是一个对法律概念进行解释的过程。

【经典习题】

关于适用法律过程中的内部证成，下列选项正确的是：（不定项）[1]

A. 内部证成是给一个法律决定提供充足理由的活动

B. 内部证成是按照一定的推理规则从相关前提中逻辑地推导出法律决定的过程

C. 内部证成是对法律决定所依赖的前提的证成

D. 内部证成和外部证成相互关联

【分析】法律决定必须按照一定的逻辑规则从相关前提中逻辑地推导出来，属于内部证成。对法律决定所依赖的前提的证成属于外部证成。内部证成关涉的只是从前提到结论之间的推论是否是有效的，而推论的有效性依赖于是否符合推理规则或规律。外部证成关涉的是对内部证成中所使用的前提本身的合理性，即对前提的证成。C 项错误。

内部证成保证了结论从前提中逻辑地推导出来，但是并不能保证前提本身是否正当，故需要先证明前提本身是否成立，由此可见外部证成和内部证成是相互关联的。由此，A、B、D 三项正确。

---

〔1〕【答案】ABD

第四节　法律推理

一、法律推理的概念、特点

（一）法律推理的规则

法律推理就是指法律人在从一定的前提推导出法律决定的过程中所必须遵循的推论规则。

（二）法律推理的特点

1. 法律推理是以法律以及法学中的理或理由为依据的。

2. 法律推理受现行法律的约束。法律的正式渊源或非正式渊源都可以成为法律推理中的"理由"。

3. 法律推理是一种寻求正当性证明的推理。

法律推理的核心主要是为行为规范或人的行为是否正确或妥当提供正当理由。法律推理所要回答的问题是：规则的正确含义及其有效性是否正当的问题，当事人是否拥有权利、是否应有义务、是否应负法律责任等问题。

二、法律推理的种类

（一）演绎推理

1. 演绎推理的含义

演绎推理是从一般到个别的推论。它是一种必然性推理，只要前提为真（正确），则结论一定为真（正确）。

2. 演绎推理的形式

经典形式	三段论。根据大前提（全称判断）和小前提（特称判断）得出结论（特称判断）。
涵摄	当法律推理的大小前提不能直接对接时，在大前提（法律规范）和小前提（法律事实）二者之间加上数量不等的命题或步骤将二者连接起来。这些命题或步骤其实就是对法律规定（或者它所包括的抽象概念）的解释。至于要加上多少中间性的步骤或命题，视一般性法律规定或其包含的抽象概念以及个案事实而定。

帆哥提示　所谓涵摄其实就是法律人通过对法律规范进行解释，以明确该规范是否能适用到具体个案事实的过程。比如根据法律规范："携带武器抢劫，应当加重处罚"，要得出"携带硫酸抢劫应当加重处罚"的结论，就必须对法律规范中的抽象概念"武器"进行解释，以明确它是否包含硫酸，这个过程就叫作涵摄。

3. 演绎推理对法治建设的意义

演绎推理体现了受现行法律拘束的要求。法官应受立法者所制定之法律的拘束。司法裁判应当从实在法规范、案件事实的描述以及根据法律文义与立法者意思所形成之语义解释规则共同组成的前提中合乎逻辑地推导出来。

续表

演绎推理能够保证法律上的平等对待。演绎推理通过将一般性的法律规定不作区分地适用于所有属于同一类型的对象，实现了同样的事情同样处理。
演绎推理是确保法的安定性的必要条件。现代社会中，法律以公布为生效的前提。演绎推理所运用的大前提是事先已经向公众所公布的法律规定，当案件发生后，法官所赖以解决案件的依据正是这套事先已经公布的法律规定，因此可以确保裁判结论处于公众可以预测的范围内。

　　🎓**帆哥提示**　所谓法的安定性是指法的安全与稳定，即法律的内容和法律秩序的稳定以及行为与法律后果结合的确定性。

（二）归纳推理

1. 归纳的概念、分类

概念	是从个别到一般的推论。
分类	完全归纳推理是在某个集合中所有特称判断的基础上得出全称判断的过程。完全归纳推理具有必然性，因为其基于对某个集合中所有元素的考察，换言之，其穷尽了该集合中的所有元素。比如，张婉儿家中有四口人：爸爸、妈妈、弟弟、婉儿，你经过观察，发现这四个人都是大鼻子，所以你得出结论说：婉儿一家都是大鼻子。这就是一个完全归纳推理，其结论是必然成立的。
	不完全归纳推理是在某个集合中部分特称判断的基础上得出全称判断的过程。不完全归纳具有或然性，因为其并没有穷尽集合中的所有元素，只是考察了该集合中的部分元素，然后在此基础上得出该集合所有元素的属性。比如，动物学家老张，经过长时间观察，发现自己看到的乌鸦都是黑色的，得出结论说天下乌鸦一般黑，这就是个不完全的归纳推理，因为老张并没有穷尽天下所有的乌鸦。不完全归纳具有或然性。

　　🎓**帆哥提示**

（1）实践中的归纳推理大多为不完全归纳。

（2）在司法裁判活动中，归纳推理与案例推理之间联系密切，即从数量不特定的先例中归纳出一般法律原则适用于待决案件。法律领域的归纳推理与一般的归纳推理相比风险更大，这是因为其前提或结论的前件与后件之间并非因果关系，而是归属关系，具有价值判断的色彩。

2. 归纳推理的规则

（1）被考察对象的数量要尽可能地多；

（2）被考察对象的范围要尽可能地广；

（3）被考察对象之间的差异要尽可能大。

3. 归纳推理与演绎推理的区别

（1）演绎推理具有必然性：前提为真，结论必然为真。

（2）归纳推理具有或然性：前提为真，结论不一定成立。

4. 法律适用中运用归纳推理应该遵循的规则

除了所列举事例或案例具有足够的代表性，累计经验中的事例或案例数量越大，推理所得的结论正确的或然性就越高。

（三）类比推理

1. 类比的基本结构

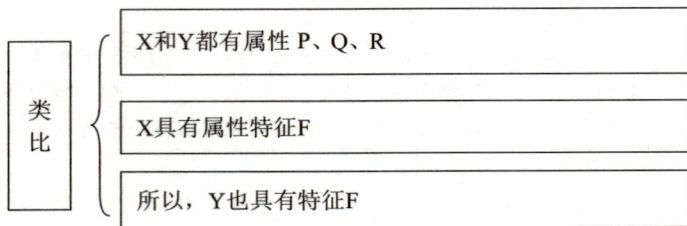

类比
- X和Y都有属性P、Q、R
- X具有属性特征F
- 所以，Y也具有特征F

【示例】

- 赵B和赵C是两兄弟，他们年龄相仿，上同一所高中，喜欢相同的节目
- 赵B觉得《武大头》棒棒哒
- 所以，赵C也觉得《武大头》棒棒哒

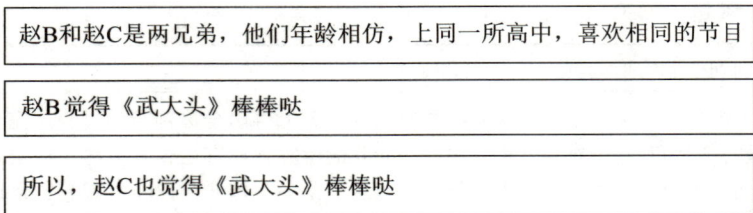

2. 法律实践中的类比推理

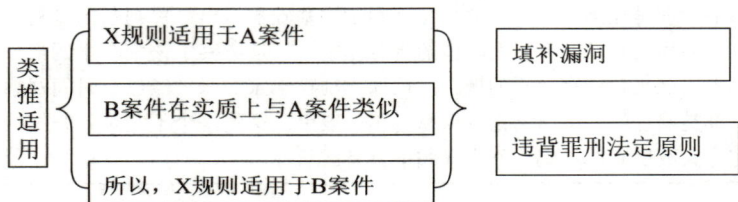

类推适用
- X规则适用于A案件
- B案件在实质上与A案件类似
- 所以，X规则适用于B案件

- 填补漏洞
- 违背罪刑法定原则

🎓 **帆哥提示**

（1）类比推理是英美法系法庭推理的基本工具之一。法官不是事先摆出严格的法规，他们往往这样推理，因为两个案件——早先已判决的案件和手头上待判决的案件——有相同的特点，他们应当具有相同的判决结果。例如，一旦做出不能禁止3K党发表言论的判决，那么法庭可能通过类比论证而得出不能禁止纳粹党游行的结论。通过判例的论证一旦做出，人们将确定和强调以前的案子和手头案件之间的类似的那些特点。

（2）在民事法律裁判中，可以用类比推理的方法来填补法律的空白。但是如果在刑事案件中进行类比推理则违背了罪刑法定原则，因而现代刑法禁止对刑事被告不利的类比推理。

（四）反向推理

概念	反向推理，又叫反面推论，指从法律规范赋予某种事实情形以某个法律后果推出，这一后果不适用于法律规范未规定的其他事实情形。这种推理的思考方式在于，明确地说出某事（应当）是什么就意味着另一件不同的事（应当）不是什么，换言之，反向推理将一个法律规范解释为，它只适用于它明确规定的情形。罗马法谚："明示其一即否定其余""例外证实了非例外情形中的规则"就体现了这种推理。
与类比推理的不同之处	反向推理与类比推理的不同在于，类比推理扩张了某个规范的法律后果。因而属于积极推理。反向推理恰恰限制了某个规范的法律后果，因而属于消极推理。
适用	两类情形会较多运用反向推理： 一是高度重视法律安定性或确定性价值的法律规范。 二是例外条款。例外条款由于其本身的性质要作严格推理，不能任意扩大，否则就将危及与例外相对的规则。

（五）当然推理

含义	当然推理指的是由某个更广泛的法律规范的效力推导出某个不那么广泛的法律规范的效力。即"如果较强的规范有效，那么较弱的规范就必然更加有效"。	
当然推理的形式	1. 举轻以明重。法律规定轻的行为受处罚，则法律未规定的重的行为当然受处罚。	
	2. 举重以明轻。法律规定重的行为不受处罚，则法律未规定的轻的行为当然不受处罚。	
与类推推理的异同	当然推理与类比推理有一定的近似性，两者都是基于两种情形的相似性将其中一种情形的法律后果适用于另一种情形。但类比推理中的相似性是根据案件事实上的共同点以及相关性来确定的，而当然推理中的相似性则是根据两类案件事实之性质轻重程度来判断。	

（六）设证推理

概念		设证推理也称推定，是指从某个结论或事实出发，依据某个假定的法则推导出某个前提或曾发生的事实的推论。
分类	经验推定	经验推定的模式是：已知结果经由经验法则推知导致该结果的原因。如某人早上起床发现门前地面是湿的，并且他知道"如果昨晚下雨了，今早地面就会湿"，所以他推导出昨晚下雨了。
		经验推定具有或然性，因为能够用来解释某个事实的经验法则未必只有一个，如洒水车经过地面会湿，水管破裂地面会湿，等等。所以推理者需要尽可能广泛地去提出各种假设，并一一排除求证，留下可能性最大的那个。
		经验推定正确与否取决于提出的经验法则能否适用于当下事实。经验推定依赖于推理者的知识。经验推定是刑警的典型思维方式，经常被用来侦破案件。
	规范推定	规范推定的模式是已知案件结果经由法律规范推知导致该结果的前提。例如，法官感觉某人持硫酸进行抢劫应当要比一般抢劫加重处罚，然后找到了刑法中"持武器抢劫的加重处罚"条款，推导出"在本案中硫酸构成武器"这一前提。
		规范推定严重依赖于法官的法感或理解。

帆哥提示

设证推理是一种效力很弱、很不确定的推理，因为经验法则会错，法律规范也可能选得不对。要增强其可信度必须：

首先，推理者必须形成一些假定背景以及相关的感性事实，即具有待解释现象所属领域的知识或关于法律的体系性观念。

其次，推理者必须尽可能将待解释现象所有可能的原因寻找出来。

最后，推论者必须尽可能地使推论结论与待解释现象之间形成单一的因果关系或最恰当的规范关系。

【经典习题】

1. 李某因热水器漏电受伤，经鉴定为重伤，遂诉至法院要求厂家赔偿损失，其中包括精神损害赔偿。庭审时被告代理律师辩称，1 年前该法院在审理一起类似案件时并未判决给予精神损害赔偿，本案也应作相同处理。但法院援引最新颁布的司法解释，支持了李某的诉讼请求。关于此案，下列认识正确的是（不定项）[1]

A. "经鉴定为重伤"是价值判断而非事实判断

B. 此案表明判例不是我国正式的法的渊源

C. 被告律师运用了类比推理

D. 法院生效的判决具有普遍约束力

分析　"经鉴定为重伤"，是对案件事实的认定，因而属于事实判断。故 A 项的表述错误。

判例是我国法律的非正式渊源，对法官裁判案件有说服力而无约束力，故 B 项正确。

律师把自己代理的待裁判案件与原有判例进行比较，属于类比推理。故 C 项正确。

法院生效的判决仅对案件的当事人有约束力，法院的裁判文书属于非规范性文件，无普遍的法律效力。故 D 项错误。

2. 在宋代话本小说《错斩崔宁》中，刘贵之妾陈二姐因轻信刘贵欲将她休弃的戏言连夜回娘家，路遇年轻后生崔宁并与之结伴同行。当夜盗贼自刘贵家盗走 15 贯钱并杀死刘贵，邻居追赶盗贼遇到陈、崔二人，因见崔宁刚好携带 15 贯钱，遂将二人作为凶手捉拿送官。官府当庭拷讯二人，陈、崔屈打成招，后被处斩。关于该案，下列哪一说法是正确的？（单选）[2]

A. 话本小说《错斩崔宁》可视为一种法的非正式渊源

B. 邻居运用设证推理方法断定崔宁为凶手

C. "盗贼自刘贵家盗走 15 贯钱并杀死刘贵"所表述的是法律规则中的假定条件

D. 从生活事实向法律事实转化需要一个证成过程，从法治的角度看，官府的行为符合证成标准

分析　法的非正式渊源是指虽然没有明确的条文规定其效力，但是对法官裁判案件具有说服力，并能够成为法律裁判案件大前提来源的东西。《错斩崔宁》并不能成为法官裁

---

[1]【答案】BC

[2]【答案】B

判的依据，故 A 项的说法错误。

设证推理的模式是：已知结果，经由日常生活中的经验法则，寻找导致某一结果发生的原因。在本案中，邻居看到的结果是刘贵被杀且 15 贯铜钱被盗，经验法则是只要身上有 15 贯铜钱的人就有杀人的嫌疑，结论是崔宁身上正好有 15 贯铜钱，且崔宁正好和陈二姐同行，故崔陈二人有杀人盗钱私奔的嫌疑。该推理过程是一个典型的设证推理，故 B 项的说法正确。

"盗贼自刘贵家盗走 15 贯钱并杀死刘贵"是对案件事实的描述，不是法规规则中的假定条件。故 C 项说法错误。

法官据以定案的事实是能够被证据链条证明了的法律事实。证据需要具有合法性和真实性。而且在事实案件中，证明链条的构建要能够排除合理怀疑。本案中，证据是通过拷讯的方式获得，不具有合法性，而且据以定案的证据太过于单薄，尚不能排除合理怀疑，因而法官的证明不符合证成标准。故 D 项的说法错误。

第五节　法律解释

一、法律解释的概念、特征

1. 法律解释的概念

（1）一定的人、组织以及国家机关在法律运用或实施过程中对表达法律的语言的意义的揭示、说明和选择。

（2）**法律解释必须遵循解释的循环原理**。循环原理是指对整体的理解和把握需要建立在理解其组成部分的基础之上，而对于部门的理解和把握又只能建立在对整体的理解的基础上。

2. 法律解释的特征

（1）**法律解释的对象具有制度性**。法律解释的对象是能够作为裁判案件大前提来源的文本和资料，主要是制定法、习惯等，除了习惯，其他对象都是制度性行为的结果。

（2）**法律解释与具体案件密切相关**。首先法律解释是由有待处理的案件所引起的。其次法律解释要将条文与案件事实结合起来进行。

（3）**法律解释具有实践性和目的性**。法律解释是一个评判的过程，具有强烈的目的性。依据法律规范评价个别案件，就成为贯彻法律意图的主要过程。尤其是在出现疑难案件时，更需要法官创造性地依据法律的基本目的，对案件做出恰当地衡量。

二、法律解释的方法与位阶

（一）法律解释的方法

1. 文义解释

（1）也叫作语法解释、文法解释、文理解释，指按照日常的、一般的或法律的语言使用方式清晰地描述制定法的某个条款的内容，这种方法要求解释者必须对语言使用方式或规则的有效性进行证成。

（2）文义解释的特点是将解释的焦点集中在语言上，而不顾及根据语言解释出的结果是否公正、合理。

2. 立法者的目的解释

（1）又称为主观目的解释，是指根据参与立法的人的意志或立法资料揭示某个法律规定的含义，或者说将对某个法律规定的解释建立在参与立法的人的意志或立法资料的基础之上。

（2）这种解释方法要求解释者对立法的目的或意图进行证成，而要完成这个任务，解释者必须以一定的立法资料如会议记录、委员会的报告等为依据。

3. 历史解释

（1）指依据正在讨论的法律问题的历史事实对某个法律规定进行解释。

（2）它的具体内容是：

①正在讨论的法律问题的特定解决方案在过去曾被实施过；

②该方案导致了一个后果 F；

③F 是不合乎社会道德标准的；

④过去与现在的情形不同，不能充分地排除 F 在目前的情形下不会出现；

⑤该解决方案在目前也许不被称赞。

（3）这种方法要求解释者要对历史事实及其与现实情形的差异进行证成，而且要对"F 是不是符合社会道德标准"的命题进行证成。

4. 比较解释

（1）根据外国的立法例和判例学说对某个法律规定进行解释。

（2）如果说历史解释是利用历史已经发生的法律状况证成某个解释结果，那么比较解释是利用另一个社会或国家的状况证成某个解释结果。

（3）无论是英美法系还是大陆法系国家的法院，都有利用外国立法情况及判例学说解释本国法律的例子。对于中国这样大规模地移植其他国家法律制度及法学的国家的法治实践来说，比较解释的重要性是不言而喻的。

5. 体系解释

（1）也叫作逻辑解释或系统解释。指将被解释的法律条文放在整部法律乃至整个法律体系中，联系此法条与其他法条之间的关系进行解释。

（2）它的具体形式是某个法律规定的解释结果 R1 与已被承认的有效的其他法律规定的含义 R2 相矛盾，那么 R1 必须被承认是无效的，也就是说，它是利用逻辑中的矛盾律来支持或反对某个解释结果，因此也被称为逻辑解释。

6. 客观目的解释

（1）这种学说认为法律解释的目标不在于探求历史上立法者事实上的意思，法律从被颁布之日起，就有它自身的目的。

（2）法律解释的目标就是探求这一个内在于法律的目标。用来决定法律目标的时间点是裁判时。

（二）法律解释的模式

1. 单一模式：法律运用一种法律解释的方法进行解释。在单一模式下法律运用的解释方法一般为文义解释，即严格按照法律文字的字面含义就可以解决问题。

2. 累积模式：法律人运用两种以上的方法进行解释，但是得到了相同的解释结果。

3. 冲突模式：法律人运用两种以上的方法进行解释，但是得到了相互冲突的解释结果。

此时就涉及到法律人的选择问题，即法律解释的位阶问题。

（三）各种解释方法的功能

1. 文义解释和立法者的目的解释是使法律使用者在做法律决定时严格受制于制定法，相对于其他解释方法，这两种解释方法使法律适用的**确定性和可预测性**得到最大可能的保证。

2. 历史解释和比较解释容许法律适用者在做法律决定时，可以**参酌历史法律经验和其他国家或社会的法律经验**。

3. 体系解释有助于维护特定国家法律秩序的统一，从而**保障法律适用的一致性**。

4. 客观目的解释可以使法律决定与特定社会的伦理与道德相一致，从而使**法律决定具有最大可能的正当性**。

（四）法律解释的位阶

1. 各种解释方法之所以具有不同的功能，是因为他们各自指出了在法律解释中考虑的因素不同或提出问题的视角不同，而这就意味着在具体的情景下按照不同的法律解释方法对同一个法律规定进行解释可能会得出完全不同的解释结果，这种结果的出现导致了法律适用的不确定性。消除这种不确定性的方法是在各种法律解释之间确立一个位阶关系。

2. 现在大部分法学家都认可下列位阶：

文义解释 → 体系解释→ 立法者的目的解释→ 历史解释→比较解释→ 客观目的解释

3. 上述位阶关系是**相对的不是绝对的**，在具体案件中可能会有不同。但是法律人在推翻上述位阶所确定的各种方法之间优先性关系时，必须要予以充分论证，即只有存在更强理由的情况下，法律人才可以推翻那些有限性关系。

帆哥提示

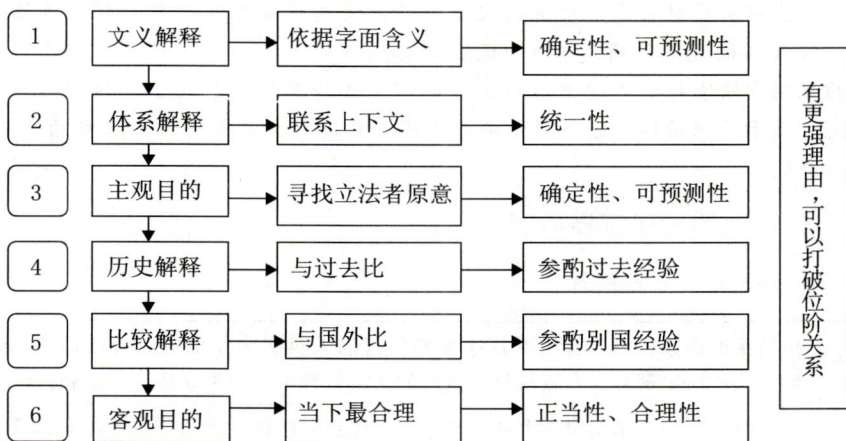

【经典习题】

1. 在莎士比亚喜剧《威尼斯商人》中，安东尼与夏洛克订立契约，约定由夏洛克借款给安东尼，如不能按时还款，则夏洛克将在安东尼的胸口割取一磅肉。期限届至，安东尼无力还款，夏洛克遂要求严格履行契约。安东尼的未婚妻鲍西娅针锋相对地向夏洛克提出：可以割肉，但仅限一磅，不许相差分毫，也不许流一滴血，唯其如此方符合契约。关于该

故事，下列说法正确的是：（不定项）[1]

　　A. 夏洛克主张有约必践，体现了强烈的权利意识和契约精神

　　B. 夏洛克有约必践（即使契约是不合理的）的主张本质上可以看作是"恶法亦法"的观点

　　C. 鲍西娅对契约的解释运用了历史解释方法

　　D. 安东尼与夏洛克的约定遵循了人权原则而违背了平等原则

　　【分析】历史解释方法是指把现在的法律问题和过去的法律问题进行比较，从而保持现在和过去的一致性。鲍西娅对合同进行了严格的字面解释而非历史解释，故 C 错。

　　安东尼与夏洛克订立的契约是两个平等的民事主体在自愿的情况下订立的，既体现了平等原则，也体现了自由原则，所以 D 项说法错误。

　　2. 张某出差途中突发疾病死亡，被市社会保障局认定为工伤。但张某所在单位认为依据《工伤保险条例》，只有"在工作时间和工作岗位突发疾病死亡"才属于工伤，遂诉至法院。法官认为，张某为完成单位分配任务，须经历从工作单位到达出差目的地这一过程，出差途中应视为工作时间和工作岗位，故构成工伤。关于此案，下列哪些说法是正确的？（2015/1/59，多选）[2]

　　A. 解释法律时应首先运用文义解释方法

　　B. 法官对条文作了扩张解释

　　C. 对条文文义的扩张解释不应违背立法目的

　　D. 一般而言，只有在法律出现漏洞时才需要进行法律解释

　　【分析】法律解释是缝合法律规范与案件事实的重要方法，只要把抽象的法律规范适用于具体的案件事实就存在法律的解释问题，并非只有在法律出现漏洞的时候才需要法律解释。在进行法律解释时首先应该进行文义解释，文义解释相对于其他解释方法具有初始的优先性。故 A 项的说法正确，D 项的说法错误。

　　题干的案例中法官把出差途中视为工作时间和工作岗位，扩大了工作时间和工作岗位的字面含义，属于扩张解释。进行扩张解释不能任意进行，必须符合立法目的，基于此 BC 两项表述正确。

三、当代中国的法律解释体制

（一）正式解释和非正式解释

正式解释	由特定的国家机关、官员或其他有解释权的人对法律作出的具有法律上约束力的解释，又称法定解释、有权解释。我国的法定解释可以分为立法、司法和行政解释。
非正式解释	学理解释，一般是指由学者或其他个人及组织对法律规定所作的不具有法律约束力的解释。这种解释不能被作为执行法律的依据。
	任意解释，指司法活动中的当事人、代理人或者公民个人在日常生活中对法律所作的理解与解释。

---

[1] 【答案】AB
[2] 【答案】ABC

（二）当代中国的法律解释体制

1. 立法解释

1. 立法解释指全国人大常委会对法律的解释。
2. 下列两种情形下需要全国人大常委会解释：（1）法律的规定需要进一步明确具体含义的；（2）法律制定后出现新的情况，需要明确适用法律依据的。

　🎓帆哥提示　需要全国人大常委会解释的情形：明确含义＋明确依据。

3. 国务院、中央军事委员会、最高人民法院、最高人民检察院和全国人大各专门委员会以及省级人大常委会可以向全国人大常委会提出法律解释要求。

　🎓帆哥提示　提出解释要求的主体：两央、两高、两委。

4. 常委会工作机构研究拟订法律解释草案，由委员长会议决定列入常务委员会会议议程。法律解释草案经常务委员会会议审议，由宪法和法律委员会根据常委会组成人员的审议意见进行审议、修改，提出法律解释草案表决稿。
5. 法律解释草案表决稿由常委会全体组成人员的过半数通过，由常委会发布公告予以公布。全国人大常委会的法律解释同法律具有同等效力。

　🎓帆哥提示　立法解释与法律具有同等效力。

2. 司法解释

1. 审判工作和检察工作中具体应用法律、法令的问题由最高人民法院和最高人民检察院作司法解释。
2. 最高人民法院和最高人民检察院的解释如果有原则性的分歧，报请全国人民代表大会常委会解释或决定。
3. 对司法解释的监督：
（1）两高的解释应当自公布之日起30日内报全国人大常委会备案。
（2）对司法解释的审查要求和审查建议的处理
①国务院、中央军事委员会和省级人大常委会认为两高的司法解释同法律规定相抵触的，最高人民法院、最高人民检察院之间认为对方作出的具体应用法律的解释同法律规定相抵触的，可以向全国人大常委会书面提出进行审查的要求，由常委会工作机构送有关专门委员会进行审查、提出意见。其他主体提出审查建议，由常委会工作机构进行研究，必要时，送有关专门委员会进行审查、提出意见。

　🎓帆哥提示　针对司法解释向全国人大常委会提出审查要求的主体：两央、一高、一委。

②全国人大宪法和法律委员会和有关专门委员会经审查认为两高的司法解释同法律规定相抵触，而最高人民法院或者最高人民检察院不予修改或者废止的，可以提出要求最高人民法院或者最高人民检察院予以修改、废止的议案，或者提出由全国人大常委会作出法律解释的议案，由委员长会议决定提请常务委员会审议。

3. 行政解释

不属于审判和检察工作中的其他法律、法令如何具体应用的问题，由国务院及主管部门进行解释。

🏵 **帆哥提示**　行政解释权不仅仅属于国务院还包括国务院主管部门。

4. 对地方性法规的解释

地方性法规需要明确界限或者作补充规定时，由省级人大常委会解释。具体应用问题由省级人民政府主管部门解释。

【经典习题】

《全国人民代表大会常务委员会关于〈中华人民共和国刑法〉第一百五十八条、第一百五十九条的解释》中规定："刑法第 158 条、第 159 条的规定，只适用于依法实行注册资本实缴登记制的公司。"关于该解释，下列哪一说法是正确的?[1]（单选）

A. 效力低于《刑法》

B. 全国人大常委会只能就《刑法》作法律解释

C. 对法律条文进行了限制解释

D. 是学理解释

分析　全国人大常委会的解释和法律具有同等的效力，故 A 项错误。

对于全国人大及其常委会制定的法律，法律解释权属于全国人民代表大会常务委员会。法律有以下情况之一的，由全国人民代表大会常务委员会解释：（1）法律的规定需要进一步明确具体含义的；（2）法律制定后出现新的情况，需要明确适用法律依据的。故 B 项的说法错误。

该解释把公司解释为"依法实行注册资本实缴登记制的公司"显然缩小公司一词词义的外延，故属于限制解释。故 C 选项正确。

全国人大常委会的解释属于正式解释而非学理解释，故 D 错。

第六节　法律漏洞的填补

一、法律漏洞的含义

1. 法律漏洞是指违反立法计划（法律的目的）的不完满性，即根据法律的目的，某种情况应该在法律上规定，但是由于立法者的原因被遗漏，而没有规定。

2. 根据"禁止拒绝裁判"的原则，法官有填补漏洞进行法律续造的义务。

3. 法律漏洞不同于法外空间：法律漏洞是应该规定而没有规定。法外空间是指某类社会关系不适合法律调整因而不予规定，如友谊，爱情。

---

〔1〕【答案】C

二、法律漏洞的分类

（一）依据法律中是否完全没有规定，可分为：

全部漏洞	又称立法空白，是指法律对某类社会关系**完全没有规定**。
部分漏洞	指法律对某类社会关系虽**有规定但是不全面**。

（二）依据法律漏洞的表现形态，可分为：

明显漏洞	根据法律的目的或立法计划，对某个事实法律应该有规定而没有规定，即**管得太窄了**。
隐藏漏洞	对某个事实法律虽已规定，但是依据法律目的或立法计划应该设例外情况却没有设定，即**管得太宽了**。

（三）依据法律漏洞产生的时间不同，可分为：

自始漏洞	法律**制定时**漏洞已经存在。自始漏洞又可分为：	**明知漏洞**指的是立法者在制定法律时，已经意识到漏洞存在，但是故意不作规定，而将这一问题保留给其他机关来决定。这么做是出于立法时的政治、经济和社会情势，或是出于立法技术的考量，又被称为政策性漏洞。
		不明知漏洞是指立法者在制定法律时由于疏忽或者由于认知能力的限制而没有意识到某种情况应该予以规定，从而造成的漏洞。
嗣后漏洞	法律制定后，因为**客观情势发生变化**而产生了新的问题，这些新问题在立法者制定法律时没有预见到，因而在法律上未作规定。	

三、法律漏洞的填补

（一）明显漏洞的填补方法：目的论扩张

1. 填补明显漏洞的方法是**目的论扩张**。

2. 所谓目的性扩张是指法律规范的文义未能涵盖某类案件，但是依据立法的目的，该规范应该包含此类情形，因而扩张该规范的范围，将其包含进来。目的性扩张的基本原理在于：**相同行为应做相同处理**。

3. 目的性扩张和扩大解释的区别在于是否超越了文义的"**射程范围**"，如果没有超越文义的射程范围，解释后的含义尚在文义的射程范围之内，则为扩大解释。反之则为目的性扩张。如古罗马法规定四条腿的动物致损害主人应负法律责任，有人从非洲带回鸵鸟致人伤害，鸵鸟的主人应不应该负法律责任？显然鸵鸟不在"四足动物"文义的射程范围内，但是基于立法目的，鸵鸟致人损害，主人也应该负法律责任，此时把鸵鸟包含在四足动物之内就是进行了目的论的扩张而不是扩大解释，因为无论如何扩大，鸵鸟不可能是四足动物。再比如，在《工伤保险条例》中规定在工作时间和工作岗位突发疾病死亡属于工伤。张某在出差途中死亡是否属于工伤？受单位派遣出差途中，也应属于工作时间工作岗位，所以把出差途中包括在工作时间和工作岗位之中，尚在文义的射程范围之内，属于扩大解释。目的性扩张是一种特殊的类推，与罪刑法定原则相抵触，在刑法适用中是被禁止的。

（二）隐藏漏洞的填补方法：目的论限缩

1. 填补隐含漏洞的方法是**目的论限缩**。

2. 目的论限缩是指虽然法律规范的文义涵盖了某类案件，但是依据立法的目的，该规范不应该包含此种情形，因而限缩该规范的范围，将其排除出去。目的性限缩的基本原理在于：**不同行为应做不同处理**。

3. 目的性限缩和限制解释也是有区别的。区别的关键在于解释的结果**是否伤害法律概念的文义核心**，如果损害就是目的性限缩，如果不损害就是限制解释。比如：某民法典规定："代理人不能代理被代理人与自己订立民事法律行为。"设立此规定的目的是为了让代理人全心全意为被代理人服务，如果允许代理人代理被代理人与自己订立民事法律行为，则根据人之常情"爱自己超过爱别人"，代理人可能会为了谋取自己的利益而损害被代理人的利益。但是当代理人代理被代理人与自己订立民事行为会使被代理人获益，则应该在允许之列，比如代理被代理人与自己订立不符条件的赠与合同，把自己的江诗丹顿表无条件赠与被代理人。此时就是进行了目的性限缩，因为解释的结果已经损害了民事法律行为一词的文义核心。再比如"子女有赡养父母的义务"，这里的子女是指成年且有赡养能力的子女，这一解释缩小了"子女"一词的外延，但是并没有伤害子女的核心文义，当属限制解释。

【经典习题】

1. 某法院在审理一起商品房买卖合同纠纷时认为现行法律对因迟延办证形成的解除权行使合理期限未作规定，但基于平衡买卖双方利益和维护交易秩序稳定的需要应对解除权行使设定合理期限，鉴于迟延交房与迟延办证具有相似性，法院援引合同法解释中因迟延交房形成的解除权行使合理期限规定做出判决，对此下列说法正确的是[1]

A. 该法律漏洞是嗣后漏洞

B. "平衡"买卖双方利益与维护交易稳定的"需要"，表达了法的价值诉求

C. 法院在处理该案的过程中运用了类比推理

D. 认定法律漏洞需探究立法目的

【分析】依据法律漏洞产生时间的不同可以分为自始漏洞和嗣后漏洞。自始漏洞是指立法时由于立法者的原因已经存在的漏洞。嗣后漏洞指的是立法时没有漏洞，但是在法律实施的过程中，由于重大情势的变更而出现的漏洞。题目中的漏洞显然立法时就已经存在，故属于自始漏洞。故 A 错。

"平衡"买卖双方利益与维护交易稳定的"需要"，表达了法律要追求正义和秩序价值，故 B 对。

法院认为迟延交房与迟延办证具有相似性，援引合同法解释中因迟延交房形成的解除权行使合理期限规定对迟延办证作出判决，属于类比推理，故 C 正确。

法律漏洞指的是违背立法目的的不完满性，因而法律是否存在漏洞，需要基于立法目的进行判断，故 D 正确。

2. 杨某在一次交通事故中，脾脏破裂，身体受到严重损伤，但拒绝在手术同意书上签字，医院也没有联系到他的家人，因此未对杨某进行手术。关于本案，下列哪一选项是正确的?[2]

---

〔1〕【答案】BCD

〔2〕【答案】B

A. 立法者应允许医生未经患者同意采取必要的医疗措施，这体现了伤害原则

B. 医生应当严守法律，哪怕会危及患者生命，这是法律实证主义的要求

C. 将危重病人排除在同意权规定的适用范围之外，这是方法论上的目的论扩张

D. 患者同意权在任何情况下都不应被侵犯，这体现了个案中的比例原则

【分析】立法者基于保护患者的立场，应允许未经患者同意采取必要的医疗措施，这体现了家长主义立法原则，故 A 错。

法律实证主义的核心观点之一是"恶法亦法"，故 B 对。

从保护病危患者的立法目的出发，病危患者应该排除在同意权的适用范围之外，但是由于立法者的原因，却没有排除，在适用的过程中应该基于立法的目的限缩法律条文的适用范围，予以排除，故 C 错。

患者同意权在任何情况下都不应被侵犯，说明患者同意权具有绝对的有限性，体现了价值位阶原则，故 D 错。

第一节　法的起源与历史类型

一、法的产生

（一）法律产生的根源和标志

根源	马克思主义认为，法不是从来就有的，也不是永恒存在的，而是人类社会发展到一定历史阶段才出现的社会现象。法是随着生产力的发展、社会经济的发展、私有制和阶级的产生、国家出现而产生的，经历了一个长期的渐进的过程。
标志	特殊公共权力系统即国家的产生。
	权利和义务观念的形成。
	法律诉讼和司法的出现。

（二）法律与原始社会规范的比较

相同之处	都是一定社会经济基础之上的上层建筑，两者有着许多共同点：两者都属于社会规范；都要求人们普遍遵守，并且有一定约束力；都根源于一定的社会物质生活条件，由各自的经济基础所决定；都是调整一定社会关系和社会秩序的重要手段。	
区别	产生的方式不同	法是由国家制定或认可的；原始社会规范是人们在长期的共同生产和生活过程中自发形成的。
	反映的利益和意志不同	法反映统治阶级的利益和意志；原始社会规范反映原始社会全体成员的利益和意志。
	保证实施的力量不同	法是以国家强制力保证实施的；原始社会规范是依靠社会舆论的力量、传统力量和氏族部落领袖的威信保证实施的。
	适用的范围不同	法适用于国家主权所及的地域内的所有居民；原始社会规范只适用于同血缘的本氏族部落成员。

二、法产生的一般规律

从个别调整到规范性调整；从一般规范性调整到法的调整	个别调整，即针对具体人、具体行为所进行的只适用一次的调整。当某些社会关系发展为经常性、较稳定的现象时，人们为提高效率、节约成本而为这一类社会关系提供行为模式，于是个别调整便发展为规范性调整，即统一的、反复适用的调整。法律产生以后，法的调整从一般的规范性调整中分离出来，法的调整逐渐成为社会关系的主要调整方式。
从习惯到习惯法、再由习惯法到制定法	原始社会时期的社会规范主要是习惯。国家产生以后习惯逐渐转变为习惯法。随着社会关系的复杂化和社会文明的发展，国家机关根据一定的程序把体现统治阶级意志和利益的规范以明确的文字形式表现出来，逐渐产生了制定法。最早的制定法，主要是习惯法的整理和记载，还有个别立法文件和最主要的判决的记载。
从与宗教规范、道德规范的浑然一体到与之分化、相对独立	原始社会的习惯融道德、宗教等社会规范于一体，国家产生之初的习惯法与宗教规范、道德规范等没有明显的界线，三者相互渗透、浑然一体。随着社会的进化、法的发展成熟，法与道德、宗教规范开始分化，法在调整方式、手段、范围等方面自成一体、相对独立，在社会调整体系中占有独特的地位，发挥特殊的作用。

【经典习题】

有学者这样解释法的产生：最初的纠纷解决方式可能是双方找到一位共同信赖的长者，向他讲述事情的原委并由他作出裁决；但是当纠纷多到需要占用一百位长者的全部时间时，一种制度化的纠纷解决机制就成为必要了，这就是最初的法律。对此，下列哪一说法是正确的？（单选）[1]

A. 反映了社会调整从个别调整到规范性调整的规律

B. 说明法律始终是社会调整的首要工具

C. 看到了经济因素和政治因素在法产生过程中的作用

D. 强调了法律与其他社会规范的区别

【分析】根据马克思主义法理学的基本原理，法律产生经历了从个别调整到规范性调整再到法的调整的过程，所谓个别调整就是针对个别人的具体行为进行调整，这种调整方式虽然针对性强，但是其效率低，于是就出现了针对不特定人的行为进行调整的规范，这个规范起先表现为原始社会规范，后来发展成为法律。故 A 对。

根据马克思主义法理学的基本看法，在原始社会没有法律，调整社会关系的首要规范是原始社会习惯。故 B 错。

题干中的信息并没有反映出经济和政治因素对法律产生的影响，也没有强调法律与其他社会规范的区别，故 CD 错。

---

[1]【答案】A

三、法的历史类型

概念	法的历史类型，是指按照法所体现的**国家意志的性质和赖以建立的经济基础**加以划分的类别。凡是建立在相同经济基础、反映相同阶级意志的法就是同一个历史类型。
类型	1. 有史以来的法可以划分为四个历史类型，即奴隶制法、封建制法、资本主义法和社会主义法。前三者由于都建立在生产资料私有制基础上，可统称为剥削阶级类型的法。社会主义法律制度根本区别于剥削阶级类型的法，它建立在生产资料社会主义公有制基础之上，反映和维护工人阶级为首的广大人民的利益和意志，是最高历史类型的法。 2. 从奴隶制法发展到封建制法，继而发展到资本主义法和社会主义法，是人类社会的法发展的一般规律、总的趋势。具体到每一个国家、民族的法并不一定都会经历过这四个历史类型。 3. 社会基本矛盾的运动规律是法的历史类型更替的根本原因。社会革命是法的历史类型更替的直接原因。 4. 法的历史类型的更替意味着对旧的历史类型的法的否定，用体现新的阶级意志的法加以取代，但这并不否认新法与旧法之间存在历史联系性和批判继承关系。

第二节　法的发展与传统

一、法的传统

法的传统	法的传统是指世代相传、辗转相承的有关法的观念、制度的总和。
法律文化	法律文化指一个国家或地区的法律长期以来所形成的知识、意识、技术和调整方法等内容的总和，一般可分为：物化的层面（指法律文化通常以某种物化的形式表现出来）、制度的层面（指法律文化表现为与传统相关的各种具体的制度）、观念的层面（指法律意识）
法律意识	法律意识是指人们关于法律现象的思想、观念、知识和心理的总称，是社会意识的一种特殊形式。
	法律意识在结构上可以分为两个层次：**法律心理和法律思想体系**。
	法律心理是人们对法律现象表面的、直观的感性认识和情绪，是法律意识的初级形式和阶段。
	法律思想体系是法律意识的高级阶段，它以理性化、理论化、知识化和体系化为特征，是人们对法律现象进行理性认识的产物，也是人们对法律现象的自觉的反映形式。
	法的传统之所以可以延续，在很大程度上是因为法律意识强有力的传承作用，即一个国家的法律制度可以经常随着国家制度和政权结构的变化而变化，但是人们的法律意识却相对比较稳定，具有一定的连续性。因此，**法律意识可以使一个国家的法律传统得以延续。**
	法律意识可能先于法律制度而存在，也可能滞后于法律制度的发展。

二、中国和西方的传统法律文化

中国传统法律文化的特点	礼法结合，德主刑辅。
	等级有序，家族本位。
	以刑为主，民刑不分。
	重视调解，无讼是求。
西方传统法律文化的特点	法律受宗教的影响较大。
	强调个体的地位和价值。
	私法文化相对发达。
	以正义为法律的价值取向。

三、法的继承与法的移植

（一）法的继承

概念	法的继承是不同历史类型的法律制度之间的延续和继受，一般表现为旧法对新法的影响和新法对旧法的承接和继受。法的继承是客观存在的，法就是在继承中发展的。法的阶级性并不排斥法的继承性，社会主义法可以而且必然要借鉴资本主义法和其他类型的法。
根据和理由	社会生活条件的历史延续性决定了法的继承性。
	法的相对独立性决定了法的发展过程的延续性和继承性。
	法作为人类文明成果决定了法的继承的必要性。
	法的发展的历史事实验证了法的继承性，如法国资产阶级以奴隶制时代的罗马法为基础制定的《法国民法典》。

（二）法的移植

概念	法的移植是指在鉴别、认同、调适、整合的基础上，引进、吸收、采纳、摄取、同化外国法，使之成为本国法律体系的有机组成部分，为本国所用。
	法的继承体现时间上的先后关系，法的移植则反映一个国家对同时代其他国家法律制度的吸收和借鉴，法的移植的范围除了外国的法律外，还包括国际法律和惯例。
	法的移植以供体（被移植的法）和受体（接受移植的法）之间存在共同性，即受同一规律的支配，互不排斥，可互相吸纳为前提。
必然性和必要性	社会发展和法的发展的不平衡性决定了法的移植的必然性，比较落后的国家为促进社会的发展，有必要移植先进国家的某些法律。
	市场经济的客观规律和根本特征决定了法的移植的必要性。
	法的移植是法治现代化和社会现代化的必然需要。
	法的移植是对外开放的应有内容。

续表

类型	经济、文化和政治处于相同或基本相同发展阶段和发展水平的国家相互吸收对方的法律，以致融合和趋同。
	落后国家或发展中国家直接采纳先进国家或发达国家的法律。
	区域性法律统一运动和世界性法律统一运动或法律全球化。
注意事项	要避免不加选择地盲目移植，选择优秀的、适合本国国情和需要的法律进行移植，注意国外法与本国法之间的同构性和兼容性，注意法律体系的系统性，同时法的移植要有适当的超前性。

第三节　法　系

一、法系的概念与标准

概念	法系是比较法学上的基本概念，具体指根据法的历史传统和外部特征的不同，对法所做的分类。据此分类标准，凡属于同一传统的法律就构成一个法系。
划分的理论依据	法系划分的理论依据主要是法的传统。法系的划分标准主要包括法的历史来源、主导性的法学思想方法、法的表现形式及其解释方法、特定的法律制度。
	在历史上，世界各主要地区曾经存在过许多法系，诸如印度法系、中华法系、伊斯兰法系、民法法系和普通法系等。

二、民法法系与英美法系

概念	民法法系是指以古罗马法，特别是以 19 世纪初《法国民法典》为传统产生和发展起来的法律的总称。又称为大陆法系、罗马——德意志法系、法典法系。欧洲大陆国家、埃塞俄比亚、南非、津巴布韦、日本、泰国、土耳其、加拿大的魁北克省，美国的路易斯安那州，英国的苏格兰等都属于大陆法系。
	普通法系是指以英国中世纪的法律，特别是以普通法为基础和传统产生与发展起来的法律的总称。又称为英国法系、判例法系、英美法系。除了英国（苏格兰外）以外，美国、加拿大、印度、新加坡、澳大利亚、新西兰以及非洲的个别国家、地区也属于英美法系。
共同点	两大法系在经济基础、阶级本质上是相同的，都重视法治。

续表

	法律思维	民法法系属于演绎型思维，而普通法系属于归纳式思维，注重类比推理。
区别	法的渊源	民法法系中法的正式渊源只是制定法，而普通法系中制定法、判例法都是法的正式渊源。
	法律的分类	民法法系国家一般都将公法与私法的划分作为法律分类的基础，而普通法系则是以普通法与衡平法为法的基本分类。
	诉讼程序	民法法系与教会法程序接近，属于纠问制诉讼，普通法系则采用对抗制诉讼程序。
	法典编纂	民法法系的主要发展阶段都有代表性的法典，特别是近代以来，进行了大规模的法典编纂活动。普通法在都铎王朝时期曾进行过较大规模的立法活动，近代以来制定法的数量也在增加，但以总体上看，不倾向进行系统的法典编纂。
	其他方面	两大法系在法院体系、法律概念、法律适用技术及法律观念等方面还存在许多差别。

【经典习题】

关于英美、大陆两大法系特点的表述有：①以判例法为主要渊源；②以制定法为主要渊源；③以日耳曼法为历史渊源；④法官对法律的发展起举足轻重的作用；⑤以归纳为主要推理方法；⑥以演绎法为主要推理方法；⑦诉讼程序传统上倾向于职权主义，法官起积极主动的作用。下列哪一归纳是正确的？（单选）[1]

A. 属于英美法系特点的有：①③⑥⑦

B. 属于大陆法系特点的有：②④⑤⑦

C. 属于英美法系特点的有：①③④⑤

D. 属于大陆法系特点的有：②③⑤⑦

[分析] 英美法系以判例法为主要渊源，以日耳曼法为历史渊源，法官对法律的发展起举足轻重的作用，以演绎和归纳为主要推理方法，诉讼程序传统上倾向于当事人主义。大陆法系以制定法为主要渊源，以罗马法为历史渊源，法学家对法律的发展起举足轻重的作用，以演绎为主要推理方法，诉讼程序传统上倾向于职权主义，法官起积极主动的作用。基于此①③④⑤为英美法系的特点。②⑥⑦为大陆法系的特点。故选C。

---

[1] 【答案】C

第四节　法的现代化

一、法的现代化概念、标志、类型

（一）法的现代化的概念和标志

概念	法的现代化是指在社会现代化的过程中法的现代性因素不断增加的过程。**现代性因素即法治因素。**
标志	法的现代化意味着法与道德的分离。在古代社会，法与道德混合在一起。在传统社会，法与道德开始分离，法具有部分的自主性，但是，它的合法性来自于道德。在现代社会，法与道德完全分离，法成为完全实证化的法律，道德成为理性道德。
	法的现代化意味着法成为形式法。在法和道德完全分离的情景下，法的合法性越来越依赖于确立和证成它们的形式程序。这就是说现代化的法的合法性来自于法自身。
	法的现代化意味着法对自由、平等等现代价值的维护。
	法的现代化意味着法具有可理解性、精确性、一致性、普遍性、公开性、一般来说是成文的以及不具有溯及既往的效力等等。

（二）法的现代化的类型

根据法的现代化的动力来源，法的现代化过程大体上可以分为内发型法的现代化和外源型法的现代化。	
内发型现代化	内发型法的现代化是指由特定社会自身力量产生的法的内部创新。这种现代化是一个自发的、自下而上的、缓慢的、渐进变革的过程。这种类型的法的现代化是在西方文明的特定社会历史背景中孕育、发展起来的。
外源型现代化	外源型法的现代化是指在外部环境影响下，社会受外力冲击，引起思想、政治、经济领域的变革，最终导致法律文化领域的革新。外源型现代化有三个特征：被动性；具有依附性、工具性；反复性。

二、中国法的现代化

原因	中国法的现代化属于外源型现代化。其起因是收回领事裁判权。
特征	由被动接受到主动选择。
	由模仿民法法系到建立中国特色的社会主义法律制度。
	法的现代化的启动形式是立法主导型。一方面是历史上缺乏法治传统，另一方面则是由于现实的迫切需要，在这双重压力夹击下的现代化过程中，法制建设具有浓厚的"工具"色彩和"功利"性。这种法的现代化的启动方式，虽然能够迅速实现变法的意图，但是由于法律的社会基础不稳定，以致容易形成国家与社会之间的紧张关系，其作用就比较有限。

续表

	法律制度变革在前，法律观念更新在后，思想领域斗争激烈。在中国，现代法律意识的形成仍然相当艰难。群众仍然愿意用传统古老的方式解决相互之间的纠纷，老百姓期待清官为自己做主，官员把法律看成是对付老百姓的工具，以权代法等现象，都反映了法的现代化所面临任务的艰巨性。
推动中国法律现代化转型的方式	首先，要将政府推动与社会参与相结合，在政府主导法治建设的顶层设计和长远规划的同时，开放社会各界参与法律发展的机会和途径，通过自上而下和自下而上的双向互动，为法的现代化提供更强大的动力源，促进法律的良性构建和有效实施。
	其次，要把立足本国国情与借鉴国外经验相结合，使法治的本土化与国际化相统一，法治的民族性与普遍性相统一。在实现法律现代化的过程中，应围绕法治建设重大问题，汲取中华法律文化精华，借鉴国外法治有益经验，走出一条符合中国国情的法的现代化之路。
	最后，要把制度改革与观念更新相结合，要不断完善法律制度，构建科学、合理的现代法律体系。与此同时，通过开展法治教育，进行法治启蒙，培育全体社会成员的现代民主法治意识。

【经典习题】

关于法的现代化，下列哪一说法是正确的？（单选）[1]

A. 内发型法的现代化具有依附性，带有明显的工具色彩

B. 外源型法的现代化是在西方文明的特定历史背景中孕育、发展起来的

C. 外源型法的现代化具有被动性，外来因素是最初的推动力

D. 中国法的现代化的启动形式是司法主导型

【分析】根据动力来源机制的不同，法的现代化可以分为内发型现代化和外源性现代化。外源型现代化具有被动型、依附性、反复性的特点。在这种现代化模式下法的现代化，最初是外力压迫所致，变法是富国强兵，救亡图存的工具。故 A 错，C 对。

内源型现代化是依靠社会内部自生自发的力量而导致的，其动力在西方文明的特定历史背景中孕育、发展起来的。故 B 错。

中国的法律的现代化启动形式属于立法主导型，自上而下的立法活动在法的现代化中起到了非常重要的作用。故 D 错。

---

[1]【答案】C

第五节　法治理论

一、法治的含义

法治的含义	在西方最早提出"法治"的是古希腊思想家亚里士多德。现代西方法治发轫于英国，其基本含义是**法律至上或法律具有最高的权威**，也就是说，任何人不论他或她的社会地位或其他社会条件如何，都不能凌驾于法律之上，都必须服从法律的管辖。
法制的含义	法制一般指法律和制度的总称。一般地说，社会主义法制指由社会主义国家制定或认可的、体现工人阶级领导下全体人民意志的法律和制度的总称，是社会主义立法、守法、执法、司法、法律监督各环节的统一，核心是依法办事。社会主义法制的基本要求是"有法可依，有法必依，执法必严，违法必究"。
法治与法制的区别	**法治一词明确了法律在社会生活中的最高权威。**而法制只强调有法律制度即可。人治和法治的区别不在于是否具有法制，而在于法制是否具有最高权威。
	法治一词显示了法律介入社会生活的广泛性。法制主要强调法律和制度及其实施。
	法治一词蕴涵了法律调整社会生活的正当性。法治之下的法律必须是良法。而法制之下的法律既可以是良法也可以是恶法。

二、社会主义法治国家的基本条件

社会结构条件	**生活世界结构的分化或理性化。**所谓生活世界结构的分化或理性化，是指人从各种自然共同体（如家或家族）与人为共同体（如单位）的依附中独立出来，成为自主和个体化的人。
	社会主义市场经济体制的确立。
	社会主义民主制度的确立。民主政治为法治之法提供合法性，法治之法为民主政治的运行提供有序保障。
	社会主义文化领域的功能专门化。例如，专门培训的法学、儿童教育和青少年教育的职业化、艺术自主等等。
制度条件	完备的法律和系统的法律体系。
	相对平衡和相互制约的符合社会主义制度需要的权力运行的法律机制。
	独立的、具有极大权威的司法系统和一支高素质的司法队伍。
	健全的律师制度。

续表

思想条件	法律至上	指法律在社会规范中具有最高权威，所有的社会规范都必须符合法律的精神。
	权利平等	权利平等是指全社会范围内人们的平等，就是承认所有的社会成员法律地位平等。
	权力制约	权力制约是指所有以国家强制力保证实现的公共权力（主要是国家机构的权力），在其运行的同时，必须受到其他公共权力的制约。
	权利本位	权利本位是指在国家权力和人民权利的关系中人民权利是决定性的、根本的；在法律权利与法律义务之间，权利是决定性的，起主导作用的。

第四章

法与社会

第一节　法与社会的一般理论

一、法以社会为基础

法律的性质与功能决定于社会	社会性质决定法律性质，不同性质的社会就有不同性质的法律。即使是同一性质或历史形态的社会，在其不同的发展阶段上，法律的内容、特点和表现形式也往往不尽相同。"法律应该以社会为基础。法律应该是社会共同的、由一定物质生产方式所产生的利益和需要的表现，而不是单个的个人恣意横行。"
法律变迁与社会发展的进程基本一致	制定、认可法律的国家以社会为基础，国家权力以社会力量为基础；国家法以社会法为基础，"纸上的法"以"活法"为基础。

二、法对社会的调整

通过调和社会各种冲突的利益，进而保证社会秩序得以确立和维护。
通过法律对社会机体的疾病进行疗治。
为了有效地通过法律控制社会，必须使法律与其他的资源分配系统（宗教、道德、政策等）进行配合。

【经典习题】

奥地利法学家埃利希在《法社会学原理》中指出："在当代以及任何其他的时代，法的发展的重心既不在立法，也不在法学或司法判决，而在于社会本身。"关于这句话涵义的阐释，下列哪一选项是错误的？（单选）[1]

A. 法是社会的产物，也是时代的产物

B. 国家的法以社会的法为基础

---

[1]【答案】D

C. 法的变迁受社会发展进程的影响

D. 任何时代，法只要以社会为基础，就可以脱离立法、法学和司法判决而独立发展

【分析】埃利希的这句话表明法律是要以社会为基础的，并随着社会变化而变化，社会物质生活条件在归根结底的意义上最终决定着法律的本质，法律是社会的产物。选项A、B、C都是正确的。法只要以社会为基础，就可以脱离立法、法学和司法判决而独立发展的说法太过绝对。选项D错误。

第二节　法与经济

一、法与经济的一般关系

法是由经济基础决定的	法的起源、本质、作用和发展变化，都要受到社会经济基础的制约。
法对经济基础的作用	确认经济关系。
	规范经济行为。
	维护经济秩序。
	服务经济活动。

二、法与科学技术

科技进步对法的影响	**立法**：科技发展对一些传统法律领域提出了新问题，要求各个法律部门的发展要不断深化。同时，随着科技的发展，出现了大量新的立法领域，科技法日趋成为一个独立的法律部门。
	司法：司法过程的三个主要环节——事实认定、法律适用和法律推理，越来越深刻地受到了现代科学技术的影响。
	法律思想：法律意识常常受到科技发展的影响和启迪。同时，科技进步促进了人们法律观念的更新，出现了一些新的法律思想、法学理论。科技进步对于历史上已经形成的各个法系以及对于法学流派的产生、分化和发展，也发生着重要的影响。
法对科技进步的作用	运用法律管理科技活动，确立国家科技事业的地位以及国际科技竞争与合作的准则。
	法律对于科技经济一体化特别是科技成果商品化，具有积极的促进作用。
	法律具有对科技活动和科技发展所引发的各种社会问题的抑制和预防作用。

【经典习题】

生物科技和医疗技术的不断发展，使器官移植成为延续人的生命的一种手段。近年来，我国一些专家呼吁对器官移植进行立法，对器官捐献和移植进行规范。对此，下列哪种说

法是正确的?（单选）[1]

A. 科技作为第一生产力，其发展、变化能够直接改变法律

B. 法律的发展和变化也能够直接影响和改变科技的发展

C. 法律既能促进科技发展，也能抑制科技发展所导致的不良后果

D. 科技立法具有国际性和普适性，可以不考虑具体国家的伦理道德和风俗习惯

【分析】法律与科技相互作用、相互影响。一方面科技为立法提出了新问题，为司法提供了新技术，科技促进法律观念的更新，促使法律方法的进步，但是科技的发展变化并不能直接改变法律本身，法律的变化需要立法者进行废改立。故 A 错。

另一方面，法律也规范管理着科技活动，调整着科技竞争，促进科技成果的商品化，并抑制科技可能带来的消极作用，但法律的发展变化也并不能直接影响改变科技的发展。故 B 是错误的。

科技发展可能引起法律内容的更新，但是立法以一国的伦理道德和风俗习惯为基础。故选项 D 错。

综上可知，本题的答案为 C。

第三节　法与政治

一、法与政治的一般关系

政治对法的作用	由于政治在上层建筑中居主导地位，因而总体上法的产生和实现往往与一定的政治活动相关，反映和服务于一定的政治。
	法在形式、程序和技术上的特有属性，使法在反映一定的政治要求时必须同时满足法自身特有属性的要求。法的相对独立性不只是对经济基础的，也表现在对上层建筑诸因素的关系中。
法对政治的作用	**法与政治体制**。政治体制指政治权力的结构形式和运行方式。集权型权力结构中，法只是人治这种权力运行方式的点缀或辅助，在分权型权力结构中，权力的配置和行使皆须以法为依据。
	法与政治功能。政治的基本功能是把不同的利益交融和冲突集中上升为政治关系，对社会价值物进行权威性分配和整合。法律使得政治功能具有形式上的正统性。
	法与政治角色的行为。法对于国家机构、政治组织、利益集团等政治角色行为和活动的程序性和规范性控制，以及 20 世纪初期开始的政党法制化趋势，都表明法对重要政治角色行为控制、调整的必然和必要。
	法与政治运行和发展。政治运行的规范化，政治发展中政治生活的民主化（如政治过程的透明、公民政治参与的质感等）和政治体系的完善化，离开法的运作都无从谈起。

---

[1] 【答案】C

二、法与政策的联系与区别

联系	法与执政党政策在内容和实质方面存在联系，包括阶级本质、经济基础、指导思想、基本原则和社会目标等根本方面具有共同性。	
区别	意志属性	法由特定国家机关依法定职权和程序制定或认可，体现国家意志，具有普遍约束力，向全社会公开；政党政策是党的领导机关依党章规定的权限和程序制定，体现全党意志，其强制实施范围仅限于党的组织和成员，允许有不对社会公开的内容存在。但在政党法制化趋势下，政党特别是执政党政策公开与秘密的范围也须以法界定。
	规范形式	法表现为规范性法律文件或国家认可的其他渊源形式，以规则为主，具有严格的逻辑结构，权利义务的规定具体、明确。政党政策则不具有法这种明确、具体的规范形式，表现为决议、宣言、决定、声明、通知等，更多具有纲领性、原则性和方向性。
	实施方式	法的实施与国家强制相关，且是有组织、专门化和程序化的。政党政策以党的纪律保障实施，其实施不与国家强制相关，除非它已转化为法律。
	调整范围	法倾向于只调整可能且必须以法定权利义务来界定的，具有交涉性和可诉性的社会关系和行为领域。一般而言，政党政策调整的社会关系和领域比法律要广，对党的组织和党的成员的要求也比法的要求要高。但这并不意味着政党政策可涵盖法的调整范围，法也有其相对独立的调整空间。
	稳定性、程序性程度	法具有较高的稳定性，但并不意味着法不能因时而变，只是法的任何变动都须遵循严格、固定且专业性很强的程序，程序性是法的重要特征。政策可应形势变化作出较为迅速的反应和调整，其程序性约束也不及法那样严格和专门化。但是也并不意味着政策可朝令夕改或无最基本的程序要求。

三、法与国家权力

相互依存，相互支撑	法表述和确认国家权力，以赋予国家权力合法性的形式强化和维护国家权力。特别是法所具有的形式化和程序性特征，易于使国家权力获得形式上共同认同的正统性和正当性。
	法的运行离不开国家权力。国家义务的实现、个体权利的保护、社会的整合、法的创设和实施都离不开国家权力的运作。
有时也存在紧张和冲突	国家权力具有易扩张性，存在权力凌驾于法乃至摆脱法的倾向。
	近现代法治的实质和精义在于控权，即对权力在形式和实质上的合法性的强调，包括权力制约权力、权利制约权力和法律的制约。法律的制约是一种权限、程序和责任的制约。

【经典习题】

"近现代法治的实质和精义在于控权，即对权力在形式和实质上的合法性的强调，包括权力制约权力、权利制约权力和法律的制约。法律的制约是一种权限、程序和责任的制约。"关于这段话的理解，下列哪些选项是正确的？（多选）[1]

A. 法律既可以强化权力，也可以弱化权力

B. 近现代法治只控制公权，而不限制私权

C. 在法治国家，权力若不加限制，将失去在形式和实质上的合法性

D. 从法理学角度看，权力制约权力、权利制约权力实际上也应当是在法律范围内的制约和法律程序上的制约

【分析】法表述和确认国家权力，以赋予国家权力合法性的形式强化和维护国家权力。同时法律也限制权力的肆意运行，此时法律弱化了权力。故 A 对。

法律既控制公权力也限制私权利，故 B 错。

法所具有的形式化和程序性特征，易于使国家权力获得形式上共同认同的正统性和正当性。在法治国家，权力若不加限制，将失去在形式和实质上的合法性。故 C 对。

权力制约权力、权利制约权力实际上也应当是在法律范围内的制约和法律程序上的制约，故 D 对。

第四节　法与道德

一、道德含义

在通常意义上，我们把道德理解为某个社群的成员所共同遵守的**行为规范**，这些规范为该社群成员提供了关于善恶的判断标准。道德规范体现为某个社群的习俗或者习惯，是该社群成员在长期共同生活中，多次博弈，不断试错后的产物，是该社群成员**共同理性**的体现。

二、法与道德关系包含的问题

第一，究竟历史上或因果关系上，一个社会的道德观念对该社会的法律有没有影响？法律和道德在内容上有没有重合之处？

对于这个问题的答案是肯定，一个社会的道德观念对该社会的法律当然有影响。比如伊斯兰教的道德观念对伊斯兰国家的立法有很大的影响，《古兰经》本身就具有法律效力。中国古代的儒家伦理纲常大多数都法律化了，体现在法典中，中国传统的道德是法律化了的道德，中国古代的法律是道德化了的法律。现代社会法律和道德也有重合之处，"**法律是最低限度的道德**"。

第二，道德观念是否就理论上而言，是一个法律系统所不可或缺的因素，法律是否必须在道德上善的才是有效的？

对这个问题，不同的学派有不同的回答。以自然法学为代表的非实证主义认为法律与道德本质上有必然的联系，不符合道德的法律就不是法律；而实证主义则持相反意见，认为一个规范只要是国家立法机关通过法定程序制定的或者是具有实效的就是法律。

---

[1]【答案】ACD

第三，我们可否用一个社会道德观念来批评其法律系统，指出其是不公正的？

这个问题的答案也是肯定的。在一个言论自由的社会中应该允许人们运用道德观念对现存的法律进行批评。边沁的主张是对于现行的法律，人们应该持有的态度是"严格地遵守，自由地批评"。

第四，我们是否应该用法律来强迫人们遵守一个社会的道德观念？我们是否应该立法禁止社会上认为是不道德的行为？

富勒在《法律的道德性》一书中，把道德分为义务的道德和愿望的道德。

义务的道德是维系一个社会的基本秩序使其长久地存在下去的基本行为规范，比如不得杀人、不得盗窃、尊重他人等等，这些道德规范被哈特称为"最低限度"的自然法，也有学者称之为底线道德。

愿望的道德是关于"善的生活的道德、卓越的道德以及充分实现人之力量的道德"，愿望的道德就是如何使社会变得更加美好的道德，比如要仗义疏财救贫济困，要毫不利己专门利人等。

义务的道德规范就好比语法规则，没有语法规则就无法写文章交流思想；愿望的道德就好比如何使一篇文章变得更加优美的规则，没有这些规则仅仅是文章不优美，并不影响文章交流思想的功能。

义务的道德要求人们可以利己，但不要害人；愿望的道德要求人们即使损己也要利人。

违背义务性道德的行为要么伤害他人、要么冒犯他人，基于伤害原则和冒犯原则，义务的道德可以进行法律强制。因为听任违背义务道德的行为泛滥，社会就将解体。

愿望性道德与人的高尚行为相关。而高尚性行为之所以高尚在于大多数人做不到，如果运用刑罚等手段威逼人们践行高尚性道德，违背了"法律不强人所难"这一基本法学原理，不具有期待人们实施的可能性。但是虽然不能强制，但是立法者可以立法鼓励人们去践行愿望性道德。

三、法律与道德的区别

	法律	道德
产生方式	法在形式上由国家机关按照法定程序主动制定或认可，是立法者自觉建构的产物。	道德是在社会生产生活中自然演进生成的，是自发而非建构的产物。
表现形式	以国家机关制定的规范性文件的形式来表现。	道德则通常存在于人们的内心和社会舆论之中，或以语言形式被记载下来。
调整范围	调整的范围比道德小，只关注和规范外在行为，不问动机。	道德的调整范围比法律广泛。一般而言，法律调整的社会关系道德要调整，而法律不调整的社会关系道德也要调整，如友谊关系、爱情关系。而且，道德对人的行为的调整要比法律的调整更有深度。

续表

	法律	道德
内容结构	法有肯定明确的行为模式和法律后果，规定具体的权利义务，在规范形态上以规则为主。	道德无特定、具体的表现形式，对行为的要求笼统、原则，标准模糊，在规范形态上以原则为主。法的可操作性较强，但较为僵硬；道德的灵活度大，但易生歧义。
实施方式	法依靠国家强制力保证实施，专门机构、暴力后盾、程序设置、行为针对性和物质结果构成法的外在强制标志。	道德在本质上是良心和信念的自由。主要依靠人们的内心信念和社会舆论等方式加以强制实施。

【经典习题】

1. 甲乙两人分食两个苹果，甲先拿走大的，乙责怪甲自私，甲问乙若你先拿又如何，乙称选小的，甲说到，既然如此我拿大的岂非正合你意，你又何必怪我，根据该故事，结合对法治和德治观念的理解，下列说法正确的是[1]

A. 同样的结果可能因不同程序而被赋予不同意义

B. 外部约束能消除分歧，但无助于解决道德领域难题

C. 仅靠道德无法确保人在相同情况下做出相同选择

D. 依事先约定的规则行事有助于避免产生矛盾和纠纷

【分析】本题故事表示的是利己主义和利他主义的两种道德观念的冲突。解决道德难题可以通过建立制度的方式进行，比如在本案中可以事先设定关于苹果的分配规则，这样就可以避免冲突的发生。道德规范的实现需要主要靠当事人的自律，如果没有外部的制度的保障，仅靠道德无法确保人在相同的情况下做出相同的选择。设计分配规则可以建立在利己主义的人性假设之上，也可以建立在人性恶的假设之上，同样的结果可能会因不同的程序而被赋予不同的意义，故 ACD 正确。

2. 孙某早年与妻子吕某离婚，儿子小强随吕某生活。小强 15 岁时，其祖父去世，孙某让小强参加葬礼。小强与祖父没有感情，加上吕某阻挡，未参加葬礼。从此，孙某就不再支付小强的抚养费用。吕某和小强向当地法院提起诉讼，请求责令孙某承担抚养费。在法庭上，孙某提出不承担抚养费的理由是，小强不参加祖父葬礼属不孝之举，天理难容。法院没有采纳孙某的理由，而根据我国相关法律判决吕某和小强胜诉。根据这个事例，下面哪些说法是正确的?[2]

A. 一个国家的法与其道德之间并不是完全重合的

B. 法院判决的结果表明：一个国家的立法可以不考虑某些道德观念

C. 法的适用过程完全排除道德判断

D. 法对人们的行为的评价作用应表现为评价人的行为是否合法或违法及其程度

【分析】法律和道德是两个相互交叉但不完全重合的圆，重合的这部分就是最低限度

---

[1] 【答案】ACD

[2] 【答案】ABD

的道德，法律只是把最低限度的道德上升为法律，用强制的手段保证实施。比如不得杀人，既是道德规范，同时也是法律规范。故 A 对。

法律和道德会发生冲突，合法的不一定合乎道德，法律与情理之间的抵牾经常存在。立法的时候要考虑情理，但并不是需要考虑所有的道德观念，某些落后的、野蛮的道德观念可以弃之如敝屣。故 B 对。

道德判断即价值判断。法律适用当然不能完全排除价值判断，故 C 错。

法通过评价人们的行为是否合法来规范人们的行为，故 D 对。

3. 下列关于法与道德的表述哪一项是正确的？[1]

A. 自然法学派认为，实在法不是法律

B. 分析实证主义法学派认为，法与道德在本质上没有必然的联系

C. 中国古代的儒家认为，治理国家只能靠道德，不能用法律

D. 近现代的法学家大多倾向于否定"法律是最低限度的道德"的说法

【分析】自然法认为实在法只有符合自然法的时候才具有法律效力，自然法即道德，不符合道德的实在法是恶法，恶法非法，故 A 错。

分析实证主义法学派，否定法与道德存在本质上的必然联系，认为不存在适用于一切时代、民族的永恒不变的正义或道德准则，法学作为科学无力回答正义的标准问题，因而是不是法与是不是正义的法是两个必须分离的问题，道德上的善或正义不是法律存在并有效力的标准，法律规则不会因违反道德而丧失法的性质和效力，即使那些同道德严重对抗的法也依然是法，即"恶法亦法"。由上可知 B 项正确。

儒家强调德主刑辅，认为治理国家需要刑德二柄，刑即法。只不过在儒家看来，道德居于主导地位，刑罚只是辅助手段，故 C 错。

近代的法学家的共识之一是"法律是最低限度的道德"，故 D 错。

第五节 法与宗教

一、宗教对法的影响

推动立法	许多宗教教义实际上都表达了人类的一般价值追求。部分教义被法律吸收，成为立法的基本精神。
影响司法程序	在宗教作为国教与政教合一的地方，宗教法庭直接掌握部分司法权。
	从诉讼审判方式来看，宗教宣誓有助于简化审判程序。
	宗教宣扬的公正观念、诚实观念、容忍、爱心等对司法也有影响；宗教容忍观有利于减少诉讼。

---

[1] 【答案】B

续表

提高守法的自觉性	宗教提倡与人为善、容忍精神等，使公民习惯于循规蹈矩，不为损害他人和社会的行为。宗教对超自然的崇拜、各种精神祭祀等，均使法律蒙上神秘的、超自然的色彩，增加了法律的威慑力。当然，宗教对法律也有消极的影响。由于宗教信仰产生的激情，会导致过分的狂热，某些宗教甚至妨碍司法公正的实现。

二、法对宗教的影响

政教合一国家	法是国教的工具和卫护者。
	法是异教的破坏力量。
现代国家	主要表现为法对本国宗教政策的规定。宗教自由问题最早出现的宪法文件，是1776年美国弗吉尼亚州的权利宣言。

【经典习题】

关于法与宗教的关系，下列哪种说法是错误的？（单选）[1]

A. 法与宗教在一定意义上都属于文化现象

B. 法与宗教都在一定程度上反映了特定人群的世界观和人生观

C. 法与宗教在历史上曾经是浑然一体的，但现代国家的法与宗教都是分离的

D. 法与宗教都是社会规范，都对人的行为进行约束，但宗教同时也控制人的精神

【分析】法与宗教都是社会存在的反映，都是社会意识，属于上层建筑的范畴，并在一定程度上反映了特定人群的世界观和人生观，属于广义的文化现象的组成部分。在社会发展早期，法与宗教是浑然一体的，没有严格分离。但随着社会的发展和进步，法与宗教逐渐分离，二者的调整范围也分离开来。法只规范人的行为，退出了对人的精神领域的调整。而宗教却在规范人们行为的同时，还控制着人的精神。在当今社会，除了政教合一的国家以外，其他国家的法与宗教都严格分离，只有政教合一的国家还把某些宗教教义作为本国法的渊源。根据上述关于法与宗教的关系的一般知识可知，选项A、B、D正确，C项错误。故本题的答案为C。

---

〔1〕【答案】C

宪 法

第一节　宪法的概念

一、宪法的词源

中国	古代的典籍中出现"宪""宪法""宪令"等词语，但含义与近代宪法不同。将"宪法"一词作为根本法使用始于19世纪80年代。郑观应在《盛世危言》中使用"宪法"一词，要求清朝政府制定宪法、开设议院、实行君主立宪政治。	
西方	古代	有关规定城邦组织与权限方面的法律。
		皇帝的诏书、谕旨，以区别于市民会议制定的普通法规则。
		确认教会、封建主以及城市行会势力的特权及他们与国王等关系的法律。如1215年英王约翰颁布的规定英王与贵族、诸侯与僧侣关系的《自由大宪章》等。《自由大宪章》以明文的方式对贵族和自由民的财产权利和人身权利作出了规定，不仅深刻影响了欧洲大陆的法治思想与欧洲文艺复兴时期人文主义思潮，还使宪法词义逐渐发生了变化。
	近代	宪法指根本法。

二、宪法与法律的关系

（一）我国宪法文本中的法律

法律的含义	以"以法律的形式""法律效力"的形式出现时，通常指法的一般特征，即具有一般性、规范性、抽象性、强制性等。如《宪法》序言规定："本宪法以法律的形式确认了中国各族人民奋斗的成果，规定了国家的根本制度和根本任务，是国家的根本法，具有最高的法律效力。"
	宪法和法律、法律与行政法规连在一起使用时，"法律"通常指由全国人大及其常委会制定的法律。如《宪法》第5条第3款规定："一切法律、行政法规和地方性法规都不得同宪法相抵触。"
	宪法文本有时采用了"依照法律规定""依照法律""依照……法律的规定"等表述，此时的"法律"指全国人大及其常委会制定的法律。如《宪法》第2条第3款规定："人民依照法律规定，通过各种途径和形式，管理国家事务，管理经济和文化事业，管理社会事务。"
法律的适用主体	以私人为主体，且是义务性的情况。如《宪法》第55条第2款规定，依照法律服兵役和参加民兵组织是公民的光荣义务。第56条规定，公民有依照法律纳税的义务。
	以国家为主体。如《宪法》第10条第3款规定："国家为了公共利益的需要，可以依照法律规定对土地实行征收或者征用并给予补偿。"

　　帆哥提示　"法律"有广义和狭义之分，狭义的法律仅仅指全国人大及常委会制定的规范性法律文件。

【经典习题】

　　坚持党的事业至上、人民利益至上、宪法法律至上是社会主义法治的必然要求。根据《宪法》规定，对于"宪法法律至上"中"法律"的理解，下列哪一选项是正确的？（单选）[1]

A. 是指具有法的一般特征的规范性文件
B. 是指全国人大制定的基本法律
C. 是指全国人大常委会制定的法律
D. 是指全国人大及其常委会制定的法律

　　分析　《宪法》第5条第3、4、5款规定："一切法律、行政法规和地方性法规都不得同宪法相抵触。一切国家机关和武装力量、各政党和各社会团体、各企业事业组织都必须遵守宪法和法律。一切违反宪法和法律的行为，必须予以追究。任何组织或者个人都不得有超越宪法和法律的特权。"这里的"法律"专指狭义的法律，不包括行政法规、地方性法规等具有法的一般特征的规范性文件，A选项错误。第62条规定，全国人民代表大会制定和修改刑事、民事、国家机构的和其他的基本法律。第67条规定，全国人民代表大会

[1]【答案】D

常务委员会制定除应当由全国人民代表大会制定的法律以外的其他法律。据此，"法律"是指全国人大及其常委会制定的法律，D 选项正确。

（二）宪法与法律的关系

相同的经济基础
国家强制力保证实施
以权利和义务为内容
都具有制裁性

帆哥提示　宪法是法，所以宪法应该和普通法律一样具有一些基本的属性。但是在中国要注意一点，即我国的宪法不具有可诉性，这意味着公民不能以宪法作为起诉和辩护的依据，法院不能以宪法作为裁判案件的根据。

【经典习题】

最高法院印发的《人民法院民事裁判文书制作规范》规定："裁判文书不得引用宪法……作为裁判依据，但其体现的原则和精神可以在说理部分予以阐述。"关于该规定，下列哪一说法是正确的？（单选）[1]

A. 裁判文书中不得出现宪法条文
B. 当事人不得援引宪法作为主张的依据
C. 宪法对裁判文书不具有约束力
D. 法院不得直接适用宪法对案件作出判决

【分析】在我国，宪法不能成为法院裁判案件的直接依据，但是裁判文书中为了论证的需要可以援引宪法条文作为支撑，当事人也可以援引宪法为自己辩护，故 D 对，AB 错。宪法为最高法，法院作出裁判文书的时候不能公然与宪法相抵触，因而宪法对法院的裁判文书具有间接的约束力，故 C 错。

三、宪法的基本特征

1. 宪法不是一般的法，宪法是最高法，是管法的法，作为最高法，宪法有其自身的特征，表现在三个方面：宪法是根本法、是公民权利的保障书，是民主事实法律化的基本形式。

---

[1]【答案】D

2. 宪法的根本性表现在三个方面：

根本性	内容根本	宪法以法律的形式确认了中国各族人民奋斗的成果，规定了国家的根本制度和根本任务，是国家的根本法，具有最高的法律效力。
	效力最高	宪法是制定普通法律的依据，普通法律是宪法的具体化；
		任何普通法律都不得与宪法的内容、原则和精神相违背；
		宪法是一切国家机关、社会团体和全体公民的最高行为准则。
	制、修严格	制定和修改机关往往是依法特别成立的，非普通立法机关。如美国 1787 年宪法是由 55 名代表组成的制宪会议制定。
		通过或批准宪法或者修正案的程序往往严于普通法律，一般要求是制宪机关或立法机关全体成员的绝对多数。
【注意】 效力的最高性和制定修改的严格性是针对成文宪法而言的。不成文宪法在制定和修改的程序和效力上与普通法律相同。			

3. 宪法最主要、最核心的价值在于，它是公民权利的保障书。规范国家权力的有效行使也是为了保障公民的基本权利和自由不受侵犯。1789 年法国《人权宣言》宣布，凡权利无保障和分权未确立的社会就没有宪法。

4. 民主主体的普遍化，是宪法得以产生的前提之一；民主和宪法之间也会出现矛盾和冲突。民主的非理性部分（多数人的暴政）要有宪政来制衡和约束。

📢 帆哥提示　宪法的基本特征：国家根本法、权利保障书、民主法律化。

四、宪法的本质与概念

本质	宪法集中体现各种政治力量的对比关系。
概念	规定国家的根本制度和根本任务、集中体现各种政治力量对比关系、保障公民基本权利的国家根本法。

五、宪法的分类

以有无宪法典为标准	成文宪法是指具有统一法典形式的宪法，有时也叫文书宪法或制定宪法，其最显著的特征在于法律文件上既明确表述为宪法，又大多冠以国名，如《日本国宪法》《法兰西第五共和国宪法》《中华人民共和国宪法》等。十七八世纪自然法学派提出的社会契约论可以说是成文宪法思想的重要渊源之一。1787 年《美利坚合众国宪法》是世界历史上第一部成文宪法，1791 年法国宪法则是欧洲大陆第一部成文宪法。当今世界绝大多数国家的宪法是成文宪法。
	不成文宪法则不具有统一法典的形式，而且散见于多种法律文书、宪法判例和宪法惯例的宪法。不成文宪法最显著的特征在于，虽然各种法律文件并未冠以宪法之名，但却发挥着宪法的作用。世界上不成文宪法国家主要有英国、新西兰、以色列、沙特阿拉伯等少数国家。其中，英国是典型的不成文宪法国家。英国宪法除包括大量宪法惯例和宪法判例外，还包括各个不同历史时期颁布的宪法性文件。

续表

以有无严格的制定、修改机关和程序为标准	刚性宪法是指制定、修改的机关和程序不同于一般法律的宪法。制定或修改宪法的机关不是普通立法机关，而往往是特别成立的机关。制定或者修改宪法的程序通常也严于一般的立法程序。实行成文宪法的国家往往也是刚性宪法的国家。
	柔性宪法是指制定、修改的机关和程序与一般法律相同的宪法。英国即其典型。
以制定机关为标准	钦定宪法是指由君主或以君主的名义制定和颁布的宪法，如1889年日本明治宪法，1908年的《钦定宪法大纲》。
	民定宪法是指由民意机关或者由全民公决制定的宪法。民定宪法奉行人民主权原则，至少在形式上强调以民意为依归，以民主政体为价值追求。当今世界上多数国家的宪法都属于这一类。
	协定宪法则指由君主与国民或者国民的代表机关协商制定的宪法。协定宪法往往是阶级妥协的产物。1215年英国《自由大宪章》就是英王约翰在贵族、教士、骑士和城市市民的强大压力下签署的；1830年法国宪法就是在1830年革命中，国会同国王路易·菲利浦共同颁布的。

【经典习题】

成文宪法和不成文宪法是英国宪法学家提出的一种宪法分类。关于成文宪法和不成文宪法的理解，下列哪一选项是正确的？（单选）[1]

A. 不成文宪法的特点是其内容不见于制定法

B. 宪法典的名称中必然含有"宪法"字样

C. 美国作为典型的成文宪法国家，不存在宪法惯例

D. 在程序上，英国不成文宪法的内容可像普通法律一样被修改或者废除

分析 成文法与不成文的区别在于是否具有统一的宪法典，而不在于是否具有制定法，事实上不成文宪法的内容主要体现在宪法性文件中，宪法性文件就是制定法。故A错。

宪法典的名称中一般带有"宪法"字样，但是有些国家的宪法典中就不含"宪法"二字，比如德国的宪法就叫《德意志联邦共和国基本法》，故B错。

成文宪法国家也存在宪法惯例，美国也不例外，故C错。

不成文宪法无论在效力、还是在制定和修改的程序上和普通法律相同。故D对。

---

[1]【答案】D

六、宪法的制定

制宪权与修宪权	人民作为制宪主体是现代宪法发展的基本特点。
	最早系统提出制宪权概念并建立理论体系的是法国学者西耶斯。
	人民作为制宪主体并不意味着人民直接参与制宪的过程。为了制定宪法，各国通常根据制宪的需要，成立各种形式的制宪机构。
	修宪权是依据制宪权而产生的权力形态。制宪权与修宪权是两种不同性质的权力。修宪权受制宪权的约束，不得违背制宪权的基本精神和原则。而与立法权、行政权、司法权相比较，制宪权、修宪权属于根源性的国家权力，即能够创造其他具体组织性国家权力的权力。
制宪的程序	设立制宪机关。制宪机关通常有宪法的起草机关和宪法的通过机关。
	提出宪法草案。
	通过宪法草案。通常需要机关的 2/3 或 3/4 以上多数通过。
	公布宪法。由国家元首或代表机关公布。我国 1954 年宪法是第一届全国人民代表大会第一次会议以全国人民代表大会公告的形式公布，自通过之日起生效。

【经典习题】

宪法的制定是指制宪主体按照一定程序创制宪法的活动。关于宪法的制定，下列哪一选项是正确的？（单选）[1]

A. 制宪权和修宪权是具有相同性质的根源性的国家权力

B. 人民可以通过对宪法草案发表意见来参与制宪的过程

C. 宪法的制定由全国人民代表大会以全体代表的 2/3 以上的多数通过

D. 1954 年《宪法》通过后，由中华人民共和国主席根据全国人民代表大会的决定公布

[分析] 修宪权是依据制宪权而产生的权力形态。制宪权与修宪权是两种不同性质的权力。修宪权受制宪权的约束，不得违背制宪权的基本精神和原则。而与立法权、行政权、司法权相比较，制宪权、修宪权属于根源性的国家权力，即能够创造其他具体组织性国家权力的权力。二者性质不同，但都是根源性的国家权力，基于此 A 项的表述错误。

人民作为制宪主体是现代宪法发展的基本特点。最早系统提出制宪权概念并建立理论体系的是法国学者西耶斯。人民作为制宪主体并不意味着人民直接参与制宪的过程。为了制定宪法，各国通常根据制宪的需要，成立各种形式的制宪机构，如制宪会议、国民会议、立宪会议等。人民可以通过对宪法草案发表意见来参与制宪的过程。故 B 项的说法正确。

我国宪法并没有对宪法草案的通过程序进行规定，只是规定了宪法修正案的通过程序。故 C 项的说法错误。

1954 年召开的第一届人大第一次会议是我国的制宪机关。《宪法》通过后，以全国人

---

[1]【答案】B

民代表大会公告的形式予以公布，自通过之日起生效。故 D 项的说法错误。

第二节　宪法的历史

一、近代意义上宪法产生的条件

经济条件	商品经济的普遍发展。当商品经济普遍发展成为资本主义社会的基本经济结构时，自由竞争与平等交换的经济要求必然要通过国家的基本政治制度反映出来。因此，当资产阶级建立国家政权后，便通过宪法的形式，确立资产阶级民主制度，以适应资本主义政治和经济的发展。
政治条件	资产阶级革命的胜利、资产阶级国家政权的建立和以普选制、议会制为核心的民主制度的形成，为近代宪法的产生提供了政治条件。
思想条件	资产阶级启蒙思想家提出的民主、自由、平等、人权和法治等理论，为近代宪法的产生奠定了思想基础。

二、新中国宪法的产生及修改

1. 新中国成立后，《中国人民政治协商会议共同纲领》起到了临时宪法的作用。1954 年制定了新中国的第一部社会主义类型的宪法。此后进行了 3 次全面修宪（1975 年、1978 年、1982 年）和 7 次部分修宪。

2. 1982 年宪法是我国的现行宪法，由序言和正文两部分构成，正文为：总纲，公民的基本权利和义务，国家机构，国旗、国徽、国歌、首都，共 143 条。

　　🛥帆哥提示　1982 年宪法结构记忆口诀：序言加总纲，公基国机唱国歌。

3. 1982 年宪法主要进步有：以四项基本原则为指导思想；进一步完善国家机构体系，扩大全国人大常委会的职权；扩大公民权利和自由的范围，恢复"公民在法律面前人人平等"原则；废除了国家机关领导职务的终身制；确认经济改革的成果，如发展多种经济形式，扩大企业的自主权等；完善民族区域自治制度；规定特别行政区制度。

4. 1978 年宪法的 2 次修改

1979 年	县级及县级以上各级人大设常委会
	县级人大代表由选民直接选举产生
	改地方各级革命委员会为地方各级人民政府
	检察院上下级由监督关系改为领导关系
1980 年	取消了原第 45 条公民有运用"大鸣、大放、大辩论、大字报"的权利

5. 现行宪法的 5 次修改

（1）1988 年

第 1 修正案	国家允许私营经济在法律规定的范围内存在和发展。私营经济是社会主义公有制经济的补充。国家保护私营经济的合法权利和利益，对私营经济实行引导、监督和管理。
第 2 修正案	土地的使用权可以依照法律的规定转让。

🚢 帆哥提示

1. 1988 年是我国第 1 次采用宪法修正案的形式修改宪法。

2. 记忆口诀：转让土地使用权，私营补充引监管。

（2）1993 年

第 3 修正案	"正处于社会主义初级阶段""建设有中国特色社会主义""坚持改革开放"
第 4 修正案	中国共产党领导的多党合作和政治协商制度将长期存在和发展
第 5 修正案	"国营经济"改为"国有经济"
第 6 修正案	确立家庭联产承包责任制作为农村集体经济组织的基本形式
第 7 修正案	国家实行社会主义市场经济，加强经济立法，完善宏观调控
第 8 修正案	把原宪法第 16 条的"国营企业"改为"国有企业"
第 9 修正案	废除"集体经济组织受国家计划指导"
第 10 修正案	把原宪法第 42 条第 3 款的"国营企业"改为"国有企业"
第 11 修正案	把县级人民代表大会的任期由 3 年改为 5 年

🚢 帆哥提示　记忆口诀：共有五包正经县上。

（3）1999 年

第 12 修正案	长期处在社会主义初级阶段、邓小平理论指引下发展社会主义市场经济
第 13 修正案	中华人民共和国实行依法治国，建设社会主义法治国家
第 14 修正案	国家在社会主义初级阶段，坚持公有制为主体、多种所有制经济共同发展的基本经济制度，坚持按劳分配为主体、多种分配方式并存的分配制度
第 15 修正案	农村集体经济组织实行家庭承包经营为基础、统分结合的双层经营体制
第 16 修正案	非公有制经济是社会主义市场经济的重要组成部分。国家保护个体经济、私营经济的合法的权利和利益，对其实行引导、监督和管理
第 17 修正案	将镇压"反革命活动"修改为镇压"危害国家安全的犯罪活动"

🚢 帆哥提示　记忆口诀：劳公非礼，引监管了，危险啊，治等分手。

（4）2004 年

第 18 修正案	在"三个代表"重要思想指引下，推动物质文明、政治文明、精神文明协调发展。
第 19 修正案	在序言关于爱国统一战线组成结构的表述中增加"社会主义事业的建设者"。
第 20 修正案	为了公共利益的需要，可以依照法律规定对土地实行征收或者征用并给予补偿。
第 21 修正案	鼓励、支持和引导非公有制经济的发展，并依法实行监督和管理。
第 22 修正案	合法私有财产不受侵犯，可基于公共利益的需要依照法律规定征收征用并给予补偿。
第 23 修正案	建立健全同经济发展水平相适应的社会保障制度。
第 24 修正案	国家尊重和保障人权。
第 25 修正案	全国人大中增加港澳特别行政区选出的人大代表。
第 26 修正案	原宪法第 67 条的"戒严"改为"紧急状态"。
第 27 修正案	原宪法第 80 条的"戒严"改为"紧急状态"。
第 28 修正案	第 81 条国家主席职权中，增加"进行国事活动"的规定。
第 29 修正案	原宪法第 89 条的"戒严"改为"紧急状态"。
第 30 修正案	乡级人大的任期由 3 年改为 5 年。
第 31 修正案	在宪法中增加关于国歌的规定。

　　📢 帆哥提示　记忆口诀：国事紧急，三建客特地要征土私，歌要鼓励支持保障社会人权五年。

（5）2018 年

2018 年，对现行宪法进行了第 5 次修改，通过了第 32 ～ 52 条修正案，其主要内容为：

1	序言第 7 自然段增加"科学发展观、习近平新时代中国特色社会主义思想。""健全社会主义法制修"改为"健全社会主义法治"，写入"贯彻新发展理念"和"社会文明、生态文明"，写入"把我国建设成为富强民主文明和谐美丽的社会主义现代化强国，实现中华民族伟大复兴"。
2	序言第 10 自然段"在长期的革命和建设过程中"修改为"在长期的革命、建设、改革过程中"，在爱国统一战线的组成中增加"致力于中华民族伟大复兴的爱国者"
3	序言第 11 自然段有关社会主义民族关系增加"和谐"，第 4 条各民族关系也增加"和谐"。
4	序言第 12 自然段中"中国革命和建设"修改为"中国革命、建设、改革"，在对外政策中增加"坚持和平发展道路，坚持互利共赢开放战略""推动构建人类命运共同体"。
5	第 1 条增加规定：中国共产党领导是中国特色社会主义最本质的特征。
6	第 24 条增加规定：国家倡导社会主义核心价值观。
7	第 27 条增加规定：国家工作人员就职时应当依照法律规定公开进行宪法宣誓。
8	第 79 条国家主席、副主席任期删去：连续任职不得超过两届。

续表

9	第100条增加规定：设区的市的人民代表大会和它们的常务委员会，在不同宪法、法律、行政法规和本省、自治区的地方性法规相抵触的前提下，可以依照法律规定制定地方性法规，报本省、自治区人民代表大会常务委员会批准后施行。
10	在第三章国家机构中增加："监察委员会"作为第七节，并对第3、62、63、65、67、89、101、103、104、107 条相应修改，各级监察委员会是国家的监察机关，依照法律规定独立行使监察权，监察机关由人大产生、对它负责、受它监督，各级人大常委会组成人员不得担任监察机关的职务。
11	第70条规定的全国人大专门委员会"法律委员会"改为"宪法和法律委员会"。

【经典习题】

我国宪法明确规定："国家为了公共利益的需要，可以依照法律规定对公民的私有财产实行征收或者征用并给予补偿。"关于公民财产权限制的界限，下列选项正确的是：（不定项）[1]

A. 对公民私有财产的征收或征用构成对公民财产权的外部限制

B. 对公民私有财产的征收或征用必须具有明确的法律依据

C. 只要满足合目的性原则即可对公民的财产权进行限制

D. 对公民财产权的限制应具有宪法上的正当性

分析 对公民财产权的限制不但要符合公共利益的需要，而且要有法律依据，符合法定程序，基于此，C 项的说法错误。其余三项正确。

第三节　宪法的基本原则

一、人民主权原则

概念与历史发展	主权是指国家的最高权力。人民主权是指国家中绝大多数人拥有国家的最高权力。
	从 1776 年美国《独立宣言》宣布政府的正当权力须得自被统治者的同意、1789 年法国《人权宣言》宣布整个主权的本原主要是寄托于国民以来，西方国家宪法在形式上一般都承认人民主权，并将其作为资产阶级民主的一项首要原则。
	社会主义国家宪法普遍规定了"一切权力属于人民"的原则，实质上也就是人民主权。

---

[1] 【答案】ABD

续表

在宪法中的体现	《宪法》第1条第1款规定："中华人民共和国是工人阶级领导的、以工农联盟为基础的人民民主专政的社会主义国家。"第2条第1款规定："中华人民共和国的一切权力属于人民。"
	宪法规定了人民主权的具体实现形式与途径。如第2条第2、3款规定："人民行使国家权力的机关是全国人民代表大会和地方各级人民代表大会。""人民依照法律规定，通过各种途径和形式，管理国家事务，管理经济和文化事业，管理社会事务。"
	宪法对公民基本权利和义务的规定也是人民主权原则的具体体现。
	为了体现人民主权原则，宪法规定了选举的基本原则和主要程序。

【经典习题】

我国《宪法》规定了"一切权力属于人民"的原则。关于这一规定的理解，下列选项正确的是：（不定项）[1]

A. 国家的一切权力来自并且属于人民

B. "一切权力属于人民"仅体现在直接选举制度之中

C. 我国的人民代表大会制度以"一切权力属于人民"为前提

D. "一切权力属于人民"贯穿于我国国家和社会生活的各领域

【分析】国家的一切权力属于人民。人民行使权力的机构是各级人大。人大代表由人民直接或间接选举产生，对人民负责，接受人民的监督。其他国家机构都是由人大产生并要对人大负责。选举人大代表无论是直接还是间接选举都体现了人民主权原则，故B错。其余三项的说法完全正确。

二、基本人权原则

概念与发展	人权是指作为一个人所应该享有的权利。人权的主体是"人"，首先是指自然意义上的人。就人权最原始的意义而言，它在本质上首先属于应有权利、道德权利。
	十七八世纪，西方的资产阶级启蒙思想家提出了"天赋人权"学说，强调人人生而平等，享有生命权、自由权、追求幸福和财产的权利。资产阶级革命胜利后，人权逐渐被政治宣言和宪法确认为基本原则。
在宪法中的体现	从《共同纲领》开始，我国历部宪法都规定公民的基本权利与义务，特别是2004年将"国家尊重和保障人权"写入宪法后，基本人权原则成为国家的基本价值观。
	我国《宪法》还规定了公民参与国家政治生活的权利和自由、人身自由和宗教信仰自由、社会经济文化方面的权利等基本权利。

---

[1]　【答案】ACD

三、法治原则

概念和历史发展	法治是指统治阶级按照民主原则把国家事务法律化、制度化，并严格依法进行管理的一种方式。其基本价值是限制国家权力、保障人权。法治思想的核心在于依法治理国家，法律面前人人平等，反对任何组织和个人享有法律之外的特权。
	十七八世纪的资产阶级启蒙思想家十分重视法治的意义。如洛克认为，政府应该以正式公布的既定法律来进行统治，这些法律不论贫富、不论权贵和庄稼人都一视同仁，并不因特殊情况而有出入。潘恩认为，在专制政府中国王便是法律，同样的，在自由国家中法律便应该成为国王。
	资产阶级革命胜利后，资本主义国家普遍在其宪法规定和政治实践中贯彻了法治精神。《人权宣言》宣布："法律是公共意志的体现，全国人民都有权亲身或经由其代表去参与法律的制定。法律对于所有的人，无论是施行保护或处罚都是一样的。在法律面前所有的公民都是平等的，故他们都能平等地按其能力担任一切官职，除德行和才能的差别外不应有其他差别。"
	以自由、平等与正义的实现为基本内容的法治国家理念可追溯到古罗马时代。到了18世纪，法治国家作为与自由主义宪法国家相同的概念，形成了自身的理论体系，其内容包括：国家的活动必须依照法律进行；为了保护基本权利，需要在宪法上建立独立的法院体系；国家权力的活动应限于人的自由保护领域等。
	自19世纪以后，法治国家进入到市民的法治国家阶段，即以市民社会为基础建立法治国家基础，如成文宪法的制定、权力的分立、基本人权的保障、国家赔偿制度的建立、行政的合法性、宪法裁判制度的建立等都是市民社会中法治发挥的功能。
	第二次世界大战后，随着宪政理念的变化，以正义、平等与自由价值为基础的法治概念成为法治国家的实质内容，成为区分一般法律国家概念的价值体系。
在我国《宪法》中的体现	我国《宪法》第5条第1款规定："中华人民共和国实行依法治国，建设社会主义法治国家。"其中的"法治国家"既包括实质意义的法治内涵，也包括形式意义的法治要素。
	在我国宪法文本中，"法治国家"是政治共同体依照法律治理国家生活的原则、规则与未来指向性的价值体系，其实质要素包括人的尊严、自由和平等，形式要素包括法律至上、人权保障与权力制约。
	从宪法文本的规范体系来看，"法治国家"包含法治社会。

四、权力制约原则

概念与历史发展	权力制约原则是指国家权力的各部分之间相互监督、彼此牵制，从而保障公民权利。它既包括公民权利对国家权力的制约，也包括国家权力相互之间的制约。
	在资本主义国家的宪法中，权力制约原则主要表现为分权原则；而在社会主义国家的宪法中，权力制约原则主要表现为监督原则。
	分权原则亦称权力分立原则、分权制衡原则。分权是指把国家权力分为若干部分，分别由不同的国家机关独立行使；制衡则是指这些国家机关在行使权力的过程中，保持一种互相牵制和互相平衡的关系。1787年美国宪法就按照典型的分权制衡原则确立了国家的政权体制。法国《人权宣言》则称"凡权利无保障和分权未确立的社会，就没有宪法"。受美、法等国的影响，各资本主义国家的宪法均以不同形式确认了分权原则。
	社会主义国家的监督原则是由第一个无产阶级专政政权巴黎公社首创的。后来被社会主义国家普遍确定为一项民主原则，并在各国宪法中作出了明确规定。
在我国《宪法》中的体现	《宪法》规定了人民对国家权力活动进行监督的制度，如规定"全国人民代表大会和地方各级人民代表大会都由民主选举产生，对人民负责，受人民监督""国家行政机关、监察机关、审判机关、检察机关都由人民代表大会产生，对它负责，受它监督"等。
	《宪法》规定了公民对国家机关及其公务员的监督权，规定"中华人民共和国公民对于任何国家机关和国家工作人员，有提出批评和建议的权利"。
	《宪法》规定了不同国家机关之间、国家机关内部不同的监督形式。如第140条规定"人民法院、人民检察院和公安机关办理刑事案件，应当分工负责，互相配合，互相制约，以保证准确有效地执行法律"。

【经典习题】

权力制约是依法治国的关键环节。下列哪些选项体现了我国《宪法》规定的权力制约原则？（多选）[1]

A. 全国人大和地方各级人大由民主选举产生，对人民负责，受人民监督

B. 法院、检察院和公安机关办理刑事案件，应当分工负责，互相配合，互相制约

C. 地方各级人大及其常委会依法对"一府两院"监督

D. 法院对法律合宪性审查

【分析】我国《宪法》第3条第2款："全国人民代表大会和地方各级人民代表大会都由民主选举产生，对人民负责，受人民监督。"选项A正确。

我国《宪法》第140条规定："人民法院、人民检察院和公安机关办理刑事案件，应当分工负责，互相配合，互相制约，以保证准确有效地执行法律。"选项B正确。

我国《宪法》第3条第3款："国家行政机关、监察机关、审判机关、检察机关都由人民代表大会产生，对它负责，受它监督。"选项C正确。

我国属于立法机关来保障宪法实施的模式，由全国人大及其常委会监督宪法的实施，

---

[1]【答案】ABC

审查各种法律文件的合宪性，法院无权对法律合宪性进行审查。选项 D 错误。

第四节　宪法的基本功能

一、宪法的一般功能

宪法的功能	确认	确认宪法赖以存在的经济基础，宪法的性质和内容取决于经济基础的性质。
		确认国家权力的归属，使统治阶级的统治地位得到合法化。
		确认国家法制统一的原则，为法律体系的协调发展提供统一的基础。
		确认社会共同体的基本价值目标与原则，为社会共同体的发展提供统一的价值体系。
	保障	宪法对民主制度和人权的发展提供有效的保障。其中人权保障是最核心的内容与原则。
	限制	宪法一方面是授权法，确立合理地授予国家权力的原则与程序，使国家权力的运行具有合宪性。而另一方面又是限权法，规定限制国家权力行使的原则与程序，确立所有公权力活动的界限。
	协调	在制定和实施宪法的过程中，由于利益分配的不平衡和主体的利益的多元化，人们可能产生不同的利益需求。宪法能够以合理的机制平衡利益，寻求多数社会成员普遍认可的规则，以此作为社会成员普遍遵循的原则。对少数人利益的保护，宪法也规定了相应的救济制度。

二、宪法在建设社会主义法治国家中的作用

（一）宪法在立法中的作用

确立了社会主义法律体系的基本目标。	
确立了立法统一的基础	立法要体现社会主义初级阶段的基本要求，不能超越社会发展所提供的条件与背景。
	立法要体现宪法的指导思想，为社会生活提供基本的价值体系与规则。
	立法要遵循社会发展平衡原则，确立统一协调、平衡发展的立法发展目标。
	立法要体现民主原则，扩大立法的民主基础，使民意通过立法过程得到充分体现。
科学的法律体系的建立是实现宪法原则的基本形式之一。	
宪法确立了解决法律内部冲突的基本机制。	
宪法是立法体制发展与完善的基础与依据。	

（二）宪法在执法中的作用

宪法是执法的基础与原则。一切执法活动不能违反宪法的原则与具体规定。宪法在执法过程中的功能首先表现在对特定法律人宪法意识的培养。为了培养宪法意识，我国确立了宪法宣誓制度。

（三）宪法在司法、守法中的作用

司法	宪法是审判权和检察权的来源，是人民法院和人民检察院活动的基本准则。
	宪法和法律规定了司法机关进行活动的基本原则。
	法官和检察官的宪法意识对法治的发展产生重要影响。
守法	认真遵守宪法、树立宪法权威是提高守法意识的重要途径。

帆哥提示　宪法不能成为法官裁判案件的直接依据，但是宪法仍然对司法活动产生间接的约束作用。

【经典习题】

关于宪法在立法中的作用，下列哪一说法是不正确的？（单选）[1]

A. 宪法确立了法律体系的基本目标

B. 宪法确立了立法的统一基础

C. 宪法规定了完善的立法体制与具体规划

D. 宪法规定了解决法律体系内部冲突的基本机制

分析　宪法在对国家机构职权的规定中确立了基本的立法体制，但并未确立具体的立法规划，具体事项由部门法来规制。选项 C 错误。其余选项正确。

第五节　宪法的渊源与结构

一、宪法的渊源

宪法典	**成文国家宪法** 的主要渊源。
宪法性法律	无论是成文宪法国家还是不成文宪法国家，都存在宪法性法律。但是功能不一样：（1）在成文宪法国家，宪法性法律是指普通立法机关为**执行宪法典**而制定的规范性法律文件。（2）在不成文宪法国家，宪法性法律是其**宪法的主体**。
宪法惯例	宪法惯例特征有三：（1）没有具体、明确的法律形式；（2）内容涉及一个国家的根本制度、公民的基本权利和义务等宪法问题；（3）依靠**社会舆论**保证实施。
宪法判例	主要存在于**英美法系**。有两种情况：（1）在不成文宪法国家，法院在宪法性法律没有明确规定的情况下，就有关宪法问题所作的判决是宪法的表现形式之一。（2）在成文宪法国家，法院没有创制宪法规范的权力，但是有宪法解释权的法院基于具体案件对宪法的解释对下级法院有拘束力。
国际条约	国际条约能否成为一国宪法的渊源，**取决于一国的认可**。美国宪法第 6 条规定，美国缔结和即将缔结的条约是美国的最高法律，每个州的法官都应该受其约束。

---

[1]【答案】C

【经典习题】

宪法的渊源即宪法的表现形式。关于宪法渊源，下列哪一表述是错误的？（单选）[1]

A. 一国宪法究竟采取哪些表现形式，取决于历史传统和现实状况等多种因素

B. 宪法惯例实质上是一种宪法和法律条文无明确规定、但被普遍遵循的政治行为规范

C. 宪法性法律是指国家立法机关为实施宪法典而制定的调整宪法关系的法律

D. 有些成文宪法国家的法院基于对宪法的解释而形成的判例也构成该国的宪法渊源

【分析】 宪法的渊源就是宪法的表现形式。综观世界各国，宪法的渊源主要有宪法典、宪法性法律、宪法惯例、宪法判例、国际条约和国际习惯等。一国或一国不同历史时期的宪法究竟采取哪些渊源形式，则取决于本国的历史传统和现实政治状况等综合因素。故 A 项的说法正确。

根据上文，B、D 项的说法正确。C 选项的表述忽视了不成文宪法的存在，因而失之偏颇。

二、宪法典的结构

序言	大多数宪法有序言。从形式上看，各国宪法序言的长短不尽相同。宪法序言规定的内容是多种多样的，其基本特点是体现了宪法基本理念和精神，有助于人们从整体上把握宪法的内容和基本精神。宪法序言的内容通常涉及制宪权的来源、宪法性质、国家独立、正义与和平价值的阐述、社会和公共利益的维护、民族主义价值等不同的理念。
	我国宪法的序言主要包括如下内容：①历史发展的叙述；②规定了国家的根本任务；③规定了国家的基本国策；④规定了宪法的根本法地位和最高效力。
正文	我国现行宪法正文的排列顺序是：总纲，公民的基本权利与义务、国家机构、国旗、国徽、国歌和首都。新中国成立后的前三部宪法均将国家机构置于公民的基本权利和义务之前，1982 年宪法调整了这种结构，将公民的基本权利和义务一章提到国家机构之前。这一调整充分表明，对公民权利的保护居于宪法的核心地位，合理定位了公民与国家之间的关系；符合人民主权原则。
附则	附则是宪法的一部分，其法律效力与一般条文相同，并具有特定性和临时性的特点。我国宪法无附则。

【经典习题】

综观世界各国成文宪法，结构上一般包括序言、正文和附则三大部分。对此，下列哪一表述是正确的？（单选）[2]

A. 世界各国宪法序言的长短大致相当

B. 我国宪法附则的效力具有特定性和临时性两大特点

C. 国家和社会生活诸方面的基本原则一般规定在序言之中

D. 新中国前三部宪法的正文中均将国家机构置于公民的基本权利和义务之前

[1] 【答案】C
[2] 【答案】D

【分析】宪法典一般由三部分构成：序言、正文、附则。大多数国家的宪法都有序言，有的国家宪法序言短，比如说美国，有的国家宪法序言长，比如中国、朝鲜。故 A 错。

我国现行宪法由序言和正文两部分构成，没有附则。序言由四个部分构成：历史发展的叙述、我国的根本任务、国家的基本政策、宪法的根本法地位和最高效力。正文有四章构成：总纲；公民的基本权利和义务；国家机构；国旗、国歌、国徽、首都。国家和社会生活诸方面的基本原则规定在总纲之中。故 BC 项的表述都错。

1954 年、1975 年、1978 年三部宪法均将国家机构置于公民的基本权利和义务之前，故 D 的说法正确。

第六节　宪法规范

概念		由国家制定或认可的、宪法主体参与国家和社会生活最基本社会关系的行为规范。
特点	根本性	规定国家生活中的根本性问题。
	最高性	效力最高，是最根本的行为规范。
	原则性	只规定有关问题的基本原则。
	纲领性	表达了对未来目标的追求。
	稳定性	具有相对的稳定性
分类	确认性规范	确立具体的宪法制度和权力关系，以肯定性的规范存在为其主要特征。确认性规范依其作用的特点，又可分为宣言性规范、组织性规范、授权性规范等形式。如调整性规范主要涉及国家基本政策的调整，组织性规范主要涉及国家政权机构的建立与具体的职权范围等。宪法中有关国家机构部分主要体现组织性规范的要求。
	禁止性规范	禁止性规范是指对特定的主体或行为的一种限制，也称其为强行性规范。这类规范对于宪法的实现起着十分重要的作用，集中表现了宪法的法属性。在我国宪法中，禁止性规范主要以"禁止""不得"等形式加以表现，这类规范虽数量不多，但产生的影响较大。如我国《宪法》第 65 条规定，"全国人大常委会的组成人员不得担任国家行政机关、监察机关、审判机关和检察机关的职务"，第 12 条第 2 款规定，"国家保护社会主义的公共财产。禁止任何组织或者个人用任何手段侵占或者破坏国家的和集体的财产"。
	权利性规范与义务性规范	这类规范主要是在调整公民基本权利与义务过程中形成的，同时为行使权利与履行义务提供了依据。我国《宪法》中的权利性规范与义务性规范可分为：（1）权利性规范。宪法赋予特定主体以权利，使之具有权利主体资格。（2）义务性规范，集中表现在公民应该履行的基本义务。（3）宪法中的权利性规范和义务性规范相结合为一体。如《宪法》规定，我国公民有劳动的权利和义务、有受教育的权利和义务。
	程序性规范	程序性规范具体规定宪法制度运行过程的程序，主要涉及国家机关活动程序方面的内容。

【经典习题】

关于宪法规范，下列哪一说法是不正确的？（单选）[1]

A. 具有最高法律效力

B. 在我国的表现形式主要有宪法典、宪法性法律、宪法惯例和宪法判例

C. 是国家制定或认可的、宪法主体参与国家和社会生活最基本社会关系的行为规范

D. 权利性规范与义务性规范相互结合为一体，是我国宪法规范的鲜明特色

【分析】宪法判例不是我国宪法的表现形式，故 B 错误。其他选项正确。

第七节　宪法的效力

一、宪法效力的概念

概念	宪法的效力是指宪法作为法律规范所发挥的约束力与强制性。宪法主要调整国家与公民的关系，其效力范围直接涉及国家权力的活动领域。
最高效力的基础	宪法制定权的正当性。指产生宪法的国家权力是否获得正当性基础，具体表现为国家权力的获得与组织的合法性。宪法正当性决定于国家权力的合法性。
	宪法内容的合理性。宪法正当性取决于内容的合理性，即宪法上规定的内容要正确地反映一国的实际情况，包括历史传统、现实要求与权力平衡状况。通常宪法中表现的基本价值具有一定的客观性，并反映民众、时代与历史经验的要求。
	宪法程序的正当性。合理地确定宪法内容固然重要，但程序是否完备对宪法内容的实现也产生不可忽视的影响。

二、宪法效力的表现

效力的特点	宪法效力具有最高性与直接性。在整个法律体系中，宪法效力是最高的，不仅成为立法的基础，同时对立法行为与依据宪法进行的各种行为产生直接的约束力。我国宪法序言规定了宪法效力的最高性。

---

[1]【答案】B

续表

对人的适用	中华人民共和国宪法适用于所有中国公民。华侨属于中国公民。公民指的是具有一个国家国籍的人。我国不承认双重国籍。
	关于国籍我国采取出生地主义和血统主义相结合的原则： （1）父母双方或一方为中国公民，本人出生在中国，具有中国国籍，但父母双方或一方为中国公民并定居在国外，本人出生时即具有外国国籍的，不具有中国国籍； （2）父母无国籍或国籍不明，定居在中国，本人出生在中国，具有中国国籍； （3）外国人或无国籍人，愿意遵守中国宪法和法律，并具有下列条件之一的，可申请批准加入中国国籍：中国人的近亲属；定居在中国的；有其他正当理由； （4）经批准加入中国国籍的公民，不再保留外国国籍，中国公民如果自愿加入或取得外国国籍的，则自动丧失中国国籍。
	外国人和法人在一定的条件下也能成为某些基本权利的主体，在其享有基本权利的范围内，宪法效力适用于外国人和法人的活动。
对领土的效力	领土包括一个国家的陆地、河流、湖泊、内海、领海以及它们的底床、底土和上空（领空），是主权国管辖的国家全部疆域。领土是国家的构成要素之一，是国家行使主权的空间，也是国家行使主权的对象。
	任何一个主权国家的宪法的空间效力都及于国土的所有领域，这是由主权的唯一性和不可分割性所决定的，也是由宪法的根本法地位所决定的。
	由于宪法本身的综合性和价值多元性，宪法在不同领域的适用上是有所差异的。例如，在不同的经济形态之间、在普通行政区和民族自治地方之间自然有所区别，但这种区别绝不是说宪法在某些区域有效力而在有些区域没有效力。根据宪法效力理论，任何组成部分上的特殊性并不意味着对这个整体的否定，宪法作为整体的效力及于中华人民共和国的所有领域。

　　📣帆哥提示　外国人和法人也可以成为某些基本权利的主体，比如财产权。我国现行宪法也明确规定保护外国人的合法权益。

三、宪法与条约的关系

在宪法与条约的关系上，各国的规定不尽相同，如有的国家规定"条约高于宪法"，认为宪法是一个国家的国内法，与作为国际法的条约有不同的性质。
我国现行宪法文本没有规定宪法与条约的关系，但宪法序言表明了基本的原则，即我国以和平共处五项基本原则为基础，发展同各国的外交关系和经济、文化的交流。

【经典习题】

关于宪法效力的说法，下列选项正确的是：（不定项）[1]

A. 宪法修正案与宪法具有同等效力

———————————

[1]【答案】ACD

B. 宪法不适用于定居国外的公民

C. 在一定条件下，外国人和法人也能成为某些基本权利的主体

D. 宪法作为整体的效力及于该国所有领域

【分析】宪法修正案具有和宪法正文同等效力，故 A 正确。

定居在国外的中国公民是华侨。我国《宪法》第 50 条规定："中华人民共和国保护华侨的正当的权利和利益，保护归侨和侨眷的合法的权利和利益。"故 B 错误。

《宪法》第 32 条规定："中华人民共和国保护在中国境内的外国人的合法权利和利益，在中国境内的外国人必须遵守中华人民共和国的法律。中华人民共和国对于因为政治原因要求避难的外国人，可以给予受庇护的权利。"故 C 正确。

任何一个主权国家的宪法的空间效力都及于国土的所有领域，这是由主权的唯一性和不可分割性所决定的，也是由宪法的根本法地位所决定的。故 D 正确。

第二章
国家基本制度

第一节　人民民主专政

一、人民民主专政的内涵和性质

内涵	工人阶级成为国家政权的领导力量是人民民主专政的根本标志。
	人民民主专政的国家政权以工农联盟为阶级基础。
	人民民主专政是对人民实行民主与对敌人实行专政的统一。
性质	根据现行《宪法》序言的规定，工人阶级领导的、以工农联盟为基础的人民民主专政，性质上即无产阶级专政。

二、我国人民民主专政的主要特色

政党制度	1993 年《宪法修正案》规定："中国共产党领导的多党合作和政治协商制度将长期存在和发展。"2018 年《宪法修正案》规定："中国共产党领导是中国特色社会主义最本质的特征。"
	中国共产党是社会主义事业的领导核心，是执政党；各民主党派是接受中国共产党领导的、同中国共产党通力合作、共同致力于社会主义事业的亲密友党，是参政党。
	坚持中国共产党的领导，坚持四项基本原则，是合作的政治基础；"长期共存、互相监督、肝胆相照、荣辱与共"是合作的基本方针。中国共产党对各民主党派的领导是政治领导，即政治原则、政治方向和重大方针政策的领导。同时，各民主党派有在宪法规定范围内的政治自由、组织独立和法律地位平等的权利。
爱国统一战线	爱国统一战线是由中国共产党领导的，由各民主党派和各人民团体参加的，包括全体社会主义劳动者、社会主义事业的建设者、拥护社会主义的爱国者和拥护祖国统一和致力于中华民族伟大复兴的爱国者的广泛的政治联盟。
	爱国统一战线的组织形式是中国人民政治协商会议。
	政协不是国家机关，但是它同我国国家权力机关的活动有着极为密切的联系。全国人民代表大会召开会议的时候，中国人民政治协商会议全国委员会的委员列席，听取政府工作报告或参加对某项问题的讨论；在必要的时候，全国人大常委会和政协全国常委会可以举行联席会议商讨有关事项等。
	政协也不同于一般的人民团体，它是在我国政治体制中具有重要地位和影响的政治性组织，是在我国政治生活中发展社会主义民主和实现各党派之间互相监督的重要形式。
	政协由党派团体和界别代表组成，代表由各党派团体协商产生。

🚢帆哥提示 爱国统一战线的组成：劳、建、爱，爱国者分三部：拥统、拥社、复兴者。

【经典习题】

我国《宪法》序言规定："中国共产党领导的多党合作和政治协商制度将长期存在和发展。"关于中国人民政治协商会议，下列选项正确的是：（不定项）[1]

A. 由党派团体和界别代表组成，政协委员由选举产生

B. 全国政协委员列席全国人大的各种会议

C. 是中国共产党领导的多党合作和政治协商制度的重要机构

D. 中国人民政治协商会议全国委员会和各地方委员会是国家权力机关

【分析】人民政协不是国家机关，它由党派团体和界别代表组成，政协委员会不是由选举产生，而是由各党派团体协商产生，故 A、D 错。

全国政协委员可被邀请列席全国人大的全体会议，而不是各种会议，故 B 错。

政协是中国人民爱国统一战线组织，是多党合作和政治协商的重要机构，是社会主义民主的重要形式。故 C 对。

第二节　国家的基本经济制度

经济制度概念	经济制度包括生产资料的所有制形式、各种经济成分的相互关系及其宪法地位、国家发展经济的基本方针、国家管理经济的基本原则等内容。宪法对经济关系特别是对生产关系的确认与调整构成一个国家的基本经济制度。
	自德国《魏玛宪法》以来，经济制度便成为现代宪法的重要内容之一。资本主义宪法通常只规定对作为私有制基础的私有财产权的保护，而社会主义宪法则较为全面、系统地规定了社会主义经济制度。
	1993 年《宪法修正案》：国家实行社会主义市场经济；1999 年《宪法修正案》：发展社会主义市场经济。

---

[1]【答案】C

续表

中国特色社会主义市场经济构成	公有制	全民所有制	即国有经济，是国民经济的**主导**力量。国家保障国有经济的巩固和发展。 **矿藏、水流、城市的土地**专属国家所有。国有企业和国有自然资源是国家财产的主要部分。此外，国家机关、事业单位、部队等全民单位的财产也是国有财产的重要组成部分。 🚢**帆哥提示** 矿、水、城。
		集体所有制	国民经济的**基础**力量。国家保护城乡集体经济组织合法的权利和利益，**鼓励、指导和帮助**集体经济的发展。 农村集体所有制经济是现阶段我国农村的主要经济形式。宪法规定：农村集体经济组织实行**家庭承包经营为基础、统分结合的双层经营体制**。农村中的生产、供销、信用、消费等各种形式的合作经济，是社会主义劳动群众集体所有制经济。参加农村集体经济组织的劳动者，有权在法律规定的范围内经营自留地、自留山、家庭副业和饲养自留畜。 城镇的集体所有制经济主要表现为各种形式的**合作经济**。宪法规定：城镇中的手工业、工业、建筑业、运输业，商业、服务业等行业的各种形式的合作经济，都是社会主义劳动群众集体所有制经济。 **宅基地、自留地、自留山**专属集体所有。 🚢**帆哥提示** 宅二自。
	非公有制经济		在法律规定范围内的个体经济、私营经济等非公有制经济，是社会主义市场经济的**重要组成部分**。
			国家保护个体经济、私营经济等非公有制经济的合法的权利和利益。国家**鼓励、支持和引导**非公有制经济的发展，并对非公有制经济**依法实行监督和管理**。
			非公有制经济包括劳动者个体经济和私营经济、"三资企业"。
社会主义的公共财产神圣不可侵犯。公民的合法的私有财产不受侵犯。			

【经典习题】

社会主义公有制是我国经济制度的基础。根据现行《宪法》的规定，关于基本经济制度的表述，下列哪一选项是正确的？（单选）[1]

A. 国家财产主要由国有企业组成

B. 城市的土地属于国家所有

C. 农村和城市郊区的土地都属于集体所有

D. 国营经济是社会主义全民所有制经济，是国民经济中的主导力量

【分析】 在我国，国有企业和国有自然资源是国家财产的主要部分。此外，国有机关、事业单位、部队等全民单位的财产也是国有财产的重要组成部分。故 A 项的说法错误。

矿藏、水流、城市的土地专属于国家所有，简称"矿水城"。宅基地、自留地、自留山

---

[1] **【答案】** B

专属于集体所有，简称"宅二自"。故 B 项的说法正确。农村和城市郊区的土地既可以属于国家所有，也可以属于集体所有，故 C 的说法错误。

1993 年《宪法修正案》中，已经把国营经济改为国有经济。故 D 项的说法错误。

第三节　国家的基本文化制度

一、文化制度的概念、特点、在各国宪法中的表现

概念	文化制度是指一国通过宪法和法律调整以社会意识形态为核心的各种基本关系的规则、原则和政策的综合。文化制度主要包括教育事业、科技事业、文学艺术事业、广播电影电视事业、新闻出版事业、文物事业、图书馆事业以及社会意识形态等方面的制度。
特点	阶级性；历史性；民族性。
在各种宪法中的表现	近代意义的宪法产生以来，文化制度便成为宪法不可缺少的重要内容。
	早期资产阶级宪法或宪法性文件对文化制度的规定具有以下特点：一是内容狭窄，仅限于著作权、教育等几个方面；二是大多从公民权利的角度间接反映文化制度的某些内容，对国家发展文化的政策规定比较少；三是社会意识形态的基本原则大多来自资产阶级启蒙思想家的自然法学说，因而强调人民主权、天赋人权、人生而平等，鼓吹资产阶级政治哲学和道德理想。
	1919 年德国《魏玛宪法》不仅详尽地规定公民的文化权利，而且还明确地规定了国家的基本文化政策。这部宪法第一次比较全面系统地规定了文化制度，为许多资本主义国家宪法所效仿。自由竞争资本主义向垄断资本主义过渡时期宪法对文化制度的规定具有以下特点：一是内容广泛具体，涉及教育、艺术、科学、学术、文化、语言、意识形态等各个方面；二是直接明确规定国家的基本文化政策；三是社会意识形态的基本原则反映了时代特点，因而强调福利国家、全民国家的思想。
	早期社会主义宪法一般都宣布社会主义文化是大众文化，并重视对公民受教育权和国家教育制度的规定。

二、我国宪法对文化制度的规定

教育事业	《宪法》第 19 条规定："国家发展社会主义的教育事业，提高全国人民的科学文化水平。国家举办各种学校，普及初等义务教育，发展中等教育、职业教育和高等教育，并且发展学前教育。国家发展各种教育设施，扫除文盲，对工人、农民、国家工作人员和其他劳动者进行政治、文化、科学、技术、业务的教育，鼓励自学成才。国家鼓励集体经济组织、国家企业事业组织和其他社会力量依照法律规定举办各种教育事业。国家推广全国通用的普通话。"据此，国家先后制定了教育法、义务教育法、高等教育法、教师法等，系统地规定了教育领域的基本规则，保障了社会主义教育事业的发展。

续表

科学事业	《宪法》第20条规定："国家发展自然科学和社会科学事业，普及科学和技术知识，奖励科学研究成果和技术发明创造。"据此，国家颁布了专利法、著作权法等一系列单行法律、法规，以保护科学技术成果、加速科学技术发展、促进社会主义经济建设。
文学艺术及其他	《宪法》第22条明确规定："国家发展为人民服务、为社会主义服务的文学艺术事业、新闻广播电视事业、出版发行事业、图书馆博物馆文化馆和其他文化事业，开展群众性的文化活动。国家保护名胜古迹、珍贵文物和其他重要历史文化遗产。" 《宪法》第21条第2款规定："国家发展体育事业，开展群众性的体育活动，增强人民体质。"
道德教育	《宪法》第24条第1款规定："国家通过普及理想教育、道德教育、文化教育、纪律和法制教育，通过在城乡不同范围的群众中制定和执行各种守则、公约，加强社会主义精神文明的建设。" 《宪法》第24条第2款规定："国家倡导社会主义核心价值观，提倡爱祖国、爱人民、爱劳动、爱科学、爱社会主义的公德。"

帆哥提示 我国宪法规定的文化制度包括四个方面：教科文德。

【经典习题】

关于国家文化制度，下列哪些表述是正确的？（多选）[1]

A. 我国宪法所规定的文化制度包含了爱国统一战线的内容

B. 国家鼓励自学成才，鼓励社会力量依照法律规定举办各种教育事业

C. 是否较为系统地规定文化制度，是社会主义宪法区别于资本主义宪法的重要标志之一

D. 公民道德教育的目的在于培养有理想、有道德、有文化、有纪律的社会主义公民

【分析】我国宪法确立的文化制度包括：国家发展教育事业；国家发展科学事业；国家发展文学艺术及其他文化事业；国家开展公民道德教育等四个方面。爱国统一战线组织并非文化制度的内容，故 A 项的说法错误。

《宪法》第19条第3款规定："国家发展各种教育设施，扫除文盲，对工人、农民、国家工作人员和其他劳动者进行政治、文化、科学、技术、业务的教育，鼓励自学成才。"故 B 项说法正确。

第一次全面系统规定文化制度的宪法为德国的《魏玛宪法》，故无论是资本主义宪法还是社会主义宪法都有可能规定文化制度，他们并非二者的本质区别。按照我国教科书观点，二者的本质区别在于建立的经济基础和体现的阶级意志。故 C 项的说法错误。

《宪法》第24条规定："国家通过普及理想教育、道德教育、文化教育、纪律和法制教育，通过在城乡不同范围的群众中制定和执行各种守则、公约，加强社会主义精神文明的建设。"故 D 项的说法成立。

---

[1] 【答案】BD

第四节　国家的基本社会制度

概念	广义	指回应人们基本的社会需求，反映社会形态，在一定时期具有稳定性的整体社会规范体系，包含政治、经济、文化、生态等基本制度。
	中义	基于我国政治、经济、文化、社会、生态五位一体的社会建设的需要，在社会领域所构建的制度体系。
	狭义	特指社会保障制度。
特征		社会制度以维护平等为基础。
		社会制度以保障公平为核心。
		社会制度以捍卫和谐稳定的法治秩序为关键。
宪法规定	社会保障制度	国家建立健全同经济发展水平相适应的社会保障制度；对弱势和特殊群体保障。
	医疗卫生事业	国家发展医疗卫生事业，发展现代医药和我国传统医药，鼓励和支持农村集体经济组织、国家企业事业组织和街道组织举办各种医疗卫生设施，开展群众性的卫生活动，保护人民健康。国家发展体育事业，开展群众性的体育活动，增强人民体质。
	劳动保障制度	国家通过各种途径，创造劳动就业条件，加强劳动保护，改善劳动条件，并在发展生产的基础上，提高劳动报酬和福利待遇。劳动是一切有劳动能力的公民的光荣职责。国有企业和城乡集体经济组织的劳动者都应当以国家主人翁的态度对待自己的劳动。国家提倡社会主义劳动竞赛，奖励劳动模范和先进工作者。国家提倡公民从事义务劳动。国家对就业前的公民进行必要的劳动就业训练。
	社会人才培养制度	国家培养为社会主义服务的各种专业人才，扩大知识分子的队伍，创造条件，充分发挥他们在社会主义现代化建设中的作用。
	计划生育制度	国家推行计划生育，使人口的增长同经济和社会发展计划相适应。
	社会秩序及安全维护	1. 国家维护社会秩序，镇压叛国和其他危害国家安全的犯罪活动，制裁危害社会治安、破坏社会主义经济和其他犯罪的活动，惩办和改造犯罪分子。 2. 中华人民共和国的武装力量属于人民。它的任务是巩固国防，抵抗侵略，保卫祖国，保卫人民的和平劳动，参加国家建设事业，努力为人民服务。国家加强武装力量的革命化、现代化、正规化的建设，增强国防力量。

👑 **帆哥提示**　记忆口诀：社保医保加劳保，生育人才保安全。

【经典习题】

我国的基本社会制度是基于经济、政治、文化、社会、生态文明五位一体的社会主义建设的需要，在社会领域所建构的制度体系。关于国家的基本社会制度，下列哪些选项是

正确的？（多选）[1]

    A. 我国的基本社会制度是国家的根本制度

    B. 社会保障制度是我国基本社会制度的核心内容

    C. 职工的工作时间和休假制度是我国基本社会制度的重要内容

    D. 加强社会法的实施是发展与完善我国基本社会制度的重要途径

【分析】《宪法》第 1 条第 2 款规定："社会主义制度是中华人民共和国的根本制度。"故 A 项错误。其余三项的说法正确。

第五节 人民代表大会制度

一、政权组织形式的概念与种类

	定义、特征	举例
二元制君主立宪制	以君主为核心，由君主在国家体系中发挥主导作用的政权组织形式。其主要特征是虽然君主的权力受到宪法和议会的限制，但这种限制的力量非常弱小，君主仍然掌握极大的权力。	约旦、沙特阿拉伯
议会制君主立宪制	君主的权力受到宪法和议会的严格限制，以至于君主行使的只是一些形式上的或者礼仪性的职权，君主对议会、内阁、法院都没有实际控制的能力。	英国、西班牙、荷兰、比利时、日本
总统制	国家设有总统，总统既是国家元首，又是政府首脑；总统由选民选举产生，不对议会负责，议会不能通过不信任案迫使总统辞职，总统也无权解散议会。	美国
议会共和制	议员由选民选举产生，政府由获得议会下院多数席位的政党或构成多数席位的几个政党联合组成；议会与政府相互渗透，政府成员一般由议员兼任，议会可通过不信任案迫使政府辞职，政府也可解散议会。	意大利
委员会制	最高国家行政机关为委员会，委员会成员由众议院选举产生，总统由委员会成员轮流担任，任期一年，不得连任；众议院不能对委员会提出不信任案，委员会也无权解散议会。	瑞士
半总统制半议会制	总统既是国家元首，拥有任免总理、主持内阁会议、颁布法律、统帅武装部队等大权；总理是政府首脑，对议会就政府的施政纲领或政府的总政策承担责任，议会可通过不信任案，或不同意政府的施政纲领和总政策，迫使总理向总统提出辞职。	1958 年后的法国

---

[1] 【答案】BCD

二、人民代表大会制度是我国的政权组织形式

基本内容	人民主权原则。
	人民代表大会是人民掌握和行使国家权力的组织形式与制度。
	人民代表由人民选举，受人民监督。
	其他国家机关由人大产生，对人大负责，受人大监督。
性质	人民代表大会制度是我国根本的政治制度。
	人民代表大会制度是我国实现社会主义民主的基本形式。

【经典习题】

人民代表大会制度是我国的根本政治制度。关于人民代表大会制度，下列表述正确的是：（不定项）[1]

A. 国家的一切权力属于人民，这是人民代表大会制度的核心内容和根本准则

B. 各级人大都由民主选举产生，对人民负责，受人民监督

C. "一府两院"都由人大产生，对它负责，受它监督

D. 人民代表大会制度是实现社会主义民主的唯一形式

[分析] 根据宪法常识可知 ABC 三项正确。D 项错在"唯一"二字，人民代表大会制度是社会主义民主的主要方式而不是唯一方式，政治协商制度也是实现社会主义民主的方式。

第六节　选举制度

选举制度是天赋人权、人民主权学说付诸实践的产物。近代选举制度有三个特点：被选举者往往是代议机关的代表或议员；形式上往往采用普选制；有一套比较完整的法律规范。

一、我国选举制度的基本原则

普遍性	享有选举权的条件：中国国籍；年满 18 周岁；享有政治权利。
	精神病患者不能行使选举权利的，经选举委员会确认而不列入选民名单。
	因犯违反国家安全罪或其他严重刑事犯罪案件被羁押、正在受侦查、起诉、审判的人，经人民法院或者人民检察院决定，在被羁押期间停止行使选举权利。
平等性	一人一票，每票价值相同，代表人口数大体相同。
	我国现行《选举法》制定于 1979 年，经过 1982 年、1986 年、1995 年、2004 年、2010 年、2015 年及 2020 年 7 次修改。其中 1982 年、1995 年、2010 年三次修改都涉及对城乡代表名额的修改。

---

〔1〕【答案】ABC

续表

直、间并用	县乡人大代表直接选举；其余各级间接选举。
秘密投票	各级人大代表选举<u>一律</u>采用无记名投票。

【经典习题】

某省人大选举实施办法中规定："本行政区域各选区每一代表所代表的人口数应当大体相等。各选区每一代表所代表的人口数与本行政区域内每一代表所代表的平均人口数之间相差的幅度一般不超过百分之三十。"关于这一规定，下列哪些说法是正确的？（多选）[1]

A. 是选举权的平等原则在选区划分中的具体体现

B. "大体相等"允许每一代表所代表的人口数之间存在差别

C. "百分之三十"的规定是对前述"大体相等"的进一步限定

D. 不保证各地区、各民族、各方面都有适当数量的代表

【分析】本题考查的是选举的平等性原则。我国选举法规定的平等原则既要求形式平等，也要求实质平等。每一代表所代表的人口数大体相等是关于形式平等的规定。既然是大体相等，那就意味着基于实质平等的要求，可以允许某些特殊代表所代表的人口可以有差异，但是各选区每一代表所代表的人口数与本行政区域内每一代表所代表的平均人口数之间相差的幅度一般不超过百分之三十，是对这种差异的进一步限定。基于此 ABC 正确。

根据《选举法》第 14 条、17 条的规定，应当保证各地区，各民族、各方面都有适当数量的代表。故 D 错。

二、选举主持机构

直选	选举委员会	选举委员会<u>由其领导</u>；其余地方人大常委会<u>指导</u>县乡人大代表选举。
		选举委员会一般设立主任 1 人，副主任若干人，委员若干人。
		选举委员会履行下列职责：划分选区，分配代表的名额；进行选民登记，审查选民资格，公布选民名单；受理选民名单争议申诉，并作出决定；确定选举日期；了解核实并组织介绍代表候选人的情况；根据较多数选民的意见，确定和公布正式代表候选人名单；主持投票选举；确定选举结果是否有效，公布当选代表名单；法律规定的其他职责。
间选	人大常委会	<u>人大常委会主持</u>本级人大代表的选举工作。
		下级人大选举上级人大代表时，由该<u>人大主席团</u>主持。

帆哥提示 间接选举的主持机构：上级常委会，下级主席团。

【经典习题】

根据《选举法》和相关法律的规定，关于选举的主持机构，下列哪一选项是正确的？

---

[1]【答案】ABC

（单选）[1]

　A. 乡镇选举委员会的组成人员由不设区的市、市辖区、县、自治县的人大常委会任命

　B. 县级人大常委会主持本级人大代表的选举

　C. 省人大在选举全国人大代表时，由省人大常委会主持

　D. 选举委员会的组成人员为代表候选人的，应当向选民说明情况

[分析] 县乡两级人大代表的选举实行直接选举，直接选举由选举委员会主持，选举委员会由县级人大常委会任命，并接受其领导。基于此，A项的说法正确，B项的说法错误。

全国人大代表、省级人大代表、地级（设区的市、自治州）人大代表实行间接选举，即由下一级人大选举产生。间接选举涉及本级人大和下一级人大，间接选举的主持机关有两个，考试答题时遵循"上问常委会，下问主席团"的规律答题。从上级看，本级人大代表的选举由本级人大常委会主持，但是下一级人大在选举上一级人大代表时由该级人大主席团主持。比方说全国人大代表的选举由全国人大常委会主持，北京市人大在选举应该由北京选出的全国人大代表时由北京市人大主席团主持。故C项的说法错误。正确的说法是：省人大在选举全国人大代表时，由省人大主席团主持。

为了保证选举的公正性，《选举法》规定：选举委员会的组成人员为代表候选人的，应当辞去选举委员会的职务。因为在一个人既当运动员又当裁判员的情况下，很难保证该赛事的公正性，即使该裁判员能公正地对待自己和其他运动员，也不能排除公众对该赛事是否公正的合理怀疑。故D项的说法错误。

三、地方各级人大代表名额

确定规则	省级	350＋X：X＝总人口数/15万（省、自治区）；X＝总人口数/2.5万（直辖市）；总数不超过1000。
	地级	240＋X：X＝总人口数/2.5万，总数不得超过650名。
	县级	140＋X：X＝总人口数/5千，总数不得超过450名。人口不足5万的，可以少于140名。
	乡级	45＋X：X＝总人口数/1.5千，总数不得超过160名，人口不足2千的，可以少于45名。
	1. 自治区、聚居的少数民族多的省，经全国人大常委会决定，代表名额可以另加5%。 2. 聚居的少数民族多或者人口居住分散的县、自治县、乡、民族乡，经省级人大常委会决定，代表名额可以另加5%。	
确定机关	省级	全国人大常委会。
	地县级	省级人大常委会，报全国人大常委会备案。
	乡级	县级人大常委会，报上一级人大常委会备案。
	⚑帆哥提示 1. 地级指设区的市、自治州；县级指不设区的市、市辖区、县、自治县。 2. 代表总名额经确定后，不再变动。因重大原因需要变动的，重新确定。	
分配的原则	1. 根据本行政区域所辖的下一级各行政区域或者各选区的人口数，按照每一代表所代表的城乡人口数相同的原则，以及保证各地区、各民族、各方面都有适当数量代表的要求进行分配。 2. 在县、自治县的人民代表大会中，人口特少的乡、民族乡、镇，至少应有代表一人。	

---

[1]【答案】A

【经典习题】

关于地方人大代表名额，下列说法正确的是：（不定项）[1]

A. 省、自治区、直辖市的代表总名额不超过一千名

B. 设区的市、自治州的代表总名额不得超过六百五十名

C. 不设区的市、县、自治县人口不足五万的，代表总名额可以少于一百二十名

D. 乡、镇、民族乡人口不足二千的，代表总名额可以少于四十名

【分析】 根据《选举法》第 12 条规定：1. 省、自治区、直辖市的代表名额基数为三百五十名，省、自治区每十五万人可以增加一名代表，直辖市每二万五千人可以增加一名代表；但是，代表总名额不得超过一千名。故 A 正确。

2. 设区的市、自治州的代表名额基数为二百四十名，每二万五千人可以增加一名代表；人口超过一千万的，代表总名额不得超过六百五十名。故 B 正确。

3. 不设区的市、市辖区、县、自治县的代表名额基数为一百四十名，每五千人可以增加一名代表；人口超过一百五十五万的，代表总名额不得超过四百五十名；人口不足五万的，代表总名额可以少于一百四十名。故 C 错。

4. 乡、民族乡、镇的代表名额基数为四十五名，每一千五百人可以增加一名代表；但是，代表总名额不得超过一百六十名；人口不足二千的，代表总名额可以少于四十五名。故 D 错。

四、全国人大代表名额

来源	省、自治区、直辖市，特别行政区、军队	省、自治区、直辖市应选全国人民代表大会代表名额，由根据人口数计算确定的名额数、相同的地区基本名额数和其他应选名额数构成。
总数	不超过 3000 人	
分配原则	根据各省、自治区、直辖市的人口数，按照每一代表所代表的城乡人口数相同的原则，以及保证各地区、各民族、各方面都有适当数量代表的要求进行分配	
分配机关	全国人大常委会	

---

[1] 【答案】AB

五、各少数民族的选举

少数民族聚居区	每一聚居的少数民族都应有代表参加当地的人民代表大会。		
	同一少数民族人口数占总人口数	大于30%	每一代表所代表的人口数应相当于当地人民代表大会每一代表所代表的人口数。
		不足15%	每一代表所代表的人口数可以适当少于当地人民代表大会每一代表所代表的人口数，但不得少于1/2；实行区域自治的民族人口特少的自治县，经省级人大常委会决定，可以少于1/2。人口特少的其他聚居民族，至少应有代表一人。
		15%以上，不足30%	每一代表所代表的人口数，可以适当少于当地人民代表大会每一代表所代表的人口数，但分配给该少数民族的应选代表名额不得超过代表总名额的30%。
散居的少数民族	应当有当地人民代表大会的代表，其每一代表所代表的人口数可以少于当地人民代表大会每一代表所代表的人口数。		

【经典习题】

关于各少数民族人大代表的选举，下列哪一选项是不正确的？（单选）[1]

A. 有少数民族聚居的地方，每一聚居的少数民族都应有代表参加当地的人民代表大会

B. 散居少数民族应选代表，每一代表所代表的人口数可少于当地人民代表大会每一代表所代表的人口数

C. 聚居境内同一少数民族的总人口占境内总人口数30%以上的，每一代表所代表的人口数应相当于当地人民代表大会每一代表所代表的人口数

D. 实行区域自治人口特少的自治县，每一代表所代表的人口数可以少于当地人民代表大会每一代表所代表的人口数的1/2

【分析】D选项错在少了"经省级人大常委会决定"的表述。

六、选区划分

1. 选区划分发生在直接选举过程中。选区又划分为若干选民小组。
2. 选区可以按居住状况划分，也可以按生产单位、事业单位、工作单位划分。
3. 选区的大小，按照每一选区选一名至三名代表划分。
4. 本行政区域内各选区每一代表所代表的人口数应当大体相等。

---

[1]【答案】D

七、选民登记

20； 5、3、5	一次登记，长期有效。
	选举日 20 日前公布选民名单，有异议，自公布之日起 5 日内向选举委员会申诉。
	选委会 3 日内作出决定，有意见，选举日 5 日前起诉；法院选举日前作出判决。

【经典习题】

根据《宪法》和《选举法》规定，下列哪一选项是正确的？（单选）[1]

A. 选民登记按选区进行，每次选举前选民资格都要进行重新登记

B. 选民名单应在选举日的十五日以前公布

C. 对于公布的选民名单有不同意见的，可以向选举委员会申诉或者直接向法院起诉

D. 法院对于选民名单意见的起诉应在选举日以前作出判决

【分析】选民登记长期有效，不需要每次选举之前都要重新登记，故 A 错误。

《选举法》第 28 条："选民名单应在选举日的二十日以前公布，实行凭选民证参加投票选举的，并应当发给选民证"，故选项 B 错误。

对于公布的选民名单有不同意见的，不能直接向法院起诉，需要先经过选举委员会的处理，故选项 C 错误。

根据《选举法》第 29 条："对于公布的选民名单有不同意见的，可以在选民名单公布之日起五日内向选举委员会提出申诉，选举委员会对申诉意见，应在三日内作出处理决定，申诉人如果对处理决定不服，可以在选举日的五日以前向人民法院起诉，人民法院应在选举日以前作出判决，人民法院的判决为最后决定。"故选项 D 正确。

八、代表候选人的提出

推荐主体	各政党、各人民团体单独或联合；选民或代表 10 人以上联合。
推荐人数	直选：多于应选代表名额的 1/3 至 1 倍；间选：多于应选代表名额的 1/5 至 1/2。
候选人名 单公布	直选中，选委会汇总提名的候选人，于选举日的 15 日以前公布。
	经过酝酿、协商、甚至预选，确定正式代表候选人名单，于选举 7 日前公布。
介绍候选人	代表候选人的介绍必须于选举日前停止。
	选举委员会根据选民的要求应当组织候选人与选民见面，回答选民问题。
其他要求	间接选举中，下级人大选举上级人大代表时候选人不限于各该级人大代表。

【经典习题】

我国选举法规定，由选民直接选举的人大代表候选人，由下列哪些方式提名推荐？（多

---

[1] 【答案】D

选）[1]

    A. 选民 10 人以上联名推荐

    B. 各政党、各人民团体单独提名推荐

    C. 人民代表 5 人以上联名推荐

    D. 各政党、各人民团体联合提名推荐

【分析】见上文。

九、选举程序

1. 投票

种类	赞成、反对、弃权、另选其他选民。
委托	选举委员会同意；书面委托其他选民，接受委托不超过 3 人；按照委托人意愿投票。
领票	凭身份证或选民证领取选票。
华侨	可以参加原籍地或者出国前居住地的选举。

【经典习题】

    选民王某，35 岁，外出打工期间本村进行乡人民代表的选举。王因路途遥远和工作繁忙不能回村参加选举，于是打电话嘱咐 14 岁的儿子帮他投本村李叔 1 票。根据上述情形，下列哪些说法是正确的？（多选）[2]

    A. 王某仅以电话通知受托人的方式，尚不能发生有效的委托投票授权

    B. 王某必须同时以电话通知受托人和村民委员会，才能发生有效的委托投票授权

    C. 王某以电话委托他人投票，必须征得选举委员会的同意

    D. 王某不能电话委托儿子投票，因为儿子还没有选举权

【分析】根据我国《选举法》的规定，选民在选举期间外出的，经选举委员会认可，可以书面委托有选举权的亲属等其他选民代投，但每一选民接受的委托不得超过三人。由此可知，委托投票需要以书面形式进行，因此王某的电话委托无效。据此，A 选项正确，BC 选项错误。D 选项正确，在委托投票中，受托人必须是选民，王某儿子因属未成年人，因此不得接受委托。本题答案为 AD。

---

[1]【答案】ABD

[2]【答案】AD

2. 选举结果的确定

选举有效	每次选举所投的票数多于投票人数的无效。	不得同时担任两个以上无行政隶属关系的区域的人大代表。
	直选：选区全体选民的过半数参加投票选举有效。	
选票有效	每一选票所选的人数多于规定应选人数的作废。	
获得一定数额选票	直：参加投票的选民的过半数；间：全体的过半数。	
过半数多于应选	得票多的当选，票数相等时再次投票。	
过半数少于应选	另行选举　直：得票多的当选，票数不少于选票的1/3。　间：全体的过半数。	
结果公布	直：选举委员会；间：主席团。	

【经典习题】

某选区共有选民 13 679 人，高先生是数位候选人之一。请问根据现行宪法和选举法律，在下列何种情况下，高先生可以当选？（不定项）[1]

A. 参加投票的人数为 13 663 人，高获得选票 6831 张。

B. 参加投票的人数为 6841 人，高获得选票 3421 张。

C. 参加投票的人数为 13 643 人，高获得选票 6749 张。

D. 参加投票的人数为 13 685 人，高获得选票 13 073 张。

【分析】A 项中高未获得最低当选票数，依法不得当选。B 项中参加投票人数过半，选举有效，高获得选票最低当选票数为 3421 票，依法得当选。C 项中选举有效，但最低当选票数应为 6822 票，高未达到此数，依法不得当选。D 项中参加投票人数甚至多于选民人数，选举当然无效。

十、对代表的监督、罢免、辞职和补选

监督	各级人大代表受选民或原选举单位的监督				
罢免	直选	县	原选区选民50人以上	向县级人常提出	原选区过半数选民通过。罢免表决由县人常主持。罢免理由及申辩意见须印发选民
		乡	原选区选民30人以上		
	间选	会议期间	主席团或1/10以上代表	提出本级人大选出的上级人大代表罢免案	全体代表过半数通过　被罢免的代表可口头或书面提出申辩意见。由主席团或主任会议印发
		闭会时	常委会主任会议或1/5以上组成人员		全体组成人员过半数通过

续表

辞职	直选	县	向县级人常提出辞职	县人常过半数通过
		乡	向乡人大提出辞职	乡人大过半数通过
	间选		向选举他的人大常委会提出辞职	组成人员过半数通过
补选	代表在任期内，因故出缺，由原选区或选举单位补选；**补选可以差额，也可以等额**			
【注意】	1. 代表被罢免、辞职的基于代表身份担任的一切职务归于消灭 2. 罢免代表采用无记名表决方式 3. 间接选举产生的代表的罢免决议、接受辞职的决定应报上级人常备案、公告			

【经典习题】

《选举法》以专章规定了对代表的监督、罢免和补选的措施。关于代表的罢免，下列哪些选项符合《选举法》的规定？（多选）[1]

A. 罢免直接选举产生的代表须经原选区过半数的选民通过

B. 罢免直接选举产生的代表，须将决议报送上一级人大常委会备案

C. 罢免间接选举产生的代表须经原选举单位过半数的代表通过

D. 罢免间接选举产生的代表，在代表大会闭会期间，须经常委会成员2/3多数通过

【分析】见上文。

十一、特别行政区和台湾省人大代表的选举

特别行政区	在特别行政区成立全国人大代表选举会议，选举会议名单由全国人大常委会公布。
	选举会议第一次会议由**全国人大常委会议**主持，会议选举会议成员组成主席团。
	选举由主席团主持，代表候选人由选举会议成员10人以上联名提出，联名提名不得超过应选人数。候选人应多于应选名额，进行差额选举。
	香港应选第十三届人大代表36名，澳门12名。
	选举结果由主席团依法宣布，报全国人大代表资格审查委员会进行资格确认后，公布代表名额。
台湾	台湾省暂时选择第十三届全国人大代表13人，由在各省、自治区、直辖市和中国人民解放军的台湾省籍同胞选出。

---

[1] 【答案】AC

十二、选举的物质保障和法律保障

物质保障	全国人民代表大会和地方各级人民代表大会的选举经费，列入财政预算，由**国库**开支。
法律保障	为保障选民和代表自由行使选举权和被选举权，对有下列行为之一，破坏选举，违反治安管理规定的，依法给予治安管理处罚；构成犯罪的，依法追究刑事责任：（一）以金钱或者其他财物贿赂选民或者代表，妨害选民和代表自由行使选举权和被选举权的；（二）以暴力、威胁、欺骗或者其他非法手段妨害选民和代表自由行使选举权的；（三）伪造选举文件、虚报选举票数或者有其他违法行为的；（四）对于控告、检举选举中违法行为的人，或者对于提出要求罢免代表的人进行压制、报复的。 国家工作人员有上述行为的，还应当由监察机关给予政务处分或者由所在机关单位给予处分。 **以第（1）款所列违法行为当选的，其当选无效。** **主持选举的机构**发现有破坏选举的行为或者收到对破坏选举行为的举报，应当及时依法调查处理；需要追究法律责任的，及时移送有关机关予以处理。

【经典习题】

甲市乙县人民代表大会在选举本县的市人大代表时，乙县多名人大代表接受甲市人大代表候选人的贿赂。对此，下列哪些说法是正确的？（多选）[1]

A. 乙县选民有权罢免受贿的该县人大代表

B. 乙县受贿的人大代表应向其所在选区的选民提出辞职

C. 甲市人大代表候选人行贿行为属于破坏选举的行为，应承担法律责任

D. 在选举过程中，如乙县人大主席团发现有贿选行为应及时依法调查处理

【分析】县级人大代表为直接选举产生。直接选举产生的代表由原选区的选民进行罢免。故 A 项的说法正确。

直接产生的代表若需辞职，须向县级人大常委会提出，故 B 项的说法错误。

按照《选举法》的规定贿选属于破坏选举的行为，需要承担责任，故 C 对。

《选举法》第59条规定："主持选举的机构发现有破坏选举的行为或者收到对破坏选举的行为的举报，应当及时依法调查处理；需要追究法律责任的，及时移送有关机关予以处理。"据此，D 项说法正确。

---

[1] 【答案】ACD

第七节　国家结构形式

一、国家结构形式的种类

	单一制	联邦制
法律体系	只有一部宪法	联邦和成员国都有宪法
政权组织形式	只有一套政府体制（个别地方除外）	有多套政府体制
权力配置	地方政府的权力由中央授予	联邦的权力来源于成员国的让与
国际关系	只有一个国际法主体	有些国家允许其成员国有一定的外交权
公民的国籍	公民具有统一国籍	公民有双重国籍

二、我国的行政区域划分

（一）设立、变更的决定机关

	权　　　　　限
全国人大	批准省、自治区、直辖市的建置，包含设立、撤销、更名。
	决定特别行政区的设立及其制度。
国务院	批准省、自治区、直辖市行政区域界线的变更。
	批准自治州、县、自治县、市、市辖区的设立、撤销、更名或者隶属关系的变更；批准自治州、自治县的行政区域界线的变更，县、市的行政区域界线的重大变更。
省级人民政府	审批乡、民族乡、镇的设立、撤销、更名或者变更行政区域的界线。
	根据国务院的授权审批县、市、市辖区的部分行政区域界限的变更。

（二）行政区划争议的处理的主管部门

县级以上的地方各级人民政府的民政部门。

🚢帆哥提示　关于行政区划的决定机关可以按如下口诀记忆：省批乡，院批县，全国人大特省建，省级区划国务院。"省批乡"，指乡的建置和区划都找省级人民政府。"院批县"，指县级、自治级的建置和区划都找国务院，但是要注意根据国务院的授权审批县、市、市辖区的部分行政区域界限的变更。"全国人大特省建"指的是全国人大批准特别行政区的设立及其制度，批准省级的建置。"省级区划国务院"指的是省一级的行政区划由国务院批准。

【经典习题】

根据《宪法》和法律法规的规定，关于我国行政区划变更的法律程序，下列哪一选项

是正确的？（单选）[1]

  A. 甲县欲更名，须报该县所属的省级政府审批

  B. 乙省行政区域界线的变更，应由全国人大审议决定

  C. 丙镇与邻近的一个镇合并，须报两镇所属的县级政府审批

  D. 丁市部分行政区域界线的变更，由国务院授权丁市所属的省级政府审批

【分析】在 A 选项中，甲县的更名应当由国务院批准，而非省级政府，故 A 项表述错误。

在 B 选项中，乙省行政区域界线的变更，应由国务院审议决定，故 B 项的说法错误。

在 C 选项中，丙镇与邻近的一个镇合并，须报两镇所属的省级政府审批，故 C 项的说法错误。

在 D 选项中，丁市部分行政区域界线的变更，由国务院授权丁市所属的省级政府审批的说法是符合法律的规定的，属于正确选项。但是考生要注意的是县、市、市辖区的部分行政区域界限的变更的决定权本来属于国务院，省级人民政府只是基于国务院的授权决定部分行政区域界限的变更，关键词在"部分"二字。

第八节 民族区域自治制度

一、民族自治制度的概念、特点

概念	民族区域自治制度是指在国家的统一领导下，以少数民族聚居区为基础，建立相应的**相应的自治地方；设立自治机关，行使自治权**，使实行区域自治的民族的人民自主地管理本民族地方性事务的制度。
特点	各民族自治地方都是中华人民共和国不可分离的一部分，各民族自治地方的自治机关都是中央统一领导下的地方政权机关。
	民族区域自治必须以少数民族聚居区为基础，是民族自治与区域自治的结合。
	在民族自治地方设立自治机关，民族自治机关除行使宪法规定的地方国家政权机关的职权外，还可以依法行使广泛的自治权。

二、民族自治地方的自治机关

自治地方	民族自治地方包括自治区、自治州和自治县。**民族乡则不是民族自治地方。**
自治机关	自治机关仅包括民族自治地方的**人大和人民政府**。其他国家机关不是自治机关。

---

[1]【答案】D

续表

自治地方国家机关组成人员的特殊规定	自治区主席、自治州州长、自治县县长由实行区域自治的民族的公民担任。
	民族自治地方的人民代表大会常务委员会中应当有实行区域自治的民族的公民担任主任或者副主任。
	政府其他组成人员应当合理配备少数民族的人员。民族自治地方的自治机关所属工作部门的干部中，应当合理配备实行区域自治的民族和其他少数民族的人员。
	民族自治地方法院和检察院的领导成员和工作人员中，也应当有实行区域自治的民族的人员。

🚢 帆哥提示

1. 民族乡虽然不是民族自治地方，但是其乡长应当由设立该民族乡的少数民族公民担任。

2. 民族自治地方国家机关组成人员的民族身份问题可以总结如下口诀：行政正职必须是，人常法检应当有，其他部门合理配。

三、民族自治地方的自治权

制定自治条例和单行条例	只能由民族自治地方的人大制定。
	自治区的自治条例和单行条例由全国人大常委会批准；自治州、自治县的自治条例和单行条例由省级人大常委会批准。
	自治条例和单行条例可以对法律和行政法规作出变通规定，但是不得违背法律或者行政法规的基本原则，不得对宪法和民族区域自治法的规定以及其他有关法律、行政法规专门就民族自治地方所作的规定作出变通规定。
根据当地实际情况，贯彻执行国家的法律和政策	如果上级国家机关的决议、决定、命令和指示，有不适合民族自治地方实际情况的，自治机关可以报经该上级国家机关批准，变通执行或者停止执行；该上级国家机关应当在收到报告之日起60日内给予答复。
自主地管理地方财政	凡是依照国家财政体制属于民族自治地方的财政收入，都应当由民族自治地方的自治机关自主地安排使用。在执行国家税法的时候，除应由国家统一审批的减免税收项目以外，对属于地方财政收入的某些需要从税收上加以照顾和鼓励的，可以实行减税或者免税。自治州、自治县决定减税或者免税，须报省或者自治区、直辖市人民政府批准。
	🚢 **帆哥提示** 自治区的无需报批，是报国务院备案。
自主地管理地方性经济建设	民族自治地方的自治机关可以根据国家宪法、法律和方针政策，根据本地方的特点和需要，制定经济建设的方针、政策和计划，自主地安排和管理地方性的经济建设事业。
	依照国家法律的规定，可以开展对外经济贸易活动，经国务院批准可以开辟对外贸易口岸。与外国接壤的民族自治地方经国务院批准，可以开展边境贸易。

续表

自主地管理教育、科学、文化、卫生、体育事业	民族自治地方的自治机关自主地管理本地方的教育、科学、文化、卫生、体育事业，保护和整理民族的文化遗产，发展和繁荣民族文化。
	民族自治地方的自治机关积极开展和其他地方的教育、科学技术、文化艺术、卫生、体育等方面的交流和协作。自治区、自治州的自治机关依照国家规定，可以和国外进行教育、科学技术、文化艺术、卫生、体育等方面的交流。 🔊 帆哥提示　自治县的自治机关没有对外文化交流权。
组织公安部队	民族自治地方的自治机关依照国家军事制度和当地的实际需要，经国务院批准，可以组织维护社会治安的公安部队。
使用本民族的语言文字	民族自治地方的自治机关在执行职务的时候，使用当地通用的一种或者几种语言文字，必要时，可以以实行区域自治的民族的语言文字为主。

【经典习题】

根据我国民族区域自治制度，关于民族自治县，下列哪一选项是错误的？（单选）[1]

A. 自治机关保障本地方各民族都有保持或改革自己风俗习惯的自由

B. 经国务院批准，可开辟对外贸易口岸

C. 县人大常委会中应有实行区域自治的民族的公民担任主任或者副主任

D. 县人大可自行变通或者停止执行上级国家机关的决议、决定、命令和指示

【分析】根据《宪法》和《民族区域自治法》民族自治地方的自治机关保障本地方各民族都有保持或改革自己风俗习惯的自由，故 A 对。

经国务院批准，民族自治地方可以开展边境贸易、开辟对外贸易口岸，组建维护社会治安的公安部队，故 B 对。

关于民族自治地方自治机关及其他国家机关组成人员的民族身份问题，我总结的口诀是："行政正职必须是，人常法检应当有，其他部门合理配"，意思是民族自治地方的行政一把手，如自治区的主席、自治州的州长、自治县的县长必须由实行区域自治的少数民族公民担任，人大常委会中必须由实行区域自治的民族公民担任主任或者副主任，法院和检察院的领导职务和工作人员中应该有少数民族人员，政府的其他组成人员和政府所属部门的干部中应该合理配备少数民族人员。故 C 对。

自治机关要对上级国家机关的决定、决议、命令或者指示变通执行或者停止执行，必须经该上级国家机关批准，该上级国家机关在 60 日内给予答复。故 D 错。

───────────

[1] 【答案】D

第九节　特别行政区制度

一、特别行政区的概念和特点

概念	特别行政区是指在我国版图内，根据宪法和基本法的规定而设立的，具有特殊的法律地位，实行特别的政治、经济制度的行政区域。特别行政区与一般行政区一样，都是中华人民共和国不可分离的一部分，都是中华人民共和国的地方行政区域单位。		
特点	高度的自治权	立法权	特别行政区享有立法权，特区立法机关制定的法律须报全国人大常委会备案，备案不影响该法律的生效。
		行政管理权	除国防、外交以及其他根据基本法应当由中央人民政府处理的行政事务外，特别行政区有权依照基本法的规定，自行处理有关经济、财政、金融、贸易、工商业、土地、教育、文化等方面的行政事务。
		司法权和终审权	特别行政区法院独立进行审判，不受任何干涉；终审权属于特别行政区的终审法院，该终审法院的判决为最终判决。香港特别行政区法院对国防、外交等国家行为无管辖权。香港特别行政区法院在审理案件中遇有涉及国防、外交等国家行为的事实问题，应取得行政长官就该等问题发出的证明文件，上述文件对法院有约束力。行政长官在发出证明文件前，须取得中央人民政府的证明书。
		对外事务	中央人民政府可授权特别行政区依照基本法自行处理有关对外事务。
	特别行政区保持原有资本主义制度和生活方式50年不变。		
	特别行政区的行政机关和立法机关由该地区永久性居民依照基本法的有关规定组成。		
	特别行政区原有的法律基本不变。原有法律基本不变是指除属于殖民统治性质或带有殖民色彩，以及除同基本法相抵触或经特别行政区立法机关作出修改者外，原有法律予以保留。		

　　帆哥提示　永久性居民是非常重要的概念，但在以往的考试中没有涉及，考生应该注意：

永久性居民	（一）在香港出生的中国公民。
	（二）在香港通常居住连续7年以上的中国公民。
	（三）第（一）、（二）两项所列居民在香港以外所生的中国籍子女。
	（四）持有效旅行证件进入香港、在香港通常居住连续7年以上并以香港为永久居住地的非中国籍的人。
	（五）在香港特别行政区成立以前或以后第（四）项所列居民在香港所生的未满21周岁的子女。
	（六）第（一）至（五）项所列居民以外在香港特别行政区成立以前只在香港有居留权的人。
	以上居民在香港特别行政区享有居留权和有资格依照香港特别行政区法律取得载明其居留权的永久性居民身份证。
非永久性居民	有资格依照香港特别行政区法律取得香港居民身份证，但没有居留权的人。

二、中央与特别行政区的关系

国务院	外交	国务院负责管理特区外交事务。外交部在特区设立机构。
	防务	驻特区部队不得干预地方事务，可协助维护社会治安和救助灾害，驻军费用由中央政府承担。
	人事	任免行政长官、政府的主要官员、澳门的检察长。
全国人大常委会	决定紧急状态	全国人大常委会决定特别行政区进入紧急状态。
	解释基本法	基本法解释权属于全人常。特区法院基于全国人大常委会的授权，审案时也可对基本法所有条款进行解释。 帆哥提示 特别行政区法院解释基本法时应注意：（1）对所有条款都可以解释。对自治范围内的条款自行解释。（2）解释中央人民政府管理的事务或中央和特别行政区关系的条款时，如该条款的解释影响到案件的判决，在对该案件作出终局判决前，应由终审法院请全国人民代表大会常务委员会对有关条款作出解释。该解释无溯及力。
全国人大	修改基本法	全国人大常委会、国务院、特别行政区可以向全国人大提出对基本法的修改议案。特别行政区的修改议案，须经香港特别行政区的全国人民代表大会代表2/3多数、香港特别行政区立法会全体议员2/3多数和香港特别行政区行政长官同意后，交由香港特别行政区出席全国人民代表大会的代表团向全国人民代表大会提出。对基本法的解释和修改都得征询基本法委员会的意见。

三、特别行政区的政治体制

（一）特别行政区行政长官

任职条件	年满40周岁。
	在特别行政区居住连续满20年。
	在外国无居留权。 帆哥提示 根据《澳门基本法》第46条规定，澳门行政长官不要求在外国无居留权。但该法第49条规定："澳门特别行政区行政长官在任职期内不得具有外国居留权，不得从事私人赢利活动。行政长官就任时应向澳门特别行政区终审法院院长申报财产，记录在案。"
	永久性居民中的中国公民。
负责对象	对中央人民政府和特别行政区负责。 帆哥提示 注意这里是对特别行政区负责不是对特别行政区立法会负责。
产生方式	选举或协商产生，由中央人民政府任命。任期五年。连续任职不得超过两届。

续表

辞职事由	因严重疾病或其他原因无力履行职务。
	因两次拒绝签署立法会通过的法案而解散立法会，重选的立法会仍以全体议员2/3多数通过所争议的原案，而行政长官在30日内拒绝签署。
	因立法会拒绝通过财政预算案或关系到澳门特别行政区整体利益的法案而解散立法会，重选的立法会继续拒绝通过所争议的原案。
行政会议	香港特别行政区行政会议是协助行政长官决策的机构。
	香港特别行政区行政会议的成员由行政长官从行政机关的主要官员、立法会议员和社会人士中委任，其任免由行政长官决定。行政会议成员的任期应不超过委任他的行政长官的任期。
	香港特别行政区行政会议成员由在外国无居留权的香港特别行政区永久性居民中的中国公民担任。行政长官认为必要时可邀请有关人士列席会议。香港特别行政区行政会议由行政长官主持。
	行政长官在作出重要决策、向立法会提交法案、制定附属法规和解散立法会前，须征询行政会议的意见，但人事任免、纪律制裁和紧急情况下采取的措施除外。行政长官如不采纳行政会议多数成员的意见，应将具体理由记录在案。

（二）特别行政区行政机关

概念	特别行政区行政机关即特别行政区的政府。特别行政区行政长官为特别行政区政府首长。特别行政区政府下设政务司、财政司、律政司和各局、厅、处、署等。
	香港特别行政区设立廉政公署和审计署，独立工作，对行政长官负责。澳门设立廉政公署和审计署，独立工作，廉政专员、审计长对行政长官负责。
组成人员产生及任职条件	香港和澳门特别行政区政府的主要官员均由行政长官提名并报请中央人民政府任命，其免职也由行政长官向中央人民政府提出建议。
	在特别行政区居住连续满15年；在外国无居留权（澳门不要求）；永久性居民中的中国公民。

（三）立法机关

议员的任职条件	立法会议员一般由永久性居民担任。香港特别行政区基本法规定，非中国籍的和在外国有居留权的永久性居民在立法会的比例不得超过20%。澳门特别行政区基本法无此规定。
议员的产生	香港的议员由选举产生。澳门多数议员由选举产生。
任期	立法会任期4年。香港第一届立法会任期2年，澳门第一届立法会的任期另有规定。

续表

职权	立法权	立法会制定的法律须由行政长官签署、公布方有法律效力，并须报全国人大常委会备案，备案不影响该法律的生效。如果全国人大常委会认为特别行政区制定的法律不符合基本法关于中央管理的事务及中央和特别行政区的关系的条款时，在征询基本法委员会的意见后，可将法律发回。法律一经发回，立即失效。
	财政权	香港特别行政区立法会有权根据政府的提案，审核、通过财政预算；有权批准税收和公共开支。澳门特别行政区立法会有权审核、通过政府提出的财政预算案；审议政府提出的预算执行情况报告；有权根据政府提案决定税收，批准由政府承担的债务。但立法会通过的财政预算案须由行政长官签署并由行政长官报送中央人民政府备案。
	监督权	立法会有权听取行政长官的施政报告并进行辩论；对政府工作提出质询；就公共利益问题进行辩论。
		香港立法会全体议员的1/4联合动议（澳门1/3），指控行政长官有严重违法或渎职行为而不辞职，经立法会通过进行调查。立法会可委托终审法院首席法官负责组成独立的调查委员会，并担任主席。调查委员调查后向立法会提出报告。如认为有足够证据构成上述指控，立法会以全体议员2/3多数通过，可提出弹劾案，报请中央人民政府决定。
	其他职权	立法会有权接受当地居民的申诉并进行处理，香港立法会还有权同意终审法院法官和高等法院首席法官的任免。

帆哥提示 关于香港议员资格的丧失，应当注意其条件：

有右列情况之一，由立法会主席宣告其丧失立法会议员的资格	因严重疾病或其他情况无力履行职务；
	未得到立法会主席的同意，连续三个月不出席会议而无合理解释者；
	丧失或放弃香港特别行政区永久性居民的身份；
	接受政府的委任而出任公务人员；
	破产或经法庭裁定偿还债务而不履行；
	在香港特别行政区区内或区外被判犯有刑事罪行，判处监禁一个月以上，并经立法会出席会议的议员2/3通过解除其职务；
	行为不检或违反誓言而经立法会出席会议的议员2/3通过谴责。

（四）司法机关

设置	香港	香港特别行政区设立终审法院、高等法院、区域法院、裁判署法庭和其他专门法庭。高等法院设上诉法庭和原讼法庭。
	澳门	澳门设立初级法院、中级法院和终审法院。初级法院可根据需要设立若干专门法庭。原刑事起诉法庭的制度继续保留。澳门还设立行政法院。行政法院是管辖行政诉讼和税务诉讼的法院。不服行政法院裁决者，可向中级法院上诉。

续表

法官的任免	法官由独立委员会推荐，行政长官任命。香港、澳门独立委员会的组成有差异：香港是由当地法官和法律界及其他方面知名人士组成；澳门是当地法官、律师和知名人士组成。
	香港终审法院和高等法院的首席法官，应由在外国无居留权的永中担任。香港终审法院的（所有）法官和高等法院首席法官的任免，还须由行政长官征得立法会同意，并报全国人大常委会备案。澳门各级法院的院长由行政长官从法官中选任。终审法院院长由澳门永久性居民中的中国公民担任。终审法院法官的任命和免职须报全国人民代表大会常务委员会备案。
	法官的免职的条件港澳基本相同，即：无力履行职责和行为不检（澳门表述为：所为与职务不相称）。

（五）公职人员宣誓制度

宣誓的人员和内容	香港	香港特别行政区行政长官、主要官员、行政会议成员、立法会议员、各级法院法官和其他司法人员在就职时必须依法宣誓拥护《中华人民共和国香港特别行政区基本法》，效忠中华人民共和国香港特别行政区。
	澳门	澳门特别行政区行政长官、主要官员、行政会委员、立法会议员、法官和检察官，必须拥护《中华人民共和国澳门特别行政区基本法》，尽忠职守，廉洁奉公，效忠中华人民共和国澳门特别行政区，并依法宣誓。澳门特别行政区行政长官、主要官员、立法会主席、终审法院院长、检察长在就职时，除按前面的规定宣誓外，还必须宣誓效忠中华人民共和国。
其他规定		特别行政区公职人员就职宣誓是公职人员就职的法定条件和必经程序，未进行合法有效宣誓或者拒绝宣誓，不得就任相应公职，不得行使相应职权和享受相应待遇。
		宣誓人拒绝宣誓，即丧失就任相应公职的资格；宣誓人故意宣读与法定誓言不一致的誓言或者以任何不真诚、不庄重的方式宣誓，也属于拒绝宣誓，所作宣誓无效，宣誓人即丧失就任相应公职的资格。
		宣誓必须在法律规定的监誓人面前进行，监誓人负有确保宣誓合法进行的责任，对符合法律规定的宣誓，应确定为有效宣誓；对不符合法律规定的宣誓，应确定为无效宣誓，并不得重新安排宣誓。

四、特别行政区的法律制度

特别行政区基本法	特别行政区基本法反映了包括香港同胞和澳门同胞在内的全国人民的意志和利益，基本法既是我国社会主义法律体系的组成部分，同时又是特别行政区法律体系的组成部分。在我国社会主义法律体系中，其地位仅低于宪法，但在特别行政区法律体系中，基本法又处于最高的法律地位。
予以保留的原有法律	《香港特别行政区基本法》第8条规定："香港原有法律，即普通法、衡平法、条例、附属立法和习惯法，除同本法相抵触或经香港特别行政区的立法机关作出修改者外，予以保留。"《澳门特别行政区基本法》也作了类似规定。但原有法律予以保留必须具备一定条件，即不与基本法相抵触或者未经特别行政区的立法机关作出修改。

续表

特别行政区立法机关制定的法律	特别行政区享有立法权，除有关国防、外交和其他根据基本法的有关规定不属于特别行政区自治范围的法律之外，立法会可以制定任何它有权制定的法律，包括民法、刑法、诉讼法、商法等法律。只要制定的法律符合基本法，符合法定程序，就可以在特别行政区生效适用。
适用于特别行政区的全国性法律	全国人大常委会在征询其所属的香港特别行政区基本法委员会和香港特别行政区的意见后，可对基本法附件三的法律作出增减，任何列入附件三的法律，限于国防外交和其他按本法规定不属于香港特别行政区自治范围的法律。
	全国人民代表大会常务委员会决定宣布战争状态或因香港特别行政区内发生香港特别行政区政府不能控制的危及国家统一或安全的动乱而决定香港特别行政区进入紧急状态，中央人民政府可发布命令将有关全国性法律在香港特别行政区实施。

五、特别行政区维护国家安全的宪制责任

1. 2020 年 5 月 28 日十三届全国人大三次会议通过了《全国人民代表大会关于建立健全香港特别行政区维护国家安全的法律制度和执行机制的决定》，授权全国人大常委制定港区的国安法，列入《基本法》附件三。

2. 2020 年 6 月 30 日，全国人大常委会表决通过了《中华人民共和国香港特别行政区维护国家安全法》。

3. 香港特别行政区设立维护国家安全委员会，负责香港特别行政区维护国家安全事务，承担维护国家安全的主要责任，并接受中央人民政府的监督和问责。香港特别行政区维护国家安全委员会由行政长官担任主席，成员包括政务司长、财政司长、律政司长、保安局局长、警务处处长、警务处维护国家安全部门的负责人、入境事务处处长、海关关长和行政长官办公室主任。香港特别行政区维护国家安全委员会下设秘书处，由秘书长领导。秘书长由行政长官提名，报中央人民政府任命。

4. 香港特别行政区维护国家安全委员会的工作不受香港特别行政区任何其他机构、组织和个人的干涉，工作信息不予公开。香港特别行政区维护国家安全委员会作出的决定不受司法复核。

5. 香港特别行政区维护国家安全委员会设立国家安全事务顾问，由中央人民政府指派，就香港特别行政区维护国家安全委员会履行职责相关事务提供意见。国家安全事务顾问列席香港特别行政区维护国家安全委员会会议。

6. 香港特别行政区政府警务处设立维护国家安全的部门，配备执法力量。警务处维护国家安全部门负责人由行政长官任命，行政长官任命前须书面征求国家安全公署的意见。

7. 香港特别行政区律政司设立专门的国家安全犯罪案件检控部门，负责危害国家安全犯罪案件的检控工作和其他相关法律事务。该部门检控官由律政司长征得香港特别行政区维护国家安全委员会同意后任命。律政司国家安全犯罪案件检控部门负责人由行政长官任命，行政长官任命前须书面征求国家安全公署的意见。

8. 经行政长官批准，香港特别行政区政府财政司长应当从政府一般收入中拨出专门款项支付关于维护国家安全的开支并核准所涉及的人员编制，不受香港特别行政区现行有关法律规定的限制。财政司长须每年就该款项的控制和管理向立法会提交报告。

9. 中央人民政府在香港特别行政区设立维护**国家安全公署**。中央人民政府驻香港特别行政区维护国家安全公署依法履行维护国家安全职责，行使相关权力。驻香港特别行政区维护国家安全公署人员由中央人民政府维护国家安全的有关机关联合派出。

【经典习题】

1. 澳门特别行政区依照《澳门基本法》的规定实行高度自治，享有行政管理权、立法权、独立的司法权和终审权。关于中央和澳门特别行政区的关系，下列哪一选项是正确的？（单选）〔1〕

A. 全国性法律一般情况下是澳门特别行政区的法律渊源

B. 澳门特别行政区终审法院法官的任命和免职须报全国人大常委会备案

C. 澳门特别行政区立法机关制定的法律须报全国人大常委会批准后生效

D. 《澳门基本法》在澳门特别行政区的法律体系中处于最高地位，反映的是澳门特别行政区同胞的意志

【分析】 为了保证一国两制及特别行政区的高度自治权，在一般情况下，全国性法律不得在特别行政区直接实施，除非全国人大常委会决定宣布战争状态或者决定特别行政区进入紧急状态时，国务院可以发布命令，将全国性法律在特别行政区实施。故 A 项的说法错误。

澳门特别行政区终审法院法官的任命和免职须报全国人大常委会备案。故 B 项的说法正确。这里要注意和香港区别，香港是终审法院的法官和高等法院的首席法官在任命时要经立法会同意，并报全国人大常委会备案。

两个特别行政区的立法会制定的法律都是报全国人大常委会备案而不是批准。故 C 项的说法错误。

《澳门基本法》由全国人大制定，体现的是包括特别行政区同胞在内的全体中华人民共和国人民的意志。故 D 项的说法错误。

2. 根据《宪法》和《香港特别行政区基本法》规定，下列哪一选项是正确的？（单选）〔2〕

A. 行政长官就法院在审理案件中涉及的国防、外交等国家行为的事实问题发出的证明文件，对法院无约束力

B. 行政长官对立法会以不少于全体议员 2/3 多数再次通过的原法案，必须在 1 个月内签署公布

C. 香港特别行政区可与全国其他地区的司法机关通过协商依法进行司法方面的联系和相互提供协助

D. 行政长官仅从行政机关的主要官员和社会人士中委任行政会议的成员

【分析】 香港特别行政区法院对国防、外交等国家行为无管辖权。香港特别行政区法院在审理案件中遇有涉及国防、外交等国家行为的事实问题，应取得行政长官就该问题发出的证明文件，上述文件对法院有约束力。行政长官在发出证明文件前，须取得中央人民政府的证明书。故 A 错。

---

〔1〕【答案】B
〔2〕【答案】C

根据《香港基本法》，香港特别行政区行政长官如认为立法会通过的法案不符合香港特别行政区的整体利益，可在三个月内将法案发回立法会重议，立法会如以不少于全体议员三分之二多数再次通过原案，行政长官要么在一个月内签署公布，要么通过一定的程序解散立法会。故 B 错。

《香港基本法》第 95 条规定："香港特别行政区可与全国其他地区的司法机关通过协商依法进行司法方面的联系和相互提供协助。"基于此，C 对。

《香港基本法》第 55 条规定："香港特别行政区行政会议的成员由行政长官从行政机关的主要官员、立法会议员和社会人士中委任，其任免由行政长官决定。"基于此 D 错。

第十节　基层群众性自治组织

一、村民委员会

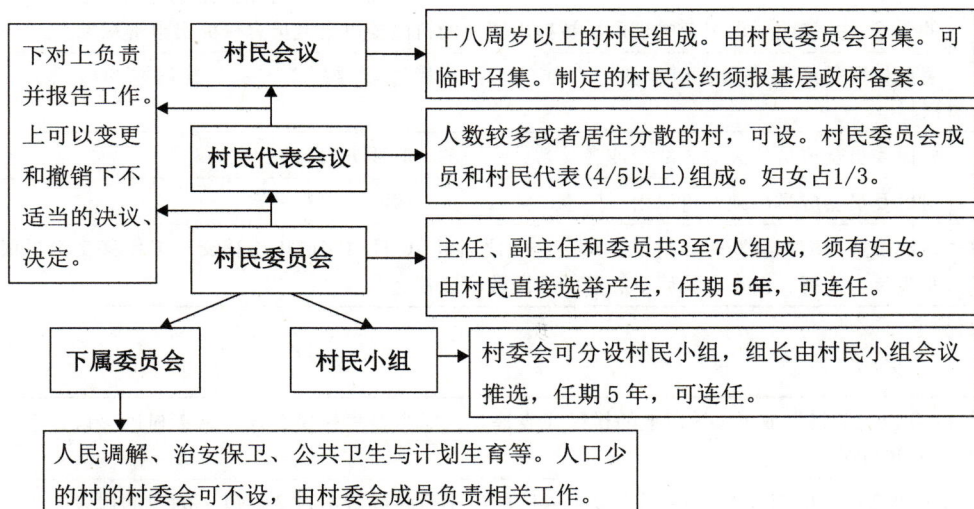

下对上负责并报告工作。上可以变更和撤销下不适当的决议、决定。

村民会议 → 十八周岁以上的村民组成。由村民委员会召集。可临时召集。制定的村民公约须报基层政府备案。

村民代表会议 → 人数较多或者居住分散的村，可设。村民委员会成员和村民代表(4/5以上)组成。妇女占1/3。

村民委员会 → 主任、副主任和委员共3至7人组成，须有妇女。由村民直接选举产生，任期 5年，可连任。

下属委员会　村民小组 → 村委会可分设村民小组，组长由村民小组会议推选，任期 5 年，可连任。

人民调解、治安保卫、公共卫生与计划生育等。人口少的村的村委会可不设，由村委会成员负责相关工作。

（一）关于村委会的问题

1. 村委会的设立、撤销、范围调整，由乡、民族乡、镇的人民政府提出，经村民会议讨论同意后，报县级人民政府批准。

帆哥提示　乡提县批村委会。

2. 村民委员会的选举、罢免、补选

选举	由村民选举委员会主持选举。村民选举委员会由主任和委员组成，由村民会议、村民代表会议或者各村民小组会议推选产生。
	村民委员会选举前，应当对下列人员进行登记，列入参加选举的村民名单： ①户籍在本村并且在本村居住的村民； ②户籍在本村，不在本村居住，本人表示参加选举的村民； ③户籍不在本村，在本村居住 1 年以上，本人申请参加选举，并且经村民会议或者村民代表会议同意参加选举的公民。 已在户籍所在村或者居住村登记参加选举的村民，不得再参加其他地方村民委员会的选举。
	参加选举的村民名单问题和《选举法》相似，只是没有规定起诉程序。
	当选的计算方法和《选举法》相同，最核心的地方在于"双过半"。
	登记参加选举的村民，选举期间外出可以委托有选举权的近亲属代为投票。
罢免	本村 1/5 以上有选举权的村民或者 1/3 以上的村民代表联名，可以提出罢免村民委员会成员的要求，并说明要求罢免的理由。被提出罢免的村民委员会成员有权提出申辩意见。
	罢免村民委员会成员，须有登记参加选举的村民过半数投票，并须经投票的村民过半数通过。
补选	村民委员会成员丧失行为能力或者被判处刑罚的，其职务自行终止。
	村民委员会成员出缺，可以由村民会议或者村民代表会议进行补选。
工作移交	村民委员会应当自新一届村民委员会产生之日起 10 日内完成工作移交。工作移交由村民选举委员会主持，由乡、民族乡、镇的人民政府监督。

（二）关于村民会议的问题

1. 有 1/10 以上的村民或者 1/3 以上的村民代表提议，应当召集村民会议。召集村民会议，应当提前 10 天通知村民。
2. 召开村民会议，应当有本村 18 周岁以上村民的过半数，或者本村 2/3 以上的户的代表参加，村民会议所作决定应当经到会人员的过半数通过。
3. 召开村民会议，根据需要可以邀请驻本村的企业、事业单位和群众组织派代表列席。

（三）关于村民代表会议

1. 村民代表由村民按每 5 户至 15 户推选一人，或者由各村民小组推选若干人。村民代表的任期与村民委员会的任期相同。村民代表可以连选连任。
2. 村民代表会议每季度召开一次。有 1/5 以上的村民代表提议，应当召集村民代表会议。
3. 村民代表会议有 2/3 以上的组成人员参加方可召开，所作决定应当经到会人员的过半数同意。

（四）民主管理和民主监督

1. 村委会实行**村务公开制度**。法律规定的一般事项至少**每季度**公布一次；集体财务往来较多的，财务收支情况应当**每月**公布一次；涉及村民利益的重大事项应当**随时**公布。
2. 村应当建立**村务监督委员会**或者其他形式的村务监督机构。其成员由村民会议或者村民代表会议在村民中推选产生，其中应有具备财会、管理知识的人员。村民委员会成员及其近亲属不得担任村务监督机构成员。村务监督机构成员向村民会议和村民代表会议负责，可以列席村民委员会会议。
3. **村民委员会成员以及由村民或者村集体承担误工补贴的聘用人员**，应当接受村民会议或者村民代表会议对其履行职责情况的**民主评议**。民主评议每年至少进行一次，由村务监督机构主持。村民委员会成员连续两次被评议不称职的，其职务终止。
4. 村民委员会和村务监督机构应当建立**村务档案**。
5. **村民委员会成员实行任期和离任经济责任审计**。由县级人民政府农业部门、财政部门或者乡、民族乡、镇的人民政府负责组织，审计结果应当公布，其中离任经济责任审计结果应当在下一届村民委员会选举之前公布。

【经典习题】

杨某与户籍在甲村的村民王某登记结婚后，与甲村村委会签订了"不享受本村村民待遇"的"入户协议"。此后，杨某将户籍迁入甲村，但与王某长期在外务工。甲村村委会任期届满进行换届选举，杨某和王某要求参加选举。对此，下列说法正确的是：（不定项）[1]

A. 王某因未在甲村居住，故不得被列入参加选举的村民名单

B. 杨某因与甲村村委会签订了"入户协议"，故不享有村委会选举的被选举权

C. 杨某经甲村村民会议或村民代表会议同意之后方可参加选举

D. 选举前应当对杨某进行登记，将其列入参加选举的村民名单

【分析】根据《村委会组织法》的规定，村民委员会选举前，应当对下列人员进行登记，列入参加选举的村民名单：（1）户籍在本村并且在本村居住的村民；（2）户籍在本村，不在本村居住，本人表示参加选举的村民；（3）户籍不在本村，在本村居住一年以上，本人申请参加选举，并且经村民会议或者村民代表会议同意参加选举的公民。

王某和杨某虽然未在甲村居住，但户籍在本村，且要求要参加选举，都应该列入名单，故 A 错，D 对。杨某户籍在本村，其参加选举无需任何组织同意，故 C 错。选举权属于政治权利，村委会无权剥夺，故 B 错。

---

〔1〕【答案】D

二、居民委员会

设置		居委会的设立、撤销、规模调整，由不设区的市、市辖区的人民政府决定。
组织	居委会	居委会由主任、副主任和委员共5至9人组成。
		居委会的成员可以由本居住地区范围内全体年满18周岁且没有被剥夺政治权利的居民选举产生，也可以由每户派出代表选举产生，还可以由每个居民小组选举代表2至3人选举产生。
		居民委员会每届任期5年，其成员可以连选连任。
		居民委员会可以分设若干居民小组，小组长由居民小组推选。
		居委会根据需要可以设立人民调解、治安保卫、公共卫生等委员会，也可不设下属委员会，由居委会成员分工负责有关工作。
	居民会议	居民会议由18周岁以上的居民组成。
		居民会议可以由全体18周岁以上的居民或者每户派代表参加，也可以由每个居民小组选举代表2至3人参加。
		居民会议必须有全体18周岁以上的居民、户的代表或者居民小组选举的代表的过半数出席，才能举行。会议的决定，由出席人的过半数通过。
		居民委员会向居民会议负责并报告工作。
		居民会议由居民委员会召集和主持。有1/5以上的18周岁以上的居民、1/5以上的户或者1/3以上的居民小组提议，应当召集居民会议。涉及全部居民利益的重要问题，居民委员会必须提请居民会议讨论决定。
		居民会议有权撤换和补选居民委员会成员。
		居民委员会决定问题，采取少数服从多数的民主决策原则。
		居民公约由居民会议讨论制定，报不设区的市、市辖区的人民政府或者它的派出机关备案，由居民委员会监督执行。居民应当遵守居民会议的决议和居民公约。

第十一节　国家标志

国旗	下列场所或者机构所在地，应当每日升挂国旗：（1）北京天安门广场、新华门；（2）中国共产党中央委员会，全国人民代表大会常务委员会，国务院，中央军事委员会，中国共产党中央纪律检查委员会、国家监察委员会，最高人民法院，最高人民检察院；中国人民政治协商会议全国委员会；（3）外交部；（4）出境入境的机场、港口、火车站和其他边境口岸，边防海防哨所。
	下列机构所在地应当在工作日升挂国旗：（1）中国共产党中央各部门和地方各级委员会；（2）国务院各部门；（3）地方各级人民代表大会常务委员会；（4）地方各级人民政府；（5）中国共产党地方各级纪律检查委员会、地方各级监察委员会；（6）地方各级人民法院和专门人民法院；（7）地方各级人民检察院和专门人民检察院；（8）中国人民政治协商会议地方各级委员会；（9）各民主党派、各人民团体；（10）中央人民政府驻香港特别行政区有关机构、中央人民政府驻澳门特别行政区有关机构。
	学校除寒假、暑假和休息日外，应当每日升挂国旗。有条件的幼儿园参照学校的规定升挂国旗。
	图书馆、博物馆、文化馆、美术馆、科技馆、纪念馆、展览馆、体育馆、青少年宫等公共文化体育设施应当在开放日升挂、悬挂国旗。
国歌	在下列场合应当奏唱国歌：（1）全国人大会议和地方各级人大会议的开幕、闭幕，中国人民政治协商会议全国委员会会议和地方各级委员会会议的开幕、闭幕；（2）各政党、各人民团体的各级代表大会等；（3）宪法宣誓仪式；（4）升国旗仪式；（5）各级机关举行或者组织的重大庆典、表彰、纪念仪式等。（6）国家公祭仪式；（7）重大外交活动；（8）重大体育赛事；（9）其他应当奏唱国歌的场合。
国徽	下列机构应当悬挂国徽：（1）各级人民代表大会常务委员会；（2）各级人民政府；（3）中央军事委员会；（4）各级监察委员会；（5）各级人民法院和专门人民法院；（6）各级人民检察院和专门人民检察院；（7）外交部；（8）国家驻外使馆、领馆和其他外交代表机构；（9）中央人民政府驻香港特别行政区有关机构、中央人民政府驻澳门特别行政区有关机构。
	下列场所应当悬挂国徽：（1）北京天安门城楼、人民大会堂；（2）县级以上各级人民代表大会及其常务委员会会议厅，乡、民族乡、镇的人民代表大会会场；（3）各级人民法院和专门人民法院的审判庭；（4）宪法宣誓场所；（5）出境入境口岸的适当场所。
	国徽及其图案不得用于：（1）商标、授予专利权的外观设计、商业广告；（2）日常用品、日常生活的陈设布置；（3）私人庆吊活动；（4）国务院办公厅规定不得使用国徽及其图案的其他场合。
首都	我国首都是北京。

第三章
公民的基本权利和义务

第一节　公民基本权利义务概述

一、基本权利和基本义务的概念

基本权利	公民的基本权利是指由《宪法》规定的公民享有的主要的、必不可少的权利。
基本义务	基本义务指《宪法》规定的公民必须遵守和应尽的根本责任。
基本权利的主体	基本权利的主体主要是公民。有些国家的宪法规定，法人和外国人也可以成为基本权利的主体。

二、基本权利的效力

概念		基本权利效力，是指基本权利对社会生活领域产生的拘束力，其目的在于有效地保障人权。基本权利效力源于宪法本身的效力，通过主体的权利活动体现基本权利的价值。
特点	广泛性	基本权利约束一切国家权力活动与社会生活领域。
	具体性	基本权利的效力通常在具体的事件中得到实现；特定主体在具体活动中感受到权利的价值，并通过具体的事件解决围绕效力而发生的宪法争议。
	现实性	基本权利是调整现实社会中主体活动的具体权利形态，一旦规定在宪法上便具有直接的规范效力。部门法对基本权利的具体化只是基本权利实现的一种形式，并不是唯一的形式。
体现	对立法权的制约	直接约束立法者与立法过程，以防止立法者制定侵害人权的法律，立法者在立法过程中应遵循过剩禁止原则和比例原则，控制其立法裁量权。
	对行政权的制约	基本权利对行政活动产生直接的约束力，行政活动应当体现基本权利的价值，以保障行政权的合宪性。
	对司法权的制约	基本权利直接约束一切司法权的活动，司法活动应当保护基本权利。

【经典习题】

基本权利的效力是指基本权利规范所产生的拘束力。关于基本权利效力，下列选项正确的是：（不定项）[1]

A. 基本权利规范对立法机关产生直接的拘束力

B. 基本权利规范对行政机关的活动和公务员的行为产生拘束力

C. 基本权利规范只有通过司法机关的司法活动才产生拘束力

D. 一些国家的宪法一定程度上承认基本权利规范对私人产生拘束力

【分析】 保障与尊重人权是现代法治国家进行立法活动的基本要求，基本权利的效力直接约束立法者与立法过程，以防止立法者制定侵害人权的法律。立法者在立法过程中应遵循比例原则，严格规范立法裁量权，以保证立法的民主性。故 A 对。

基本权利对行政权的活动产生直接的约束力，有关行政的一切活动都要体现基本权利的价值，以保障行政权运行的合法性与合宪性。受到基本权利效力拘束的行政活动主要包括行政机关的活动、公务员的活动、公法上的法人及其各种管理行为。故 B 对。

基本权利规范本身就具有法律效力，对国家立法权和行政权产生直接的约束力，并不是需要通过司法活动才产生拘束力，故 C 错。

从近代宪法产生的历史背景以及立宪主义的精神来看，基本权利的效力主要及于国家公共权力，而不及于私人或者私法领域。进入现代社会许多西方国家的宪法在一定程度上承认某些基本权利规范对私人的约束力，如德国、日本。故 D 正确。

三、基本权利限制的界限

（一）限制基本权利的概念、目的

概念	限制基本权利，是指确定基本权利的范围，使之不得超过一定的限度。	
目的	维护社会秩序	维护社会秩序的基本要求是：合理地确定社会成员的权利与义务；明确社会主体的宪法地位；对侵犯基本权利的现象规定预防和解决的程序；保护社会成员的创造性与积极性。
	保障国家安全	在一个法治社会里，国家应履行保障基本权利的义务，首先需要保障国家安全和领土完整。当发生国际、国内危机时，正常的宪法秩序有可能遭到破坏，基本权利的保障也会失去基础。从某种意义上说，国家安全是基本权利保障的前提之一。
	维护公共利益	行使权利和自由不得违背社会的公共利益。

---

[1] **【答案】** ABD

（二）限制基本权利的基本形式

内在限制		基本权利本身具有的限制，即宪法中规定的基本权利概念本身对其范围与界限做了必要的限定。
		通过具体附加的文句对其范围进行了限定，如行使集会游行示威权利时要求不得侵犯他人的权利与自由，行使言论自由权利时要求遵循社会公德等。
宪法和法律限制	宪法界限	中华人民共和国公民在行使自由和权利的时候，不得损害国家的、社会的、集体的利益和其他公民的合法的自由和权利。
	法律限制	具体的限制方式有两种形式：（1）法律的一般保留，即法律规定的保留适用于所有基本权利，所有权利受法律限制。（2）法律的个别保留，即根据法律的具体条文而对基本权利进行限制。在具体限制基本权利时一般保留和个别保留有时会出现重复的现象，有些国家只规定个别保留而没有规定一般保留，如韩国、日本。法律保留主要以行政活动为对象，必要时也可约束立法活动，以保障基本权利不受立法侵害。

四、我国公民基本权利和义务的主要特点

广泛性	享有基本权利和自由的主体非常广泛。
	享有基本权利和自由的范围非常广泛。
平等性	公民在享有权利和履行义务方面一律平等。
	司法机关在适用法律上一律平等。
现实性	公民基本权利和义务的内容具有现实性。我国《宪法》关于公民基本权利和义务的规定是从我国政治、经济、文化发展的实际状况出发的。
	《宪法》对公民基本权利义务的规定，既有物质保障又有法律保障，因而是可以实现的。
一致性	享有权利和承担义务的主体是一致的。《宪法》第33条第4款规定："任何公民享有宪法和法律规定的权利，同时必须履行宪法和法律规定的义务。"
	公民的某些权利和义务是相互结合的，如劳动、受教育既是公民的基本权利，又是公民的基本义务。
	公民的基本权利和义务相互促进，相辅相成。公民基本权利的有效保障将促使公民自觉地履行义务，公民义务的自觉履行将为公民基本权利和自由的扩大创造条件。

第二节　我国公民的基本权利

一、平等权

（一）平等权的概念与要求

概念	平等权是指公民依法平等地享有权利，不受任何差别对待，要求国家给予同等保护的权利。
要求	中华人民共和国公民在法律面前一律平等。
	允许合理的差别对待。禁止不合理的差别对待。

（二）宪法对特定群体的保护

妇女	中华人民共和国妇女在政治的、经济的、文化的、社会的和家庭的生活等方面享有同男子平等的权利。
退休人员和军烈属	国家依照法律规定实行企业事业组织的职工和国家机关工作人员的退休制度。退休人员的生活受到国家和社会的保障。
	国家和社会保障残废军人的生活，抚恤烈士家属，优待军人家属。
	国家和社会帮助安排盲、聋、哑和其他有残疾的公民的劳动、生活和教育。
婚姻、家庭、母亲、儿童和老人	婚姻、家庭、母亲和儿童受国家的保护。禁止破坏婚姻自由，禁止虐待老人、妇女和儿童。
青少年和儿童	国家培养青年、少年、儿童在品德、智力、体质等方面全面发展。
华侨、归侨和侨眷	华侨是居住在外国的中国公民。归侨是已经回国定居的华侨。
	中华人民共和国保护华侨的正当权利和利益，保护归侨和侨眷的合法权利和利益。

【经典习题】

中华人民共和国公民在法律面前一律平等。关于平等权，下列哪一表述是错误的？（单选）[1]

　A. 我国宪法中存在一个关于平等权规定的完整规范系统

　B. 犯罪嫌疑人的合法权利应该一律平等地受到法律保护

　C. 在选举权领域，性别和年龄属于宪法所列举的禁止差别理由

　D. 妇女享有同男子平等的权利，但对其特殊情况可予以特殊保护

　[分析] 在选举权领域，性别是禁止差别对待的理由，男女平等地享有选举权和被选举权。但是年龄是影响是否享有选举权和被选举权的因素之一，按照我国《选举法》，年满

---

[1]【答案】C

18 周岁才有可能享有选举权和被选举权，故 C 表述错误，A、B、D 正确。

二、政治权利和自由

选举权和被选举权	中华人民共和国年满 18 周岁的公民，不分民族、种族、性别、职业、家庭出身、宗教信仰、教育程度、财产状况、居住期限，都有选举权和被选举权；但是依照法律被剥夺政治权利的人除外。
政治自由	公民有言论、出版、集会、结社、游行、示威的自由。

三、宗教信仰自由

中华人民共和国公民有宗教信仰自由。
任何国家机关、社会团体和个人不得强制公民信仰宗教或者不信仰宗教，不得歧视信仰宗教的公民和不信仰宗教的公民。
国家保护正常的宗教活动。任何人不得利用宗教进行破坏社会秩序、损害公民身体健康、妨碍国家教育制度的活动。
宗教团体和宗教事务不受外国势力支配。

　　📘帆哥提示　国家保护正常的宗教活动。注意这里用词是"正常"，不是合法、合理、正当。

四、人身自由（广义）

生命权	生命权主体只能是自然人，包括本国人、外国人和无国籍人。
	生命权是享有其他权利的基础。但未明文规定，属于隐含的权利。
人身自由不受侵犯	中华人民共和国公民的人身自由不受侵犯。
	任何公民，非经人民检察院批准或者决定或者人民法院决定，并由公安机关执行，不受逮捕。
	禁止非法拘禁和以其他方法非法剥夺或者限制公民的人身自由，禁止非法搜查公民的身体。
人格尊严不受侵犯	中华人民共和国公民的人格尊严不受侵犯。禁止用任何方法对公民进行侮辱、诽谤和诬告陷害。
	人格权包括：姓名权、肖像权、名誉权、荣誉权、隐私权。
住宅不受侵犯	中华人民共和国公民的住宅不受侵犯。禁止非法搜查或者非法侵入公民的住宅。
通信自由和通信秘密	中华人民共和国公民的通信自由和通信秘密受法律的保护。除因国家安全或者追查刑事犯罪的需要，由公安机关或者检察机关依照法律规定的程序对通信进行检查外，任何组织或者个人不得以任何理由侵犯公民的通信自由和通信秘密。
	📘帆哥提示　对公民通信进行检查的条件：两原因＋两机关。

【经典习题】

某县人民法院审理一民事案件过程中，要求县移动通信营业部提供某通信用户的电话详单。根据我国宪法的规定，下列说法何者为正确？（不定项）[1]

A. 用户电话详单属于宪法保护的公民通信秘密的范围

B. 县人民法院有权要求县移动通信营业部提供任何移动通信用户的电话详单

C. 县移动通信营业部有义务保护通信用户的通信自由和通信秘密

D. 县人民法院有权检查任何移动通信用户的电话详单

【分析】 为社会提供通信服务的单位和个人有义务保护客户的通信记录等通信信息；县人民法院无权因一民事案件要求县移动通信营业部提供或者直接检查通信用户的电话清单。因而，A、C 项正确。

五、社会经济权利

财产权	公民的合法的私有财产不受侵犯。国家依照法律规定保护公民的私有财产权和继承权。
	国家为了公共利益的需要，可以依照法律规定对公民的私有财产权实行征收或征用并给予补偿。
劳动权	中华人民共和国公民有劳动的权利和义务。
休息权	中华人民共和国劳动者有休息的权利。
获得物质帮助的权利	中华人民共和国公民在年老、疾病或者丧失劳动能力的情况下，有从国家和社会获得物质帮助的权利。

六、文化教育权利

受教育的权利	中华人民共和国公民有受教育的权利和义务。
进行科学研究、文学艺术创作和其他文化活动的自由	国家对于从事教育、科学、技术、文学、艺术和其他文化事业的公民的有益于人民的创造性工作，给予鼓励和帮助。

【经典习题】

关于文化教育权利是公民在教育和文化领域享有的权利和自由的说法，下列哪一选项是错误的？（单选）[2]

A. 受教育既是公民的权利，又是公民的义务

B. 宪法规定的文化教育权利是公民的基本权利

C. 我国公民有进行科学研究、文学艺术创作和其他文化活动的自由

D. 同社会经济权利一样，文化教育权利属于公民的积极受益权

[1]【答案】AC
[2]【答案】D

【分析】此题的关键在于如何理解积极的受益权。积极受益权是指公民可以积极主动地向国家提出请求、国家也应积极予以保障的权利。公民的社会经济权利（财产权和继承权除外）、文化教育权利都属于公民的受益权，财产权和继承权属于消极受益权，文化教育权利属于积极受益权。故 D 错。

七、监督权和获得赔偿权

监督权	批评、建议权	公民对于任何国家机关和国家工作人员，有提出批评和建议的权利；
	控告权、检举权、申诉权	对于任何国家机关和国家工作人员的违法失职行为，有向有关国家机关提出申诉、控告或者检举的权利，但是不得捏造或者歪曲事实进行诬告陷害。对于公民的申诉、控告或者检举，有关国家机关必须查清事实，负责处理。任何人不得压制和打击报复。
获得赔偿权		由于国家机关和国家工作人员侵犯公民权利而受到损失的人，有依照法律规定取得赔偿的权利。

【经典习题】

张某对当地镇政府干部王某的工作提出激烈批评，引起群众热议，被公安机关以诽谤他人为由行政拘留 5 日。张某的精神因此受到严重打击，事后相继申请行政复议和提起行政诉讼，法院依法撤销了公安机关《行政处罚决定书》。随后，张某申请国家赔偿。根据《宪法》和法律的规定，关于本案的分析，下列哪些选项是正确的？（多选）[1]

A. 王某因工作受到批评，人格尊严受到侵犯

B. 张某的人身自由受到侵犯

C. 张某的监督权受到侵犯

D. 张某有权获得精神损害抚慰金

【分析】基于我国宪法，公民可以对任何国家机关及其工作人员提出批评和建议，所以，张某对作为当地镇政府干部的王某的工作提出激烈批评是行使其宪法权利的行为，并无不妥，故 A 错。其余三项的说法正确。

第三节　我国公民的基本义务

1	中华人民共和国公民有维护国家统一和全国各民族团结的义务。
2	中华人民共和国公民必须遵守宪法和法律，保守国家秘密，爱护公共财产，遵守劳动纪律，遵守公共秩序，尊重社会公德。
3	中华人民共和国公民有维护祖国的安全、荣誉和利益的义务，不得有危害祖国的安全、荣誉和利益的行为。

_____

[1] 【答案】BCD

续表

4	保卫祖国、抵抗侵略是中华人民共和国每一个公民的神圣职责。依照法律服兵役和参加民兵组织是中华人民共和国公民的光荣义务。
5	中华人民共和国公民有依照法律纳税的义务。

帆哥提示 服兵役的义务应当注意以下问题：

1. 依法服兵役义务的主体是中华人民共和国公民，**外国人不能成为服兵役义务的主体**。

2. 中华人民共和国实行以**志愿兵役**为主体的**志愿兵役与义务兵役相结合**的兵役制度。

3. 不得服兵役。**依法被剥夺政治权利的人没有服兵役的资格**。

4. 不征集服兵役。应征公民被羁押，正在受侦查、起诉、审判的，或者被判处徒刑、拘役、管制在服刑的，不征集。

5. 缓征。应征公民是维持家庭生活的唯一劳动力，可以缓征。

6. 根据《兵役法》第 20 条的规定，每年 12 月 31 日以前年满 18 周岁的男性公民，应当被征集服现役。当年未被征集的，在 22 周岁以前仍可以被征集服现役，普通高等学校毕业生的征集年龄可以放宽至 **24 周岁**。研究生的征集年龄可以放宽至二十六周岁。根据军队需要，可以按照前面规定征集女性公民服现役。

7. 根据军队需要和本人自愿，**可以征集当年 12 月 31 日以前年满 17 周岁未满 18 周岁的公民服现役**。

8. 《兵役法》规定，有服兵役义务的公民拒绝、逃避兵役登记的，应征公民拒绝、逃避征集的，预备役人员拒绝、逃避军事训练的，经教育不改，基层人民政府应当强制其履行兵役义务。

【经典习题】

王某为某普通高校应届毕业生，23 岁，尚未就业。根据《宪法》和法律的规定，关于王某的权利义务，下列哪一选项是正确的？（单选）[1]

A. 无需承担纳税义务　　　　　　B. 不得被征集服现役

C. 有选举权和被选举权　　　　　D. 有休息的权利

【分析】《宪法》第 56 条规定："中华人民共和国公民有依照法律纳税的义务。"纳税的主体是公民，故王某有纳税的义务。

《宪法》第 55 条规定："……依照法律服兵役和参加民兵组织是中华人民共和国公民的光荣义务。"根据《兵役法》第 20 条的规定，每年 12 月 31 日以前年满 18 周岁的男性公民，应当被征集服现役。当年未被征集的，在 22 周岁以前仍可以被征集服现役，普通高等学校毕业生的征集年龄可以放宽至 24 周岁。故王某有服兵役的义务。

《宪法》第 34 条规定："中华人民共和国年满十八周岁的公民，不分民族、种族、性别、职业、家庭出身、宗教信仰、教育程度、财产状况、居住期限，都有选举权和被选举权；但是依照法律被剥夺政治权利的人除外。"故王某有选举权和被选举权。

《宪法》第 43 条规定："中华人民共和国劳动者有休息的权利。"王某尚未就业不属于劳动者，没有休息的权利。

---

〔1〕**【答案】** C

一、国家机关概览

（一）中央国家机关

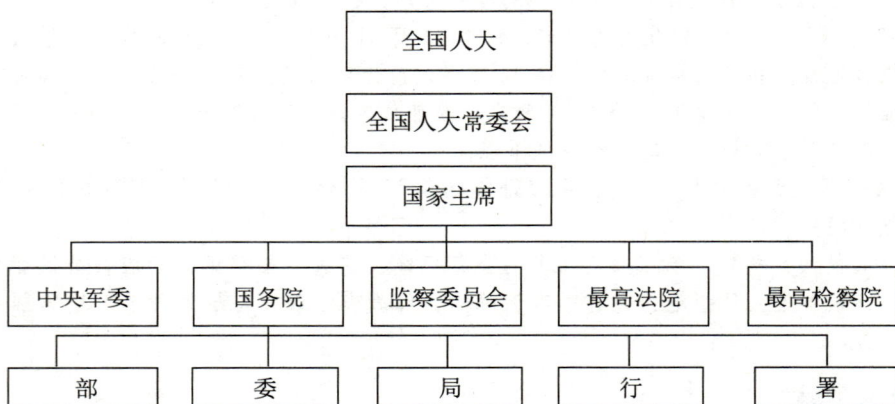

```
                    全国人大
                       │
                 全国人大常委会
                       │
                    国家主席
                       │
   ┌────────┬─────────┼─────────┬──────────┐
中央军委   国务院   监察委员会   最高法院   最高检察院
   │
┌────┬────┬────┬────┬────┐
部    委    局    行    署
```

（二）地方国家机关

1. 县级以上地方国家机关

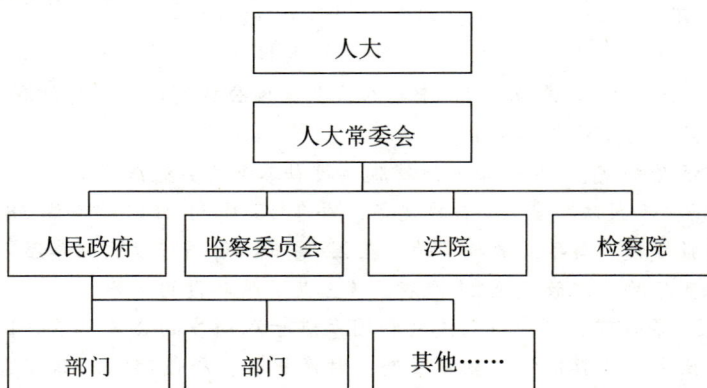

```
                     人大
                      │
                  人大常委会
                      │
   ┌──────────┬──────────┬──────────┐
人民政府    监察委员会    法院       检察院
   │
┌──────┬──────┬──────┐
部门    部门    其他……
```

2. 乡级地方国家机关

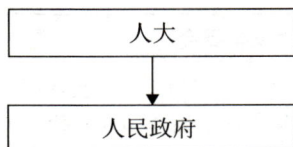

```
┌─────────────────┐
│      人大        │
└─────────────────┘
         │
         ▼
┌─────────────────┐
│    人民政府      │
└─────────────────┘
```

二、人大及其常委会

（一）性质、地位

	全国人大及常委会	地方人大及常委会
性质、地位	全国人大是最高国家权力机关，同时也是最高国家立法机关。在国家机构体系中居于首要地位。	地方各级人大是地方国家权力机关，在同级国家机关中处于支配和核心的地位。
	全国人大常委会是全国人大的常设机关，是最高国家权力机关的组成部分，是行使国家立法权的机关。全国人大常委会对全国人大负责并报告工作，接受其监督。	县级以上地方各级人大常委会是本级人大的常设机关，是同级国家权力机关的组成部分，地方各级人大常委会对本级人大负责并报告工作。

（二）组成

	全国人大及常委会	地方人大及常委会
组成	全国人大由省、自治区、直辖市、特别行政区和军队选出的代表组成。总数不超过 3000 名。全国人大常委会确定各选举单位代表名额比例的分配。各少数民族在全国人民代表大会中都应当有适当名额的代表，人口特少的民族至少应有代表 1 人。	地方各级人大由代表组成。县级人大代表由选民直接选举产生，其余地方各级人大代表由间接选举产生。（地方各级人大代表的数额参见选举法的相关规定。）
	全国人大常委会由委员长、副委员长若干人、秘书长和委员若干人组成，由每届全国人大第一次会议选举产生，不得担任行政机关、监察机关、审判机关和检察机关的职务。自十届全国人大起，全国人大常委会还增设了若干专职委员。应当有适当名额的少数民族代表。	县级以上（不含县级）地方人大常委会由主任、副主任若干人、秘书长、委员若干人组成。县级人大常委会由主任、副主任若干人和委员若干人组成。组成人员常委会不得担任国家行政机关、监察机关、审判机关和检察机关的职务。

🗨 帆哥提示

1. 乡级人大不设常委会，但乡人大设专职的主席、副主席，负责主席团的日常工作，由乡人大选举产生，不得担任行政机关的职务。

2. 县级人大常委会、县级人民政府不设秘书长。但是要注意县人大有秘书长。

（三）任期

	全国人大及常委会	地方人大及常委会
任期	全国人大行使职权的法定期限即每届任期为 5 年。在任期届满前的 2 个月以前，全国人大常委会必须完成下届全国人大代表的选举工作。如果遇到不能进行选举的非常情况，由全国人大常委会以全体委员三分之二以上的多数通过，可以推迟选举，延长本届全国人大的任期；但在非常情况结束后 1 年以内，全国人大常委会必须完成下届全国人大代表的选举。	地方各级人大的每届任期均为 5 年。
	全国人大常委会每届任期 5 年，但是委员长、副委员长连续任职不得超过 2 届。	地方人大常委会每届任期 5 年。

🈁 帆哥提示

1. 1993 年《宪法修正案》把县级人大的任期由 3 年改为 5 年。
2. 2004 年《宪法修正案》把乡级人大的任期由 3 年改为 5 年。

（四）会议制度

	全国人大及常委会	地方人大及常委会
会议制度	1. 全国人大会议每年举行一次。 2. 如果全国人大常委会认为有必要或者五分之一以上的全国人大代表提议，可以临时召集。 3. 全国人大会议均由全国人大常委会召集，每届全国人大第一次会议在本届全国人大代表选举完成的两个月内，由上届全国人大常委会召集，以后的历次会议均由本届常务委员会负责召集。 4. 全国人大的会议形式主要有预备会议、全体会议和小组会议等。 5. 由全国人大常委会主持召集预备会议，选举产生本次大会主席团和秘书长，讨论本次会议的议程以及其他准备事项。 6. 预备会议后，全国人大由主席团正式主持全体会议。 7. 在全体会议期间，根据需要举行小组会议，审议和讨论有关事项。 8. 全体会议一般公开举行，在必要时经主席团和各代表团团长会议决定，可以举行秘密会议。 9. 国务院的组成人员，中央军委的组成人员，最高人民法院院长和最高人民检察院检察长列席会议。其他国家机关、团体的负责人，经主席团决定也可以列席会议。	1. 县级以上（含县级）地方人大举行会议的程序和全国人大的会议程序基本相同。只是提议临时会议的主体只有五分之一以上的本级人大代表。 2. 乡级人大举行会议时，选举主席团。由主席团主持会议，并负责召集下一次的本级人民代表大会会议。乡级人大的主席、副主席为主席团的成员。主席团在闭会期间的工作，向本级人民代表大会报告。 3. 县级以上的地方各级人民政府组成人员和法院院长、检察长，乡级的人民政府领导人员，列席本级人民代表大会会议；县级以上的其他有关机关、团体负责人，经本级人大常委会决定，可以列席本级人民代表大会会议。
	全国人大常委会： 1. 全体会议：由全体组成人员组成。一般每两个月举行一次。 2. 委员长会议：由委员长、副委员长、秘书长组成，处理全国人大常委会重要的日常工作，但委员长会议有其职权的界限，不能代替常务委员会行使职权。	地方人大常委会： 1. 常委会会议：全体组成人员组成，至少每两个月召集一次。 2. 主任会议：由常委会主任、副主任、秘书长（县级由主任、副主任）组成，处理常委会日常工作。

帆哥提示

1. 全国人大举行会议时提案的主体有：两团（主席团、一个代表团）、两委（常委会、专门委员会）、两央（中央军事委员会、国务院）、两高（最高法、最高检）、30 名以上代表。

2. 可以向全国人大常委会提案的主体有：两央、两高、专门委员会、常委会组成人员 10 人以上、委员长会议。

3. 地方各级人民代表大会举行会议的时候，主席团、常务委员会、各专门委员会、本级人民政府、一定数额的人大代表（县级以上 10 人、乡级 5 人）可以向本级人大提出议案。

（五）职权

1. 立法权

	全国人大及常委会	地方各级人大及常委会
宪法	全国人大根据全国人大常委会或者五分之一以上的代表提议修改宪法。 全国人大常委会解释宪法。 全国人大及常委会监督宪法的实施。	无
立法	全国人大及常委会行使国家立法权。全国人大制定和修改基本法律。全国人大常委会制定和修改基本法律以外的法律，在全国人大闭会期间可以对基本法律进行部分的补充和修改。	省级人大及常委会、设区的市、自治州的人大及常委会有权制定地方性法规。

2. 人事权

（1）选举

	全国人大及常委会	地方人大及常委会
选举	全国人大根据主席团的提名选举全国人大常委会的组成人员、国家主席、副主席、军委主席、最高法院院长、最高检察院检察长、监察委员会主任。 **帆哥提示** 人常三主席，法检首席监主任。	1. 县级以上地方人大有权选举本级人大常委会的组成人员、本级人民政府的正职、副职、本级法院院长、检察院检察长、监察委员会主任，但是检察长需要由上一级检察长提请该级人大常委会批准。 2. 乡级人大有权选举人大主席、副主席，乡级政府的正副职。 **帆哥提示** 需要地方人大选举的职位有：人常选全体，行政正副职，法检监正职，检长还需上常批。

帆哥提示 地方人大选举其他国家机关组成人员的程序：

1. 主席团或一定数额的人大代表联名可以提出以上职务的候选人人选。（一定数额的人大代表指的是：省级人大代表 30 人以上书面联名；地级 20 人以上；县级 10 人以上；乡级 10 人以上。）

2. 候选人人数：选举正职可以差额也可以等额；选举副职（候选人数应比应选人数多 1 人~3 人）和人大常委会的委员（候选人数应比应选人数多十分之一至五分之一），必须差额。补选可以差额也可以等额。

（2）决定

	全国人大及常委会	地方人大及常委会
决 定	全国人大： 1. 根据国家主席的提名决定总理的人选； 2. 根据总理的提名决定国务院其他人员的人选； 3. 根据军委主席的提名决定军委副主席和委员的人选。 🎩帆哥提示　席提总，总提其，军事委员副主席。 全国人大常委会： 1. 在全国人大闭会期间，根据总理的提名决定国务院其他人员的人选。 2. 在全国人大闭会期间，根据军委主席的提名，决定军委其他组成人员的人选。 3. 根据最高人民法院院长的提名，任免最高人民法院副院长、审判员、审判委员会委员和军事法院院长。 4. 根据最高人民检察院检察长的提名，任免最高人民检察院副检察长、检察员、检察委员会委员、军事检察院检察长，并且批准省、自治区、直辖市的人民检察院检察长的任免。 5. 根据监察委员会主任的提名，任免副主任和委员。 🎩帆哥提示　全国人大常委会决定任免的职务有：国家正部级，军委副主席，法检监察去首席。	地方人大常委会： 1. 根据政府正职的提名决定本级政府秘书长和工作部门正职的任免，报上一级人民政府备案。 2. 任免和撤销监察委员、法院、检察院副职及以下的所有司法和检察职务。但是助理审判员和助理检察员除外。 3. 在政府、法、检的正职因故不能担任职务时从副职中决定代理人选，但是决定代理检察长须报上一级检察院和人大常委会备案。 4. 职务撤销 （1）县级以上地方人大常委会在本级人大闭会期间，可以决定撤销本级人民政府个别副职、由其任命的政府其他组成人员及法检职务。 （2）县级以上地方各级人民政府、法院和检察院、人大常委会主任会议、人大常委会五分之一以上的组成人员可以提出撤职案。 （3）撤职案的表决采用无记名投票的方式，由常委会全体组成人员的过半数通过。 🎩帆哥提示　地方人大常委会决定任免的职务有：行政去正副，法检监察无正职。

（3）罢免

	全国人大	地方人大
罢免	全国人大有权罢免其选举或者决定任命的人员。罢免案由全国人大主席团或者3个以上的代表团或者十分之一以上的代表提出，由主席团提请大会审议，并经全体代表的过半数同意，才能通过。 🎩帆哥提示　1. 人大常委会无罢免权。 2. 罢免仅限于全国人大选举或者决定任命的人员，可总结为口诀：四团十分一，法检监察罢正职。	1. 县级以上地方各级人大主席团、常务委员会或者十分之一以上代表联名，可以提出对本级人大常委会组成人员、人民政府组成人员、人民法院院长、人民检察院检察长、监察委员会主任的罢免案，由主席团提请大会审议。 2. 乡人大主席团或五分之一以上代表联名，可以提出对本级人大主席、副主席、（副）乡长、（副）镇长的罢免案。 🎩帆哥提示　可以向各级人大提出罢免案的主体：一团和人常，代表十分一，乡是五分一，法检罢正职，人常政府罢全体。

（4）接受辞职

	全国人大及常委会	地方人大及常委会
接受辞职	1. 全国人大会议期间，由全国人大选举或者决定的人员提出辞职的，由主席团将其辞职请求交各代表团审议后，提请大会全体会议决定；大会闭会期间提出辞职的，由委员长会议将其辞职请求提请全国人民代表大会常务委员会会议审议决定。 2. 全国人民代表大会常务委员会接受全国人大常务委员会组成人员，中华人民共和国主席、副主席，国务院总理、副总理、国务委员，中央军事委员会主席，最高人民法院院长、最高人民检察院检察长、监察委员会主任辞职的，应当报请全国人民代表大会下次会议确认。（**因为这些人员全国人大常委会无权决定**）	县级以上的地方各级人民代表大会常务委员会组成人员和人民政府领导人员，人民法院院长，人民检察院检察长，监察委员会主任可以向本级人民代表大会提出辞职，由大会决定是否接受辞职；大会闭会期间，可以向本级人民代表大会常务委员会提出辞职，由常务委员会决定是否接受辞职。常务委员会决定接受辞职后，报本级人民代表大会备案。人民检察院检察长的辞职，须报经上一级人民检察院检察长提请该级人民代表大会常务委员会批准。

🙂**帆哥提示** 国家机关组成人员的去职（包括罢免和辞职）遵循的原则是怎么来怎么去，谁任免谁决定。

【经典习题】

某县人大闭会期间，赵某和钱某因工作变动，分别辞去县法院院长和检察院检察长职务。法院副院长孙某任代理院长，检察院副检察长李某任代理检察长。对此，根据《宪法》和法律，下列哪一说法是正确的？（单选）[1]

A. 赵某的辞职请求向县人大常委会提出，由县人大常委会决定接受辞职

B. 钱某的辞职请求由上一级检察院检察长向该级人大常委会提出

C. 孙某出任代理院长由县人大常委会决定，报县人大批准

D. 李某出任代理检察长由县人大常委会决定，报上一级检察院和人大常委会批准

【**分析**】《地方组织法》第32条第1款规定："县级以上的地方各级人民代表大会常务委员会组成人员和人民政府领导人员，人民法院院长，人民检察院检察长，可以向本级人民代表大会提出辞职，由大会决定是否接受辞职；大会闭会期间，可以向本级人民代表大会常务委员会提出辞职，由常务委员会决定是否接受辞职。常务委员会决定接受辞职后，报本级人民代表大会备案。人民检察院检察长的辞职，须报经上一级人民检察院检察长提请该级人民代表大会常务委员会批准。"据此，赵某和钱某在县人大闭会期间提出辞职由常委会受理，并决定是否决定接受辞职，但是钱某作为检察长，他的辞职还需要经上一级人民检察院检察长提请该级人民代表大会常务委员会批准。故A对，B错。

根据《地方组织法》第50条第13项，……从本级人民政府、监察委员会、人民法院、

---

〔1〕【答案】A

人民检察院副职领导人员中决定代理的人选；决定代理检察长，须报上一级人民检察院和人民代表大会常务委员会备案。基于此，孙某出任代理院长由县人大常委会决定即可，无需报人大批准，故 C 错。李某代理检察长在县人大常委会决定后，报上一级检察院和人大常委会备案，而不是批准。故 D 错。

3. 重大事项决定权

（1）预算、决算、国民经济和社会发展计划、审计工作报告

	人大	人大常委会
中央	全国人大有权： 1. 审查中央和地方预算草案及中央和地方预算执行情况的报告； 2. 审查和批准中央预算和中央预算执行情况的报告； 3. 改变或者撤销全国人大常委会关于预算、决算的不适当的决议；审查和批准国民经济和社会发展计划以及计划执行情况的报告	全国人大常委会： 1. 监督中央和地方预算的执行。 2. 在全国人大闭会期间，全国人大常委会有权审查和批准中央决算，有权审查和批准国民经济和社会发展计划以及国家预算在执行过程中所必须作的部分调整方案。 3. 全国人大常委会有权审查和批准国家决算草案，在每年审查和批准决算的同时，还有权听取和审议国务院提出的审计机关关于上一年度国家预算执行和其他财政收支的审计工作报告。
地方	县级以上地方各级人大审查和批准本行政区域内的国民经济和社会发展计划、预算以及它们的执行情况。	县级以上地方人大常委会： 1. 根据本级人民政府的建议，对本行政区域内的国民经济和社会发展计划、预算作部分变更。 2. 审查和批准本行政区域内上一年度的本级决算草案。 3. 听取和审议本级人民政府提出的审计机关关于上一年度预算执行和其他财政收支的审计工作报告。

（2）战争与和平

全国人大	全国人大常委会
决定战争与和平。	在全国人大闭会期间，如果遇到国家遭受武装侵犯或者必须履行国家间共同防止侵略的条约的情况，有权决定宣布战争状态。

（3）衔级制度

全国人大常委会规定军人和外交人员的衔级制度和其他专门的衔级制度。

🚢 **帆哥提示** 衔级制度只能由全国人大常委会规定。

（4）勋章和荣誉称号

1. 国家勋章和国家荣誉称号为国家最高荣誉。

2. 勋章分为共和国勋章和友谊勋章。共和国勋章授予在中国特色社会主义建设和保卫国家中作出巨大贡献、建立卓越功勋的杰出人士。友谊勋章授予在我国社会主义现代化建设和促进中外交流合作、维护世界和平中作出杰出贡献的外国人。

3. 国家设立国家荣誉称号，授予在经济、社会、国防、外交、教育、科技、文化、卫生、体育等各领域各行业作出重大贡献、享有崇高声誉的杰出人士。国家荣誉称号的名称冠以"人民"，也可以使用其他名称。国家荣誉称号的具体名称由全国人民代表大会常务委员会在决定授予时确定。

4. 全国人大常委会委员长会议、中央军事委员会、国务院可以提出授予国家勋章、国家荣誉称号的议案。

5. 全国人民代表大会常务委员会决定授予国家勋章和国家荣誉称号。

6. 中华人民共和国主席根据全国人民代表大会常务委员会的决定，向国家勋章和国家荣誉称号获得者授予国家勋章、国家荣誉称号奖章，签发证书。

7. 中华人民共和国主席进行国事活动，可以直接授予外国政要、国际友人等人士"友谊勋章"。（帆哥提示：此时不需要全国人大常委会决定。）

8. 国家设立国家功勋簿，记载国家勋章和国家荣誉称号获得者及其功绩。

9. 国家勋章和国家荣誉称号为其获得者终身享有，但依照本法规定被撤销的除外。

10. 国家勋章和国家荣誉称号获得者去世的，其获得的勋章、奖章及证书由其继承人或者指定的人保存；没有继承人或者被指定人的，可以由国家收存。国家勋章、国家荣誉称号奖章及证书不得出售、出租或者用于从事其他营利性活动。

11. 生前作出突出贡献符合本法规定授予国家勋章、国家荣誉称号条件的人士，本法施行后去世的，可以向其追授国家勋章、国家荣誉称号。

12. 国家勋章和国家荣誉称号获得者因犯罪被依法判处刑罚或者有其他严重违法、违纪等行为，继续享有国家勋章、国家荣誉称号将会严重损害国家最高荣誉的声誉的，由全国人大常委会决定撤销其国家勋章、国家荣誉称号并予以公告。

【经典习题】

根据《国家勋章和国家荣誉称号法》规定，下列哪一选项是正确的？（单选）[1]

A. 共和国勋章由全国人大常委会提出授予议案，由全国人大决定授予

B. 国家荣誉称号为其获得者终身享有

C. 国家主席进行国事活动，可直接授予外国政要、国际友人等人士"友谊勋章"

D. 国家功勋薄是记载国家勋章和国家荣誉称号获得者的名录

【分析】勋章和荣誉称号的授予，由委员长会议、国务院、中央军事委员会提出议案，由全国人大常委会决定，中华人民共和国主席根据全国人民代表大会常务委员会的决定，向国家勋章和国家荣誉称号获得者授予国家勋章、国家荣誉称号奖章，签发证书。故A错。

国家勋章和国家荣誉称号为其获得者终身享有，但依法被撤销的除外。故B错。

中华人民共和国主席进行国事活动，可以直接授予外国政要、国际友人等人士"友谊

---

[1]【答案】C

勋章"。故 C 对。

国家设立国家功勋簿，不但要记载国家勋章和国家荣誉称号获得者名录，还要记载其功绩。故 D 错。

（5）特赦

---

1. 根据现行《宪法》，特赦的"决定权"仅在全国人大常委会，不是全国人大。
2. 中华人民共和国主席根据全国人大常委会的决定发布特赦令。
3. 我国 1954 年宪法曾规定大赦与特赦两种赦免形式，但从未有过大赦的实践。1975 年《宪法》没有规定赦免，1978 年《宪法》和 1982 年《宪法》均只规定了特赦。

（6）紧急状态

---

1. 对全国或者个别省、自治区、直辖市实施紧急状态，其决定机关和宣布机关是不同的，决定机关是国家的全国人大常委会，而宣布机关是国家主席。
2. 对省、自治区、直辖市范围内部分地区实施紧急状态，由国务院作出决定并宣布。

🦄帆哥提示　人常全部紧，部分国务院。

（7）动员

---

1. 动员分为全国总动员和局部动员。
2. 动员由全国人大常委会决定。
3. 动员令由国家主席发布。

（8）驻外全权代表

---

1. 全国人大常委会决定驻外全权代表的任免。
2. 国家主席根据全国人大常委会的决定，派遣和召回驻外全权代表。

（9）条约和重要协定

---

1. 全国人大常委会决定同外国缔结条约和重要协定的批准和废除。
2. 国家主席根据全国人大常委会的决定，批准和废除同外国缔结的条约和重要协定。

🦄帆哥提示　只能由全国人大常委会决定的重大事项：代、协、衔、勋、特、动。

4. 监督权

（1）改变或者撤销规范性文件（参见《法理学》中"法的渊源"一节）。

（2）质询。

	全国人大	地方人大	人大常委会
提出主体	一个代表团或者 30 名以上代表联名	地方各级人大代表 10 人以上	全人常组成人员 10 人以上、省级 5 人以上、县级 3 人以上

续表

	全国人大	地方人大	人大常委会
质询对象	国务院和国务院各部门、国家监察委员会、最高人民法院、最高人民检察院。	本级人民政府及其部门和法院、检察院、监察委员会。	本级人民政府及其部门和法院、检察院、监察委员。
答复	1. 质询可以口头答复，也可以书面答复。口头答复时受质询机关负责人到会答复，书面答复的必须由受质询机关负责人签署。 2. 向人大常委会提出的质询案，提质询案的常务委员会组成人员的过半数（注意不是人大常委会全体组成人员的过半数）对受质询机关的答复不满意的，可以提出要求，经委员长会议或者主任会议决定，由受质询机关再作答复。		

（3）规范性法律文件的备案。（参见《法理学》中法的渊源一节）

（4）特定问题的调查。（见下文）

（六）专门委员会

1. 常设性专门委员会

	全国人大	地方人大
性质和地位	全国人大的辅助性的工作机构，其任务是在全国人大及其常委会的领导下，研究、审议、拟订有关议案。各专门委员会在讨论其所属的专门问题之后，虽然也作出决议，但这种决议必须经过全国人大或者全国人大常委会审议通过之后，才具有国家权力机关所作的决定的效力。	县级以上人大可以设专门委员会，受本级人民代表大会领导；在大会闭会期间，受本级人民代表大会常务委员会领导。
设置	全国人大设有民族委员会、宪法和法律委员会、财政经济委员会、教育科学文化卫生委员会、外事委员会、华侨委员会、内务司法委员会、环境与资源保护委员会和农业与农村委员会、社会建设委员会共 10 个专门委员会。	省级、市州级人大可以设法制委员会、财政经济委员会、教育科学文化卫生委员会等专门委员会；县级人大可以设法制委员会、财政经济委员会等专门委员会。
组成和任期	由主任委员 1 人、副主任委员和委员若干人组成，由主席团在代表中提名，由大会表决决定。在人大闭会期间，人大常委会可以补充任命专门委员会的个别副主任委员和部分委员。此外，全国人大常委会可根据需要为各委员会任命一定数量的非全国人大代表的专家作委员会的顾问，列席专门委员会会议。全国人大各专门委员会每届任期与全国人大的任期相同，即 5 年。	各专门委员会的主任委员、副主任委员和委员的人选，由主席团在代表中提名，大会通过。在大会闭会期间，常务委员会可以任免专门委员会的个别副主任委员和部分委员，由主任会议提名，常务委员会会议通过。
职权	专门委员会的职权就是提出议案、审议议案、调查研究、提出建议。应当重点注意的是：（1）全国人大民族委员会还可以对加强民族团结问题进行调查研究，提出建议；审议自治区报请批准的自治区的自治条例和单行条例，向全国人大常委会提出报告。（2）全国人大宪法和法律委员会统一审议向全国人大及其常委会提出的法律草案；其他专门委员会就有关的法律草案向宪法和法律委员会提出意见。	

帆哥提示　乡级人大不设专门委员会；人大常委会无权任免专门委员会的主任委员。

2. 临时性委员会：特定问题的调查委员会

	全国人大	县级以上人大	人大常委会
提出主体	主席团、三个以上代表团或者十分之一以上的代表。	主席团或者十分之一以上代表。	委员长会议或者主任会议、五分之一以上的常委会组成人员。
组成	由主任委员、副主任委员和委员组成，由主席团在代表中提名，提请全体会议通过。		其组成人员由委员长会议或者主任会议从本级常委会组成人员或者人大代表中提名。
其他	调查委员会在调查过程中，可以不公布调查的情况和材料。		

帆哥提示　乡级人大不设特定问题的调查委员会。

3. 代表资格审查委员会

设置	县级以上人大常委会和乡级人大设立代表资格审查委员会。
组成	（1）县级以上代表资格审查委员会的主任委员、副主任委员和委员的人选，由常务委员会主任会议在常务委员会组成人员中提名（帆哥提示：是常委会组成人员不是人大代表），常务委员会会议通过。 （2）乡级每届人大第一次会议通过的代表资格审查委员会，行使职权至本届人大任期届满为止。
职责	（1）代表资格审查委员会依法对当选代表是否符合宪法、法律规定的代表的基本条件，选举是否符合法律规定的程序，以及是否存在破坏选举和其他当选无效的违法行为进行审查，提出代表当选是否有效的意见，向本级人大常委会或者乡级人大主席团报告。 （2）县级以上的各级人大常委会或者乡级人大主席团根据代表资格审查委员会提出的报告，确认代表的资格或者确定代表的当选无效，在每届人民代表大会第一次会议前公布代表名单。

（七）人大代表

会议期间的活动	（1）出席人大会议，因健康等特殊原因不能出席的，应当请假。 （2）参加人大的各种会议。参加本级人大表决。 （3）有权提出属于本级人大职权范围内的议案，议案应当有案由、案据和方案。 （4）参加本级人大的各项选举。可对应当由人大选举的人员的候选人提出意见。 （5）全国人大代表参加决定国务院组成人员和中央军事委员会副主席、委员的人选。县级以上的人大代表参加表决通过本级专门委员会组成人员的人选。 （6）代表在审议议案和报告时，可以向本级有关国家机关提出询问。有关国家机关应当派负责人或者负责人员回答询问。 （7）提出质询案、罢免案、提议组织调查委员会。 （8）代表有权向本级人民代表大会提出对各方面工作的建议、批评和意见。

续表

闭会期间的活动	（1）**乡人大主席团、县级以上的常委会**组织本级人大代表开展闭会期间的活动。 县级以上的地方各级人大常委会受上一级常委会的委托，组织本级人大选举产生的上级代表开展闭会期间的活动。 （2）代表在闭会期间的活动以**集体**活动为主，以代表小组活动为基本形式。 （3）县级以上的各级代表，在**本级或者下级常委会**协助下，可以按照便于组织和开展活动的原则组成代表小组。县级以上的各级代表，可以参加下级代表的代表小组活动。 （4）县级以上的代表根据本级常委会的安排，对本级或者下级国家机关和有关单位的工作进行视察。乡级代表根据本级人大主席团的安排，对本级人民政府和有关单位的工作进行视察。代表视察时，可以提出约见本级或者下级有关国家机关负责人。被约见的有关国家机关负责人或者由他委托的负责人员应当听取代表的建议、批评和意见。代表视察时，可以向被视察单位提出建议、批评和意见，但**不直接处理问题**。 （5）代表有权依照法律规定的程序提议临时召集本级人民代表大会会议。 （6）县级以上的各级代表可以应邀列席本级常委会会议、本级专门委员会会议，参加本级常委会组织的执法检查和其他活动。乡级代表参加本级人大主席团组织的执法检查和其他活动。 （7）**全国人民代表大会代表，省级、设区的市的人民代表大会代表**可以列席原选举单位的人民代表大会会议，并可以应邀列席原选举单位的人大常委会会议。
执行职务的保障	在各项保障措施中，重点注意： 1. 言论免责：代表在人大各种会议上的**发言和表决**不受法律追究。 2. 人身受特别保护： （1）**县级以上**的各级代表，非经本级**主席团**许可，在本级人大闭会期间，非经本级**常委会**许可，不受**逮捕或者刑事审判**。如果因为是现行犯被拘留，执行拘留的机关应当立即向该级主席团或者常委会报告。对县级以上的各级代表，如果采取法律规定的其他限制人身自由的措施，应当经该级主席团或者常委会许可。 （2）乡、民族乡、镇的人民代表大会代表，如果被逮捕、受刑事审判，或者采取法律规定的其他限制人身自由的措施，执行机关应当立即报告乡、民族乡、镇的人民代表大会。

【经典习题】

根据《宪法》和法律的规定，关于全国人大代表的权利，下列哪些选项是正确的？（多选）[1]

A. 享有绝对的言论自由

B. 有权参加决定国务院各部部长、各委员会主任的人选

C. 非经全国人大主席团或者全国人大常委会许可，一律不受逮捕或者行政拘留

D. 有五分之一以上的全国人大代表提议，可以临时召集全国人民代表大会会议

【分析】《代表法》第31条规定："代表在人民代表大会各种会议上的发言和表决，不受法律追究。"可见，代表的言论自由仅限于人大的各种会议，故A错。

《代表法》第32条第1款规定："县级以上的各级人民代表大会代表，非经本级人民代表大会主席团许可，在本级人民代表大会闭会期间，非经本级人民代表大会常务委员会许

---

[1]【答案】BD

可，不受逮捕或者刑事审判。如果因为是现行犯被拘留，执行拘留的机关应当立即向该级人民代表大会主席团或者人民代表大会常务委员会报告。"基于此，C错。

《代表法》第11条第2款规定："全国人民代表大会代表有权对主席团提名的全国人民代表大会常务委员会组成人员的人选，中华人民共和国主席、副主席的人选，中央军事委员会主席的人选，最高人民法院院长和最高人民检察院检察长的人选，全国人民代表大会各专门委员会的人选，提出意见。"基于此，B正确。

《宪法》第61条第1款规定："全国人民代表大会会议每年举行一次，由全国人民代表大会常务委员会召集。如果全国人民代表大会常务委员会认为必要，或者有五分之一以上的全国人民代表大会代表提议，可以临时召集全国人民代表大会会议。"基于此D正确。

三、行政机关

（一）性质和地位

	国务院	地方人民政府
性质地位	1. 国务院，即中央人民政府，是最高国家权力机关的执行机关，是最高国家行政机关。 2. 国务院对全国人大及常委会负责和报告工作。	1. 地方各级人民政府是地方各级国家权力机关的执行机关，是地方各级国家行政机关。 2. 地方各级人民政府从属于本级国家权力机关，由国家权力机关产生，向它负责，受它监督。 3. 地方各级人民政府还要服从上级人民政府的领导，向上一级人民政府负责和报告工作，执行上级行政机关的决定和命令。

（二）组成和任期

	国务院	地方人民政府
组成	国务院由总理、副总理、国务委员、各部部长、各委员会主任、审计长、秘书长组成。	省、自治区、直辖市、自治州和设区的市的人民政府分别由行政正副职、秘书长、厅长、局长、委员会主任等组成。县级政府分别由行政正副职和局长、科长等组成。乡级人民政府由行政正副职组成。
任期	5年。总理、副总理、国务委员连续任职不得超过两届。	5年。
领导体制	总理负责制。	首长负责制。

（三）会议制度

	国务院	地方人民政府
全体会议	国务院全体会议由国务院全体成员组成。每两个月召开一次。	县级以上政府全体会议由本级人民政府全体成员组成。
常务会议	国务院常务会议由总理、副总理、国务委员、秘书长组成。每周召开一次。	省级、自治州和设区的市的常务会议由政府正副职、秘书长组成。县级政府常务会议由政府正副职组成。

💬 **帆哥提示**　县级人民政府不设秘书长。

（四）工作部门

	国务院	地方人民政府
设、撤、并程序	国务院各部、各委员会的设立、撤销或者合并，经总理提出，由全国人民代表大会决定；在全国人大闭会期间，由全国人大常委会决定。	1. 地方各级人民政府根据工作需要和精干的原则，设立必要的工作部门。 2. 地方人民政府工作部门的设、撤、并由本级人民政府报上一级人民政府批准，报本级人大常委会备案。
组成	各部设部长一人，副部长二至四人。各委员会设主任一人，副主任二至四人，委员五至十人。	各厅、局、委员会、科分别设厅长、局长、主任、科长，在必要的时候可以设副职。

💬 **帆哥提示**　《地方组织法》第79条第1款规定：地方各级人民政府根据工作需要和精干的原则，设立必要的工作部门。但实际上，乡级人民政府不设工作部门。

（五）审计机关

	国务院	地方人民政府
审计机关	1. 国务院设立审计机关，对国务院各部门和地方各级政府的财政收支，对国家的财政金融机构和企业事业组织的财务收支，进行审计监督。 2. 审计机关在国务院总理领导下，依照法律规定独立行使审计监督权，不受其他行政机关、社会团体和个人的干涉。	县级以上的地方各级人民政府设立审计机关。地方各级审计机关依照法律规定独立行使审计监督权，对本级人民政府和上一级审计机关负责。

💬 **帆哥提示**　1. 国务院审计机关监督的对象：财政收支＋财务收支。

2. 国务院审计机关独立工作，不受其他行政机关、社会团体和个人干涉，一定要注意"其他"二字。

（六）派出机关

	区公所	行政公署	街道办事处
设立机关	县、自治县政府	省、自治区政府	不设区的市、市辖区政府
批准机关	省、自治区、直辖市政府	国务院	上一级政府

💬 **帆哥提示**　省设国批是公署，县设省批区公所，区设上批街道办。

四、国家主席

（一）性质、地位、组成、任期、任职条件

性质、地位	中华人民共和国主席是我国国家机构的重要组成部分，对内对外代表国家，依法行使宪法规定的国家主席职权。1954 年《宪法》规定，国家主席与全国人大常委会共同行使国家元首的职权。1975 年《宪法》、1978 年《宪法》均未设置国家主席。1982 年《宪法》恢复了国家主席的设置。
组成	由主席和副主席组成。国家副主席的职责主要是协助国家主席工作。副主席可以受国家主席的委托，代替执行主席的一部分职权，如代替主席接受外国使节等。副主席受托行使国家主席职权时，具有与国家主席同等的法律地位。
任期	5 年。
任职条件	1. 有选举权和被选举权的中华人民共和国公民。 2. 年满 45 周岁。

（二）职权

公布法律、发布命令	1. 法律在全国人大或全国人大常委会正式通过后，由国家主席予以颁布施行。 2. 国家主席根据全国人大常委会的决定，发布特赦令、动员令、宣布进入紧急状态、宣布战争状态等。
人事权	1. 国务院总理、副总理、国务委员、各部部长、各委员会主任、审计长、秘书长，经全国人大或全国人大常委会正式确定人选后，由国家主席宣布其任职或免职。 2. 国家主席根据全国人大常委会的决定，派出或召回驻外大使。
外交权	1. 国家主席代表国家，进行国事活动，接受外国使节。接受外国使节的仪式也叫递交国书仪式。 2. 国家主席根据全国人大常委会的决定，宣布批准或废除条约和重要协定。
荣典权	1. 国家主席根据全国人大常委会的决定，向国家勋章和国家荣誉称号获得者授予国家勋章、国家荣誉称号奖章，签发证书。 2. 国家主席进行国事活动时可以直接授予外国政要、国际友人等人士"友谊勋章"。

　　🛇帆哥提示　1. 国家主席只有一项职权可以自行作出：进行国事活动，接受外国使节，在进行国事活动时可以直接授予外国政要、国际友人等人士"友谊勋章"。

　　2. 国家主席的人事任免权仅限于国务院的组成人员和驻外全权代表。

（三）缺位补救

主席缺位	副主席继任。
副主席缺位	全国人大补选。
同时缺位	由全国人大进行补选；补选之前，由全国人大常委会委员长暂时代理国家主席的职位。

五、中央军事委员会

性质和地位	1. 1954 年《宪法》规定，国家主席统率全国武装力量，担任国防委员会主席。 2. 1975 年《宪法》和 1978 年《宪法》在取消国家主席设置的情况下，改由中共中央主席统率全国武装力量。 3. 现行宪法设立中央军事委员会作为一个独立的国家机关，领导全国武装力量。 4. **中央军事委员会主席对全国人大及常委会负责。**
组成和任期	1. 由主席、副主席、委员构成。 2. 任期 5 年。
领导体制	中央军事委员会实行主席负责制。中央军事委员会主席有权对中央军事委员会职权范围内的事务作出最后决策。

帆哥提示 1. 军委主席没有连续任职不超过两届的限制。

2. 军事委员会的组成人员中不含秘书长。

3. 中央军事委员会主席对全国人大及常委会负责，不报告工作。国务院和两高都是整个机关对全国人大及常委会负责且要报告工作。

【经典习题】

中华人民共和国中央军事委员会领导全国武装力量。关于中央军事委员会，下列哪一表述是错误的？（单选）[1]

A. 实行主席负责制

B. 每届任期与全国人大相同

C. 对全国人大及其常委会负责

D. 副主席由全国人大选举产生

【分析】我国《宪法》明确规定国家机关实行工作责任制原则。责任制分为集体负责制和个人负责制两种形式。各级人大及常委会、法院、检察院实行集体负责制。中央军事委员会和行政机关实行个人负责制。故 A 项的说法正确。

我国的国家机关任期都为五年，中央军事委员会也不例外。不同之处在于，中央军事委员会主席只有任期五年的限制而无连任不得超过两届的限制，故 B 项的说法正确。

其他国家机关都是由人大产生的，应当对人大及其负责并报告工作。我国《宪法》规定，中央军事委员会主席对全国人大及常委会负责。故 C 项的说法正确。严格说来 C 项的表述也有问题，因为对全国人大及常委会负责的是军委主席而非军事委员会，但司法部的答案认为 C 项正确。

军委副主席不需要人大选举，是由军委主席提名，在人大会议期间由人大决定任命，在人大闭会期间由人大常委决定任命。故 D 项的说法错误。

六、司法机关

关于法院、检察院的性质、地位、组织体系与领导制度参见诉讼法和《司法制度与法

---

〔1〕【答案】D

律职业道德》部分，在这里重点掌握公、检、法三机关的关系。

分工负责	**分工负责是前提。**所谓的分工负责，是指三机关根据法律规定的责任，依照法定程序，各司其职、各尽其责，既不越权代办和干涉，也不互相推诿和不履行职责。具体在办理刑事案件时的分工体现为：公安机关负责对刑事案件的侦查、拘留、预审，执行逮捕，依法执行判决，除了由人民检察院依法自行侦查的案件外；人民检察院负责批准逮捕、审查起诉和出庭支持公诉、抗诉；人民法院负责审判。
互相配合	**互相配合是基于三机关在工作目的的一致性。**互相配合是指三机关在分工负责的基础上，通力合作，密切配合，依法办理刑事案件。在办理刑事案件的程序上，公安机关按照法律的规定完成自己的职责及时移交人民检察院，人民检察院在完成自己的职责后及时向人民法院提起公诉，人民法院对该案件进行审判，公安机关执行经人民法院审判需要执行的刑罚。三机关的具体配合还体现在，如逮捕犯罪嫌疑人必须经人民检察院批准或者人民法院决定，由公安机关负责执行。
互相制约	**互相制约是监督原则的体现，**也是国家权力依法行使的重要保障。所谓互相制约，是指三机关在分工配合的基础上，依照法律的规定，互相监督，防止错案的发生，保证准确有效地执行法律。

【经典习题】

我国宪法规定，法院、检察院和公安机关办理刑事案件，应当分工负责，互相配合，互相制约。对此，下列哪些选项是正确的？（多选）[1]

A. 分工负责是指三机关各司其职、各尽其责

B. 互相配合是指三机关以惩罚犯罪分子为目标，通力合作，互相支持

C. 互相制约是指三机关按法定职权和程序互相监督

D. 公、检、法三机关之间的这种关系，是权力制约原则在我国宪法上的具体体现

【分析】所谓互相配合，是指三机关在分工负责的基础上，通力合作，密切配合，依法办理刑事案件，并不是无条件的互相支持。故 B 错。其余三项正确。

七、监察委员会

（一）性质和地位

性质	县级以上各级设监察委员会，中央设国家监察委员会。乡级不设监察委员会。
	各级监察委员会是行使国家**监察职能**的专责机关，依法对**所有行使公权力的公职**进行监察，调查职务违法和职务犯罪，开展廉政建设和反腐败工作，维护宪法和法律的尊严。
地位	监察委员会依照法律规定独立行使监察权，不受行政机关、社会团体和个人的干涉。

---

［1］**【答案】**ACD

（二）组成和任期

组成	各级监察委员会都由**主任、副主任若干人、委员**若干人组成。
	主任由同级人大选举产生。
	副主任、委员由主任提请本级人民代表大会常务委员会任免。
任期	地方各级监察委员会主任每届任期为 5 年。
	国家监察委员会主任每届任期 5 年，连续任职不得超过两届。

（三）领导体制

	国家监察委员会对全国人民代表大会及其常务委员会负责，并接受其监督。
	地方各级监察委员会对**本级人民代表大会及其常务委员会和上一级监察委员会负责**，并接受其监督。
	国家监察委员会**领导**地方各级监察委员会的工作，上级监察委员会**领导**下级监察委员会的工作。
领导体制	上级监察机关可以办理下一级监察机关管辖范围内的监察事项，必要时也可以办理所辖各级监察机关管辖范围内的监察事项。
	监察机关之间对监察事项的管辖有争议的，由其共同的上级监察机关确定。
	上级监察机关可以将其所管辖的监察事项指定下级监察机关管辖，也可以将下级监察机关有管辖权的监察事项指定给其他监察机关管辖。
	监察机关认为所管辖的监察事项重大、复杂，需要由上级监察机关管辖的，可以报请上级监察机关管辖。

（四）与审判机关、检察机关、执法部门的关系

独立	监察委员会成立后，法院、检察院、公安机关、审计机关等国家机关在工作中发现公职人员涉嫌贪污贿赂、失职渎职等职务违法或者职务犯罪的问题线索，应当移送监察机关，由监察机关依法调查处置。被调查人既涉嫌严重职务违法或者职务犯罪，又涉嫌其他违法犯罪的，一般应当由监察机关为主调查，其他机关予以协助。
互相配合	监察机关在工作中需要协助的，有关机关和单位应当根据监察机关的要求依法予以协助。在办理职务违法犯罪案件的程序上，对涉嫌职务犯罪的行为，监察委员会享有监督调查处置权限，监察委员会调查终结后移送检察机关依法审查、提起公诉，由法院审判。
互相制约	对监察机关移送的案件，检察院认为犯罪事实已经查清，证据确实、充分，依法应当追究刑事责任的，应当作出起诉决定。检察院经审查后，认为需要补充核实的，应当退回监察机关补充调查，必要时可以自行补充侦查。检察院对于有刑事诉讼法规定的不起诉的情形的，经上一级检察院批准，依法作出不起诉的决定。对于监察委员会所作结论，检察院认为不构成犯罪的可以退回补充调查，也可以作出不起诉的决定。监察机关认为不起诉的决定有错误的，可要求复议。

（五）对监察委员会的监督

权力机关的监督	各级人大常委会听取和审议本级监察机关的专项工作报告，根据需要可以组织执法检查。
	县级以上各级人大及其常委会举行会议时，人大代表或者常委会组成人员可以依照法定程序就监察工作中的有关问题提出询问或者质询。
社会监督	监察委员会应当依法公开监察工作信息，接受民主监督、社会监督、舆论监督。
自我监督	监察机关及其工作人员有违法行为的，被调查人及其近亲属有权向该机关申诉受理申诉的监察机关应当及时处理。申诉人对处理不服的，可以在法定期限内向上一级监察机关申请复查，上一级监察机关应当在法定期限内处理，情况属实的，及时予以纠正。

第五章
宪法的实施及其保障

第一节　宪法实施概述

一、宪法实施的概念

宪法的遵守		宪法的执行，指国家机关贯彻落实宪法内容的活动。要求这些机构在活动程序和活动方式上必须严格执行宪法的规定，也要求这些机构在组织其他国家机关、建立各种制度的过程中严格遵循宪法的规定。
		狭义的宪法遵守，指社会组织和公民个人遵守宪法的禁止性规定、行使宪法规定的权利和履行宪法规定的义务。
宪法的适用		通过宪法解释消除宪法分歧，保证准确适用。
		通过宪法监督纠正违宪行为，维护宪法秩序。
宪法实施的保障	政治保障	是宪法外在的保障方式之一，主要是指作为执政党的中国共产党对于宪法的遵守。
	社会保障	也属于宪法外在的保障，即宪法本身没有规定，但在其所处的社会中可以推动宪法实施的社会心理与制度环境，如公民良好的宪法意识、稳定的政治环境等。
	法律保障	即宪法自身的保障，是指由宪法本身所规定的维护宪法尊严、保护宪法实施的理念宣示与制度程序。

二、宪法实施的主要特点

广泛性和综合性	广泛性	包括宪法实施范围的广泛性和宪法实施主体的广泛性。
	综合性	宪法的实施不可能单纯是宪法本身或者社会生活某一方面的问题，而是整个国家具有高度综合性的社会问题。

续表

最高性和原则性	最高性	宪法在国家法律体系中居于**最根本的地位、具有最高的法律效力**，它不仅直接约束国家法律和其他法律性文件的制定和实施，而且对一切国家机关、社会组织和公民的活动也具有最高的约束力。
	原则性	主要表现在两个方面：一是宪法确定的是社会关系主体的基本方向和原则标准，一般**不涉及人们行为的具体模式**，这些具体模式则通常由一般法律进行调整；二是宪法在实施过程中，对人们的行为后果往往只是从**总体上作出肯定与否定的评价**，从而为一般法律对人们的行为进行具体评价和追究法律责任提供基础和依据。
直接性和间接性	实施方式	就实施方式而言，**虽然宪法在实施过程中也具有直接性**，但宪法的实施方式的**间接性更为突出**。宪法在实施过程中主要是通过具体法律规范来作用于具体的人和事，国家的其他法律和法律性文件是以宪法为基础并且不能与宪法相抵触。
	制裁	对违宪行为进行追究的方式包括**直接制裁和间接制裁**两个方面。直接制裁是指直接根据宪法来追究违宪行为的法律责任，主要适用于国家机关以及国家机关负责人的违宪行为。间接制裁则指宪法对违宪行为不直接规定制裁措施，而是通过具体法律来追究法律责任。

第二节　宪法修改

一、宪法修改的方式

全面修改	全面修改即对宪法全文进行修改，如1958年法兰西第五共和国宪法和我国1975年宪法、1978年宪法、1982年宪法等，都属于全面修改。全面修改主要是从形式上而言的，它一般是在原有宪法基础上的全面更新，因而在内容上**不排除保留原来的一些条款，甚至大部分条款，在结构上一般也保持原有结构不变**。然而，全面修改的方式一般是在特殊情况下，或者是在国家生活中出现某些重大问题的条件下才予以采用。
部分修改	部分修改亦即对宪法原有的部分条款加以改变，或者新增若干条款，而**不牵动其他条款和整个宪法**的修改方式。部分修改不仅便于适应形势发展的需要，能够及时反映国家政治、经济、文化等各方面的发展变化，而且又能保持宪法的相对稳定性，维护宪法的权威。

🐎**帆哥提示**　决定宪法是全面修改还是部分修改的关键在于宪法规范与社会现实的冲突程度。全面修改宪法的起因是宪法规范与社会现实发生非正常性的严重冲突，如立宪或修宪的指导思想错误、宪法的基本制度与社会现实产生尖锐矛盾等；部分修改宪法的起因则是宪法规范与社会现实之间发生的正常冲突。部分修改的具体方法主要包括修改条文、增补条文和删除条文等。

二、我国宪法的修改

修改制度的演变	1954年宪法对我国宪法修改制度从两个方面作了规定：一是规定了宪法修改的机关是全国人民代表大会；二是规定了宪法修改的通过程序，明确规定宪法的修改由全国人民代表大会以全体代表的2/3的多数通过。
	1975年宪法只规定了全国人民代表大会有修改宪法的职权，没有对相关程序进行规定。
	1978年宪法对宪法修改的规定与1975年宪法基本相同。
	现行宪法在继承1954年宪法关于修改宪法规定的基础上，进一步完善了宪法修改制度。
现行修改制度	宪法修改的机关是**全国人民代表大会**。
	宪法的修改，由**全国人大常委会**或者**1/5以上的全国人大代表**提议。
	宪法的修改由全国人大以全体代表的2/3以上的多数通过。
	从现行宪法的四次修改来看，**中国共产党中央委员会的宪法修改建议**对我国宪法修改制度和宪法修改实践产生重要影响。
	✈**帆哥提示** 中国共产党中央委员会提出的是宪法修改建议而不是宪法修改议案。

【经典习题】

宪法修改是指有权机关依照一定的程序变更宪法内容的行为。关于宪法的修改，下列选项正确的是：（不定项）[1]

A. 凡宪法规范与社会生活发生冲突时，必须进行宪法修改

B. 我国宪法的修改可由五分之一以上的全国人大代表提议

C. 宪法修正案由全国人民代表大会公告公布施行

D. 我国1988年《宪法修正案》规定，土地的使用权可依照法律法规的规定转让

分析 宪法修改是调整宪法规范与社会生活冲突的基本形式。当宪法规范与社会生活发生冲突时有可能进行宪法修改，而不是必须进行宪法修改。故A错。

我国1988年《宪法修正案》第2条规定："土地的使用权可依照法律的规定转让"，可见土地使用权的转让只能依据法律的规定，而不能依照法规的规定，基于此D错。

BC两项符合我国的宪法修改制度。全国人大常委会或者五分之一以上的全国人大代表可以向全国人大提出宪法修改的议案，由全国人大全体代表的三分之二以上多数通过，由全国人大以公告公布。

---

[1]【答案】BC

第三节　宪法的解释

一、宪法解释的概念和功能

概念	宪法解释是指特定主体依据一定的标准或原则对宪法内容、含义及其界限所作的一种说明。
	依据宪法解释的主体、性质和后果（是否具有法律效力）可将宪法解释分为正式解释和非正式解释两种。
正式解释的功能	阐明宪法规定的含义，保证宪法的准确适用；维护法制统一和宪法尊严；弥补宪法因时代变迁而产生的不足，推动宪法的自我完善。

二、宪法解释机关

代议机关	源自英国。议会为主权机关，不允许司法机关推翻议会所制定的法律；同时在英国，宪法和法律没有明显区别，所以宪法和法律的含义只能由议会作出。
	在中国，全国人大常委会解释宪法。
司法机关	源于美国1803年的"马伯里诉麦迪逊案"。该判例确立了"违宪的法律不是法律""阐释宪法是法官的职责"的宪法原则，开创了司法审查制度的先河。
	目前世界上有60多个国家采用该体制。法院一般遵循不告不理的原则，只有在审理案件时才可以附带性地审查其所适用的法律是否违宪，如果认为违宪则可拒绝在本案中适用。
专门机关	专门机关指宪法法院和宪法委员会。
	专门机关解释宪法普遍采用司法积极主义原则，最早提出建立宪法法院的是汉斯·凯尔森。目前奥地利、西班牙、德国、意大利、俄罗斯、韩国等国均建立了宪法法院，法国等国家建立了宪法委员会。
	实施这一制度的理由在于，解释宪法是国家最重要的权力，解释机关应该居于普通国家机关之上，以超然的地位解释宪法争议，维护宪法尊严。

第四节　宪法监督

一、监督内容

规范的合宪性的审查与监督
行为的合宪性的审查与监督

二、监督体制

普通司法机关监督：**起源于马伯里诉麦迪逊案**，由普通司法机关在具体争议案件中审查该案涉及的规范性文件是否合宪。	
代议机关监督：**起源于英国**。我国亦属之。	
专门机关监督：**起源于 1799 年法国宪法设立的护法元老院**。	

三、监督方式

事先审查	在规范性文件尚未颁布实施以前，由有权机关对其合宪性作出审查，对于不合宪的文件或给予修改或给予撤销。
事后审查	在规范性文件颁布以后，有关主体对其合宪性提出疑问，由有权机关对其合宪性作出审查，对于不合宪的规范性文件予以撤销。
附带性审查	司法机关在审理具体案件的过程中，当事人或司法机关对案件所涉规范性文件的合宪性提出质疑，由有权国家机关对其合宪性进行审查并作出裁决的活动。附带性审查多为由司法机关保障宪法实施的体制所采用。
宪法控诉	公民在其宪法权利受到损害时向宪法法院或其他机构提出控诉，要求其对有关行为的合宪性进行审查，以保障自己的宪法权利。
	公民进行宪法控诉，一般来说应在穷尽一切其他救济手段而得不到有效救济时方能使用。

四、中国宪法监督制度

监督机关	我国 1954 年宪法确立了代议机关监督的模式。1954 年宪法规定宪法的监督机关是全国人大。	
	在保留全国人大行使宪法监督职权的基础上，**现行宪法又授予了全国人大常委会具有宪法监督的职权**。	
监督方式	事先审查	规范性法律文件的批准属之。
	事后审查	规范性法律文件备案属之。有关主体针对某些文件提出的审查要求和审查建议亦属之。
制裁措施	撤销违宪法律；宣布违宪法律无效；允许宪法主体不受该法律的约束或者不适用该法律；不得通过违宪法案，并责令立法机关修改；以弹劾、罢免等措施追究违宪行为的责任者。	

【经典习题】

根据《宪法》和法律，关于我国宪法监督方式的说法，下列选项正确的是：（不定项）[1]

A. 地方性法规报全国人大常委会和国务院备案，属于事后审查

---

[1] **【答案】** AB

B. 自治区人大制定的自治条例报全国人大常委会批准后生效，属于事先审查

C. 全国人大常委会应国务院的书面审查要求对某地方性法规进行审查，属于附带性审查

D. 全国人大常委会只有在相关主体提出对某规范性文件进行审查的要求或建议时才启动审查程序

【分析】行政法规、地方性法规、自治州、自治县的自治条例和单行条例、行政规章在公布后的 30 日内需要报有关主体备案。备案属于事后审查。故 A 对。

自治条例和单行条例、设区的市、自治州的地方性法规的生效需要相关主体的批准，批准属于事先审查。其中自治区的自治条例和单行条例需要报全国人大常委会批准，自治州和自治县的需要报省级人大常委会批准。设区的市和自治州的地方性法规需要报省级人大常委会批准。故 B 项说法正确。

附带性审查指的是法院在审理具体案件时，对具体案件涉及的规范性文件的合宪性进行审查。全国人大常委会应国务院的书面审查要求对某地方性法规进行审查，属于事后审查。故 C 错。

全国人大常委会既可以在对规范性文件进行批准或备案时启动审查程序，也可以在相关主体提出对某规范性文件进行审查的要求或建议时才启动审查程序。故 D 错。

第五节　宪法宣誓制度

一、宣誓制度的具体内容

宣誓的主体	各级人大及县级以上各级常委会选举或者决定任命的国家工作人员，以及各级人民政府、人民法院、人民检察院任命的国家工作人员，在就职时应当公开进行宪法宣誓。
组织机构	全国人大选举或者决定任命的国家工作人员的宣誓由**主席团**组织。
	全国人大常委会决定任命的国家工作人员的宣誓由**委员长会议**主持，但是全国人大常委会任命的司法机关副职及以下的人员的宣誓由两高主持，驻外全权代表由外交部主持。
	国务院及其各部门、最高人民法院、最高人民检察院任命的国家工作人员，进行宪法宣誓的仪式由**任命机关**组织。
宣誓方式	可以采取**单独宣誓或者集体宣誓**的形式。宣誓场所应当庄重、严肃，悬挂中华人民共和国**国旗或者国徽**。
地方宣誓	地方各级人大及县级以上人大常委会选举或者决定任命的国家工作人员，以及地方各级人民政府、人民法院、人民检察院任命的国家工作人员，在依照法定程序产生后，进行宪法宣誓。宣誓的具体组织办法**由省级人大常委会**参照《全国人民代表大会常务委员会关于实行宪法宣誓制度的决定》制定，报全国人民代表大会常务委员会备案。

二、宪法宣誓的功能

有利于树立宪法权威，全面推进依法治国。
有利于增强公职人员的宪法观念，激励其忠于和维护宪法。
有利于提高公民的宪法意识，凝聚社会共识。
有利于在全社会树立宪法信仰，推动宪法实施。

司法制度和法律职业道德

第一章
司法制度和法律职业道德概述

第一节　司法和司法制度的概念

一、司法的概念和特征

（一）司法的概念

司法的概念	国家司法机关根据法定职权和法定程序，具体应用法律处理案件的专门活动。
司法概念的发展	近代司法最初是一个政治学或法学概念，乔治·劳森 提出了政府职能的三重划分：立法、司法、执行。
	受洛克的影响，孟德斯鸠第一次全面论述司法问题。司法权就是惩罚犯罪和裁决私人讼争的权力，主张立法、行政、司法三权分立。
	我国古代在君主专制的中央集权制下，行政与司法不分。
	清末从日本引进"司法"一词，司法权就是指审判权，检察厅虽附设于大理院或同级审判厅，但受专门负责司法行政的法部领导。
	1947 年的《中华民国宪法》体现了"司法独立"原则的基本内容。

（二）司法的特点

独立性	在组织技术上，司法机关只服从法律，不受上级机关、行政机关的干涉。
	司法机关在审判活动中所发表的言论、所做的一切行为不被追究法律责任，司法的独立性是法治的基本要求。
法定性	司法的主体是法定，司法的程序也是法定的

续表

交涉性	司法者所做的裁判，必须是在受判决直接影响的各方参与下，通过提出证据并进行理性说服和辩论，以此为基础促进裁判的制作。行政管理者通过单方面调查取证而形成决定。
程序性	司法机关处理案件必须依据相应的程序法规定。法定程序是保证司法机关正确、合法、及时地适用法律的前提，是实现司法公正的重要保证。
普遍性	司法的过程是运用法律解决个案纠纷，将法律适用于个案的过程。案件的司法解决意味着个别性事件获得普遍性，普遍性在个案中得以实现。
	在现代社会中，司法是最具普适性的纠纷解决方式。
终极性	法律适用是解决纠纷、处理冲突的最后环节，法律适用结果是最终性的决定。

✈ **帆哥提示** 记忆口诀：独立被动难交涉，程序普遍有终局。

二、司法的功能

直接功能	解决纠纷、惩罚犯罪	解决纠纷是司法制度的普遍特征，它是司法制度产生的基础、运作的主要内容和直接任务，也是其他功能发挥的先决条件。
间接功能	人权保障	在法治国家中，司法权力是维护人权的坚强后盾，司法程序是人们依法、理性维权的基本途径，司法机关是保障人权的责任主体，保障人权是司法机关的重要职责。
	调整社会关系	司法制度的调整社会关系功能是通过司法机关和司法组织的各项司法活动发挥出来的。我国司法制度的调整社会关系功能主要是通过人民法院的审判活动来实现的。在法治社会里，只要公民的权利受到侵犯，就应允许该公民通过司法途径寻求救济，这是司法最终解决原则的基本要求。
	解释、补充法律	法律具有滞后性。法官在司法过程中不应当机械地适用法律，而应根据社会生活的变化，对法律进行正确完整的阐释。法官自由裁量应力求达到合法与合理高度的统一，尽可能减少法律使用过程中的不确定性，防止司法擅断与专横。
	形成公共政策	司法对法律与政策没有规范的问题妥善处理，符合法律与政策精神，符合社会公众的一般愿望，有利于裁判结果促进相关法律、政策逐步形成。

三、司法制度

在实行三权分立的国家，司法制度仅指审判制度。
在我国，所谓司法制度除审判制度和检察制度外，还应包括律师制度、公证制度等。
中国特色社会主义司法制度主要由以下四个方面的体系构成：（1）司法规范体系；（2）司法组织体系；（3）司法制度体系；（4）司法人员管理体系。

四、司法公正

（一）实体公正和程序公正

实体公正	实体公正实为司法者根据实体一般公正的要求，通过在诉讼程序中行使自由裁量权而达到公正的裁判结果，表现为裁判结果的公正，主要体现在事实认定真实和法律适用正确两方面。大陆法系更强调实体公正价值。
程序公正	程序公正是指裁判过程的公正，法官中立、当事人平等地参与和主体性地位、程序公开以及对法官裁判的尊重，共同构成了英美法上程序公正的因素。

（二）司法公正的要素

合法性	司法机关按照法律规定办事，做到实体合法和程序合法。
中立性	法官同争议的事实和利益没有关联性，不得歧视或者偏袒任何一方。
公开性	立案、庭审公开、审判结果、裁判文书和执行过程公开。
平等性	当事人有平等的诉讼权利，法院平等地保护当事人权利。
参与性	当事人充分的参与到纠纷的解决过程中。
正确性	司法结果要在事实和适用法律两个方面正确。
廉洁性	恪守司法廉洁，是司法公正与司法公信的基石。

> 🚢帆哥提示 司法公正的要素很重要，可以总结为：合中（堂）公平廉洁参正。

五、司法效率

内容	司法的时间效率；司法资源的利用效率；司法活动的成本效率。
原则	公正优先，兼顾效率。
提高司法效率的措施	实行立审分离，繁简分流，改进简易程序。
	强化合议庭和独任审判员的作用，完善独立审判制度，提高审判的质量和效率。
	强化审限意识，严格禁止超审限审理案件。
	加强对诉讼调解工作的指导，提高诉讼调解水平。
	加强审判管理，提高司法效率。
	努力加强法官队伍职业化建设，不断提高法官素质。

六、审判独立和检察独立

国家的审判权和检察权只能分别由人民法院和人民检察院依法统一行使，其他机关、团体或个人无权行使这项权力。
司法机关依照法律独立行使职权，不受行政机关、社会团体和个人的干涉。
司法机关在司法活动中必须依照法律规定，正确地适用法律。

第二节　法律职业道德的概念、特征

概念	所谓法律职业道德，是指法官、检察官、律师、公证员等法律职业人员在进行法律职业活动过程中，所应遵循的符合法律职业要求的心理意识、行为准则和行为规范的总和。	
特征	职业性	与法律职业实践活动紧密相连，反映着法律职业活动对从业人员行为的道德要求。
	实践性	法律职业行为过程，就是法律职业实践过程。法律职业道德调整法律职业关系，对从业人员的法律职业活动的具体行为进行规范。
	正式性	法律职业道德的表现形式较为正式，除了一般职业道德的规章制度、工作守则、服务公约、劳动规程、行为须知等表现形式以外，还通过法律、法规、规范性文件等形式表现出来。
	更高性	法律为调整社会关系的主要规范，在社会中负有分配社会资源、维持社会秩序、解决社会冲突、实现社会正义的功能，因而要求法律职业人员具有更高的道德水准，要求较为明确，法律职业道德的约束力和强制力也更为明显。
	政治性	忠于党、忠于国家、忠于人民、忠于法律

第二章
审判制度与法官职业道德

第一节　审判制度的基本原则与主要审判制度

一、审判制度的基本原则

审判独立原则	我国宪法、人民法院组织法和三大诉讼法均规定，人民法院依照法律规定独立行使审判权，不受行政机关、社会团体和个人的干涉。审判独立包括外部独立与内部独立两重含义。外部独立是指法院独立依法行使审判权，不受各种社会力量的法外干预。内部独立是指法官在执行审判职务过程中应独立于其同事和上级法院法官。
不告不理原则	未经控诉一方提起控诉，法院不得自行主动对案件进行裁判的一项审判基本原则。具体包括两层含义：一是没有原告的起诉，法院不得启动审判程序，即原告的起诉是法院启动审判程序的先决条件；二是法院审判的范围应与原告起诉的范围相一致，法院不得对原告未提出诉讼请求的事项进行审判。
直接言词原则	直接原则也称直接审理原则，要求参加审判的法官必须亲自参加证据审查，聆听法庭辩论。这一原则强调审理法官与判决法官的一体化。
	言词原则也称言词审理原则，要求当事人等在法庭上须用言词形式开展质证与辩论。这一原则是公开原则、辩论原则和直接原则实施的必要条件。
	直接言词原则反映了我国诉讼活动的亲历性。
及时审判原则	人民法院审判案件应在法律规定的期限内进行，而且应尽量做到快速结案。审判及时是现代审判活动的重要特征，体现了国家、当事人和社会公众对审判过程和审判结果在时间上的期望与要求。
保护人权原则	司法活动必须尊重和保护人权。
司法公正原则	包括实体公正和程序公正

二、人民陪审员制度

我国的审判制度主要有：两审终审制度、审判公开制度、人民陪审员制度、审判监督制度。重点掌握人民陪审员制度。

（一）担任人民陪审员条件

一般条件	拥护中华人民共和国宪法。
	年满 28 周岁。
	遵纪守法、品行良好、公道正派。
	具有正常履行职责的身体条件。
	一般应当具有高中以上文化程度。
任期	人民陪审员的任期为 5 年，一般不得连任。
宣誓	人民陪审员经人民代表大会常务委员会任命后，应当公开进行就职宣誓。宣誓仪式由基层人民法院会同司法行政机关组织。
不能担任陪审员的人员	下列人员不能担任人民陪审员：人民代表大会常务委员会的组成人员，监察委员会、人民法院、人民检察院、公安机关、国家安全机关、司法行政机关的工作人员；律师、公证员、仲裁员、基层法律服务工作者；其他因职务原因不适宜担任人民陪审员的人员。
不能担任人民陪审员的情形	有下列情形之一的，不得担任人民陪审员：受过刑事处罚的；被开除公职的；被吊销律师、公证员执业证书的；被纳入失信被执行人名单的；因受惩戒被免除人民陪审员职务的；其他有严重违法违纪行为，可能影响司法公信的。

帆哥提示

1. 任职条件：二十八岁高中生，任期五年不连任。
2. 不得担任人民陪审员的人员：公检法司监人常，律公基层仲裁员。
3. 不得担任陪审员的情形：罪犯被开除，吊证成老赖，免职陪审员。

（二）人民陪审员的选任

数额	人民陪审员的名额，由基层人民法院根据审判案件的需要，提请同级人民代表大会常务委员会确定。
	人民陪审员的名额数不低于本院法官数的 3 倍。
候选人	司法行政机关会同基层人民法院、公安机关，从辖区内的常住居民名单中随机抽选拟任命人民陪审员数 5 倍以上的人员作为人民陪审员候选人，对人民陪审员候选人进行资格审查，征求候选人意见。
任命	司法行政机关会同基层人民法院，从通过资格审查的人民陪审员候选人名单中随机抽选确定人民陪审员人选，由基层人民法院院长提请同级人民代表大会常务委员会任命。
	因审判活动需要，可以通过个人申请和所在单位、户籍所在地或者经常居住地的基层群众性自治组织、人民团体推荐的方式产生人民陪审员候选人，经司法行政机关会同基层人民法院、公安机关进行资格审查，确定人民陪审员人选，由基层人民法院院长提请同级人民代表大会常务委员会任命。依此种方式产生的人民陪审员，不得超过人民陪审员名额数的 1/5。

第二节　审判机关

一、法院

审判机关的设置及职能在诉讼法中有详细的阐述，这里讲述特殊的法院：军事法院、海事法院、知识产权法院。

（一）军事法院

设置	我国军事法院为三级设置。
职权	审判现役军人、军队在编职工的刑事案件和依照法律、法令规定由它管辖的案件。
体制	中国人民解放军军事法院对中华人民共和国中央军事委员会和中国人民解放军总政治部负责，其他各级军事法院对本级政治机关负责。
	各级军事法院的审判工作受最高人民法院监督，下级军事法院的审判工作受上级军事法院监督。
	中国人民解放军军事法院院长由最高人民法院院长提请全国人民代表大会常务委员会任免。

（二）海事法院

海事法院	海事法院设在宁波、广州、上海、武汉、青岛、天津、大连、海口、厦门、北海等地，其地位相当于中级人民法院。各海事法院在各大港口设立派出法庭。
	受理海事侵权纠纷案件、海商合同纠纷案件、其他海事海商纠纷案件和海事执行案件。
	海事案件的审级为"三级两审终审制"。

（三）知识产权法院

知识产权法院	知识产权法院设在北京、上海、广州。
	知识产权法院受最高人民法院和所在地的高级人民法院监督。
	知识产权法院院长由所在地的市人大常委会主任会议提请本级人大常委会任免。知识产权法院副院长、庭长、审判员和审判委员会委员由知识产权法院院长提请所在地的市人大常委会任免。
	知识产权法院对所在地的市人大及常委会负责并报告工作。

（四）最高人民法院巡回法庭

职责	巡回法庭相当于最高人民法院的派出机构，在审级上等同于最高人民法院，其判决效力等同于最高人民法院的判决，均为终审判决。

续表

意义	最高人民法院设立巡回法庭,审理跨行政区域重大行政和民商事案件,有利于审判机关重心下移、就地解决纠纷、方便当事人诉讼;有利于避免地方保护主义干扰,保证案件审判更加公平公正;有利于最高人民法院本部集中精力制定司法政策和司法解释、审理对统一法律适用有重大指导意义的案件。

二、审判组织

1. 人民法院根据审判工作需要,可以设必要的专业审判庭。法官员额较少的中级人民法院和基层人民法院,可以设综合审判庭或者不设审判庭。人民法院根据审判工作需要,可以设综合业务机构。法官员额较少的中级人民法院和基层人民法院,可以不设综合业务机构。

2. 人民法院根据工作需要,可以设必要的审判辅助机构和行政管理机构。

3. 中级以上人民法院设赔偿委员会,依法审理国家赔偿案件。赔偿委员会由 3 名以上法官组成,成员应当为单数,按照多数人的意见作出决定。

4. 人民法院的审判组织有独任庭、合议庭和审判委员会 3 种。

第三节　法　官

一、法官的条件

一般条件	禁止性条件	限制条件
1. 具有中华人民共和国国籍;	1. 因犯罪受过刑事处罚的;2. 被开除公职的;3. 被吊销律师、公证员执业证书或者被仲裁委员会除名的;4. 有法律规定的其他情形的。	法官不得兼任人民代表大会常务委员会的组成人员,不得兼任行政机关、监察机关、检察机关的职务,不得兼任企业或者其他营利性组织、事业单位的职务,不得兼任律师、仲裁员和公证员。
2. 拥护中华人民共和国宪法,拥护中国共产党领导和社会主义制度;		
3. 具有良好的政治、业务素质和道德品行;		
4. 具有正常履行职责的身体条件;		
5. 具备普通高等学校法学类本科学历并获得学士及以上学位;或者普通高等学校非法学类本科及以上学历并获得法律硕士、法学硕士及以上学位;或者普通高等学校非法学类本科及以上学历,获得其他相应学位,并具有法律专业知识;		
6. 从事法律工作满 5 年。其中获得法律硕士、法学硕士学位,或者获得法学博士学位的,从事法律工作的年限可以分别放宽至 4 年、3 年;		
7. 初任法官应当通过国家统一法律职业资格考试取得法律职业资格。		
8. 有困难的地方,经最高院审核确定,在一定期限内,可以放宽为高等学校本科毕业。		

　🎓**帆哥提示**　关于法官任职条件的记忆口诀：

1. 学历：法本学士，非法硕士，非法本有位有识。
2. 从事法律工作年限：本硕博，543。
3. 禁止条件：犯罪开除，律公吊证，仲裁除名。

二、法官的任免

（一）任职

	最高院	地方各级	特殊（直辖市或省内按地区设立的中级人民法院）
院长	全国人民代表**大会**选举和罢免	地方各级人民代表大会选举和罢免	省一级人大常委会根据主任会议的提名决定任免
副院长、审委会委员、庭长、副庭长和审判员	最高院院长提请全国人大常委会任免	本院院长提请本级人大常委会任免	高院院长提请省一级的人大常委会任免

　🎓**帆哥提示**

1. 初任法官采用考试、考核的办法，按照德才兼备的标准，从**具备法官条件的人员**中择优提出人选。人民法院的院长应当具有法学专业知识和法律职业经历。副院长、审判委员会委员应当从法官、检察官或者其他具备法官条件的人员中产生。

2. 人民法院可以根据审判工作需要，从律师或者法学教学、研究人员等从事法律职业的人员中公开选拔法官。除应当具备法官任职条件外，参加公开选拔的律师应当实际执业**不少于5年**，执业经验丰富，从业声誉良好，参加公开选拔的法学教学、研究人员应当具有中级以上职称，从事教学、研究工作5年以上，有突出研究能力和相应研究成果。

3. 省、自治区、直辖市设立法官遴选委员会，负责初任法官人选专业能力的审核。省级法官遴选委员会的组成人员应当包括地方各级人民法院法官代表、其他从事法律职业的人员和有关方面代表，其中法官代表不少于1/3。省级法官遴选委员会的日常工作由高级人民法院的内设职能部门承担。遴选最高人民法院法官应当设立最高人民法院法官遴选委员会，负责法官人选专业能力的审核。

4. 初任法官一般到基层人民法院任职。上级人民法院法官一般逐级遴选；最高人民法院和高级人民法院法官可以从下两级人民法院遴选。参加上级人民法院遴选的法官应当在下级人民法院担任法官一定年限，并具有遴选职位相关工作经历。

（二）任职回避

职务回避	有**夫妻关系、直系血亲关系、三代以内旁系血亲以及近姻亲关系的**，不得同时担任：	同一人民法院的院长、副院长、审判委员会委员、庭长、副庭长；（**不能同时担任领导职务**）
		同一人民法院的院长、副院长和审判员；（**不能有直接指挥关系**）
		同一审判庭的庭长、副庭长、审判员；（**不能在同一法庭任职**）
		上下相邻两级人民法院的院长、副院长。
	法官的配偶、父母、子女有下列情形之一的，法官应当实行任职回避： 1. 担任该法官所任职人民法院辖区内律师事务所的合伙人或者设立人的； 2. 在该法官所任职人民法院辖区内以律师身份担任诉讼代理人、辩护人，或者为诉讼案件当事人提供其他有偿法律服务的。	
业务回避	**从人民法院离任后 2 年内，不得以律师身份担任诉讼代理人或者辩护人。**	
	法官从人民法院离任后，不得担任原所任职法院办理案件的诉讼代理人或者辩护人，但是作为当事人的监护人或者近亲属代理诉讼或者进行辩护的除外。	
	法官被开除后，不得担任诉讼代理人或者辩护人，但是作为当事人的监护人或者近亲属代理诉讼或者进行辩护的除外。	

🎩 **帆哥提示**

1. 禁止担任法官的情形：犯罪开除，律公吊证，仲裁除名。

2. 夫妻与直系，三代旁系近姻亲，不得同时担任：同一法院做领导，正副院长审判员，同一法庭做同事，上下相邻当院长。

三、法官的奖励和惩戒

奖励	题目中出现成绩显著、效果突出、指导作用等字样的都应当受到奖励
惩戒	1. **最高人民法院**和**省、自治区、直辖市**设立法官惩戒委员会，负责从专业角度审查认定法官是否存在违反审判职责的行为，提出构成故意违反职责、存在重大过失、存在一般过失或者没有违反职责等审查意见。
	2. 法官惩戒委员会提出**审查意见**后，**人民法院**依照有关规定作出是否予以惩戒的决定，并给予相应处理。
	3. 法官惩戒委员会由**法官**代表、**其他从事法律职业的人员**和**有关方面代表**组成，其中**法官代表不少于半数**。最高人民法院法官惩戒委员会、省级法官惩戒委员会的日常工作，由相关**人民法院的内设职能部门**承担。

四、法官的保障

职业保障	法官履行职责应当具有职权和条件；法官依法审判案件不受行政机关、社会团体和个人的干涉；非因法定程序、法定事由，不被免职、辞职、辞退或者处分。
人身和财产保障	法官依法履行职责，受法律保护；法官的人身、财产和住所安全受法律保护。
工资保险福利保障	法官实行定期增资制度。经考核确定为优秀、称职的，可以按照规定晋升工资；有特殊贡献的，可以按照规定提前晋升工资。法官享受国家规定的审判津贴、地区津贴、其他津贴以及保险和福利待遇。

第四节　法官的职业道德

一、忠诚司法事业

忠诚司法事业	牢固树立社会主义法治理念，忠于党、忠于国家、忠于人民、忠于法律，做中国特色社会主义事业建设者和捍卫者。
	坚持和维护中国特色社会主义司法制度，认真贯彻落实依法治国基本方略，尊崇和信仰法律，模范遵守法律，严格执行法律，自觉维护法律的权威和尊严。
	热爱司法事业，珍惜法官荣誉，坚持职业操守，恪守法官良知，牢固树立司法核心价值观，以维护社会公平正义为己任，认真履行法官职责。
	维护国家利益，遵守政治纪律，保守国家秘密和审判工作秘密，不从事或参与有损国家利益和司法权威的活动，不发表有损国家利益和司法权威的言论。

二、保证司法公正

维护审判独立	外部独立。法官在行使审判权时与司法体系外的其他国家权力、其他影响相独立。
	内部独立。法官应当尊重其他法官对审判职权的独立行使，排除法院系统内部对法官独立审判的干涉和影响。
	内心独立。法官不论在何种情况下，都应当有独立意识，自觉地对案件作出判断，排除各种不当影响，并有勇气坚持自己认为正确的观点。
确保裁判结果公平公正	法官应当坚持以事实为根据，以法律为准绳，努力查明案件事实，准确把握法律精神，正确适用法律，合理行使裁量权，避免主观臆断、超越职权、滥用职权，确保案件裁判结果公平公正。法官要通过对案件的审判，制裁违法行为，保护公民的人身权利、财产权利及其他合法权利，实现公正的结果。

坚持实体公正与程序公正并重	法官应当牢固树立程序意识，坚持实体公正与程序公正并重，严格按照法定程序执法办案，充分保障当事人和其他诉讼参与人的诉讼权利，避免执法办案中的随意行为。法官必须遵循法定的诉讼程序，保证所有当事人在诉讼中的平等地位。实体公正是程序公正的目的，程序公正是实体公正的保障。随着法治的发展，程序公正的独立价值也日益显现出来。
提高司法效率	严格遵守审限。
	法官的职权活动应当充分考虑效率因素。
	监督当事人及时完成诉讼活动。
公开审判	认真贯彻司法公开原则，尊重人民群众的知情权，自觉接受法律监督和社会监督，同时避免司法审判受到外界的不当影响。
遵守回避规定	法官应当自觉遵守司法回避制度，审理案件保持中立公正的立场，平等对待当事人和其他诉讼参与人，不偏袒或歧视任何一方当事人，不私自单独会见当事人及其代理人、辩护人。
	《关于人民法院落实廉政准则防止利益冲突的若干规定》第6条规定，人民法院工作人员在审理相关案件时，以本人或者他人名义持有与所审理案件相关的上市公司股票的，应主动申请回避。
	法官在履行职责时，应当平等对待当事人和其他诉讼参与人，不得以其言语和行为表现出任何歧视，并有义务制止和纠正诉讼参与人和其他人员的任何歧视性言行；法官应当充分注意到由于当事人和其他诉讼参与人的民族、种族、性别、职业、宗教信仰、教育程度、健康状况和居住地等因素而可能产生的差别，保障诉讼各方平等、充分地行使诉讼权利和实体权利。禁止法官的单方接触。
不办关系案、人情案、金钱案	法官应当尊重其他法官对审判职权的依法行使，除履行工作职责或者通过正当程序外，不过问、不干预、不评论其他法官正在审理的案件。
	法官应当严格依法办案，不受当事人及其委托的律师利用各种关系、以不正当方式对案件审判进行的干涉或者施加的影响；律师在代理案件之前及其代理过程中，不得向当事人宣称自己与受理案件法院的法官具有亲朋、同学、师生、曾经同事等关系，并不得利用这种关系或者以法律禁止的其他形式干涉或者影响案件的审判。

三、确保司法廉洁

自重、自省，坚守廉洁底线	法官应当树立正确的权力观、地位观、利益观，坚持自重、自省、自警、自励，坚守廉洁底线，依法正确行使审判权、执行权，杜绝以权谋私、贪赃枉法行为。
不得接受诉讼当事人的钱物和其他利益	《基本准则》规定，法官应当严格遵守廉洁司法规定，不接受案件当事人及相关人员的请客送礼，不利用职务便利或者法官身份谋取不正当利益，不违反规定与当事人或者其他诉讼参与人进行不正当交往，不在执法办案中徇私舞弊。
	《关于人民法院落实廉政准则防止利益冲突的若干规定》规定，人民法院工作人员不得接受可能影响公正执行公务的礼金、礼品、宴请以及旅游、健身、娱乐等活动安排。

续表

不得从事或参与营利性经营活动	法官应不从事或者参与营利性的经营活动，不在企业及其他营利性组织中兼任法律顾问等职务。
	人民法院工作人员不得为他人的经济活动提供担保。
	人民法院工作人员不得利用职权和职务上的影响，买卖股票或者认股权证；不得利用在办案工作中获取的内幕信息，直接或者间接买卖股票和证券投资基金，或者向他人提出买卖股票和证券投资基金的建议。
	法官不得提供法律服务，不得就未决案件或者再审案件给当事人及其他诉讼参与人提供咨询意见。
不得以特殊身份谋取利益	法官应当妥善处理个人和家庭事务，不利用法官身份寻求特殊利益。

四、坚持司法为民

以人为本	法官应当牢固树立以人为本、司法为民的理念，强化群众观念，重视群众诉求，关注群众感受，自觉维护人民群众的合法权益。
发挥司法的能动作用	法官应当注重发挥司法的能动作用，积极寻求有利于案结事了的纠纷解决办法，努力实现法律效果与社会效果的统一。
司法便民	法官应当认真执行司法便民规定，努力为当事人和其他诉讼参与人提供必要的诉讼便利，尽可能降低其诉讼成本。法官应当树立服务意识，做好诉讼指导、风险提示、法律释明等便民服务，避免"冷硬横推"等不良作风。
尊重当事人和其他诉讼参与人	法官应当尊重当事人和其他诉讼参与人的人格尊严，避免盛气凌人、"冷硬横推"等不良作风；尊重律师，依法保障律师参与诉讼活动的权利。这就要求法官应当认真、耐心地听取当事人和其他诉讼参与人发表意见；除非因维护法庭秩序和庭审的需要，开庭时不得随意打断或者制止当事人和其他诉讼参与人的发言。

五、维护司法形象

坚持学习，精研业务	法官应当坚持学习，精研业务，忠于职守，秉公办案，惩恶扬善，弘扬正义，保持昂扬的精神状态和良好的职业操守。
坚持文明司法，遵守司法礼仪	法官应当坚持文明司法，遵守司法礼仪，在履行职责过程中行为规范、着装得体、语言文明、态度平和，保持良好的职业修养和司法作风。

续表

加强自身修养，约束业外活动	法官应当加强自身修养，培育高尚道德操守和健康生活情趣，杜绝与法官职业形象不相称、与法官职业道德相违背的不良嗜好和行为，遵守社会公德和家庭美德，维护良好的个人声誉。
	法官应当谨慎出入社交场合，谨慎交友，慎重对待与当事人、律师以及可能影响法官形象的人员的接触和交往，特别是严禁乘警车、穿制服出入营业性娱乐场所。
	法官不得参加营利性社团组织或者可能借法官影响力营利的社团组织，更不得参加带有邪教性质的组织。
	在不妨碍司法公正的前提下，可以参加学术研究和其他社会活动。对与案件有利害关系的机关、企事业单位、律师事务所、中介机构等的邀请应当谢绝；对无利害关系的党、政、军机关、学术团体、群众组织的邀请，经向单位请示后方可参加。
	不得披露非公开的信息和个人隐私。
	接受新闻媒体采访必须经组织安排或者批准。在接受采访时，不发表有损司法公正的言论，不对正在审理中的案件和有关当事人进行评论，不披露在工作中获得的国家秘密、商业秘密、个人隐私及其他非公开信息。
退休法官的谨慎行为	法官退休后应当遵守国家相关规定，不利用自己的原有身份和便利条件过问、干预执法办案，避免因个人不当言行对法官职业形象造成不良影响。
	法院工作人员在离职或者退休后的规定年限内，不得具有下列行为： （1）接受与本人原所办案件和其他业务相关的企业、律师事务所、中介机构的聘任。 （2）担任原任职法院所办案件的诉讼代理人或者辩护人。 （3）以律师身份担任诉讼代理人、辩护人。

第五节　法官的职业责任

一、法官惩戒委员会

设置	最高人民法院和省、自治区、直辖市设立法官惩戒委员会，负责从专业角度审查认定法官是否存在违反审判职责的行为，提出构成故意违反职责、存在重大过失、存在一般过失或者没有违反职责等审查意见。
组成	法官惩戒委员会由法官代表、其他从事法律职业的人员和有关方面代表组成，其中法官代表不少于半数。最高人民法院法官惩戒委员会、省级法官惩戒委员会的日常工作，由相关人民法院的内设职能部门承担。

二、法官执行职务中违纪行为责任的适用

从重、加重处分的情况	有下列情形之一的，应当在《人民法院工作人员处分条例》分则规定的处分幅度以内从重处分： （1）在共同违纪违法行为中起主要作用的； （2）隐匿、伪造、销毁证据的； （3）串供或者阻止他人揭发检举、提供证据材料的； （4）包庇同案人员的； （5）法律、法规和本条例分则中规定的其他从重情节。
从轻、减轻处分的情况	有下列情形之一的，应当在条例分则规定的处分幅度以内从轻处分： （1）主动交代违纪违法行为的； （2）主动采取措施，有效避免或者挽回损失的； （3）检举他人重大违纪违法行为，情况属实的； （4）法律、法规和本条例分则中规定的其他从轻情节。 主动交代违纪违法行为，并主动采取措施有效避免或者挽回损失的，应当在本条例分则规定的处分幅度以外降低一个档次给予减轻处分。
处分的解除、变更和撤销	受开除以外处分的，在受处分期间有悔改表现，并且没有再发生违纪违法行为的，处分期满后应当解除处分。解除处分后，晋升工资档次、级别、职务不再受原处分的影响。但是，解除降级、撤职处分的，不视为恢复原级别、原职务。 有下列情形之一的，应当变更或者撤销处分决定： （1）适用法律、法规或者本条例规定错误的； （2）对违纪违法行为的事实、情节认定有误的； （3）处分所依据的违纪违法事实证据不足的； （4）调查处理违反法定程序，影响案件公正处理的； （5）作出处分决定超越职权或者滥用职权的； （6）有其他处分不当情形的。

第三章
检察制度与检察官职业道德

第一节　检察制度概述

一、检察制度的概念

检察的概念	检察是一种由特定机关代表国家向法院提起诉讼及维护法律实施的司法职能。
检察制度的概念	检察制度是指国家检察机关的性质、任务、组织体系、组织和活动原则以及工作制度的总称。
	检察制度最早起源于 13 世纪的英国和法国。英国检察官的前身是为国王办理财产诉讼的律师，法国检察官是由封建庄园的管家演变而来。

二、我国检察制度的特征

特征	检察机关是党绝对领导下的国家机关。
	检察机关是人民代表大会制度下与行政机关、审判机关平行的国家机关，具有独立的宪法地位。
	检察机关是国家法律监督机关，通过履行批捕起诉、查办和预防职务犯罪、诉讼监督等职能，维护国家法制的统一。
	检察机关实行检察一体化原则，体现在： 1. 检察长统一领导检察院的工作。 2. 各级人民检察院设立检察委员会。检察委员会实行民主集中制，在检察长的主持之下，讨论决定重大案件和其他重大问题。如果检察长在重大问题上不同意多数人的决定，可以报请本级人大常委会决定。 3. 最高人民检察院领导地方检察院和专门人民检察院工作，上级检察院领导下级人民检察院的工作。

三、检察制度的基本原则

检察院设置法定	必须根据宪法、法律和全国人大常委会的决定设置
依法独立行使检察权	不受行政机关、社会团体和个人的干涉
适用法律一律平等	同样的情况同样对待，禁止特权，排除歧视
司法公正	实体和程序都必须符合公正原则
司法公开	不法定的不公开事项外一律公开
检察权统一行使	各级检察机关、检察官依法构成统一的整体，各级检察机关、检察官在履行职权、职务中，应当根据上级检察机关、上级检察官的批示和命令进行工作和活动
司法责任	
接受人民群众监督	
对诉讼活动实行监督	

第二节　检察官

一、检察官的任职条件

检察官的任职条件和法官的任职条件类似，此不赘述。

二、检察官的任免

最高检察院	最高人民检察院检察长由全国人民代表大会选举和罢免，副检察长、检察委员会委员和检察员由最高人民检察院检察长提请全国人大常委会任免。
地方各级检察院	地方各级人民检察院检察长由地方各级人民代表大会选举和罢免，副检察长、检察委员会委员和检察员由本院检察长提请各本级人大常委会任免。地方各级人民检察院检察长的任免须报上一级人民检察院检察长提请该级人大常委会批准。
特殊的检察院分院	省、自治区、直辖市人民检察院分院检察长、副检察长、检察委员会委员和检察员，由省、自治区、直辖市人民检察院检察长提请本级人民代表大会常务委员会任免。

第三节　检察官职业道德

一、忠诚

忠诚	忠于党。
	忠于国家。
	忠于人民。
	忠于宪法和法律、忠于检察事业。

二、为民

为民	坚持以人民利益为重的理念。
	坚持严格、规范、公正、文明执法。
	坚持融入群众、倾听群众呼声、解决群众诉求、接受群众监督。

三、担当

担当	要坚决打击发生在群众身边损害群众利益的各类犯罪，增强群众安全感和满意度，严肃查处职务犯罪案件，对于重大案件特别是人民群众高度关注的案件，果断决策、坚决查办；对于人民群众反映的执法不严、司法不公的现象，敢于监督、善于监督，提高执法公信力和人民群众满意度。
	要坚守良知、公正执法、执法公开，自觉接受人民群众和社会的监督，以公开促公正。敢于担当还体现在善于运用法治思维和法治方式，将不公平、不公正现象纳入法治轨道来解决。
	要直面矛盾，正视问题。检察官要善于发现、勇于承认工作中存在的问题，在深入分析问题症结中找到化解矛盾的办法；对工作出现的失误和错误，主动承担，认真汲取教训。要坚持从严治检，对违法违纪人员要以零容忍的态度严肃查处，坚决清除害群之马。

四、公正

独立履职	检察官应当坚持法治理念，坚决维护法律的效力和权威；依法履行检察职责，不受行政机关、社会团体和个人的干涉，敢于监督，善于监督，不为金钱所诱惑，不为人情所动摇，不为权势所屈服。同时，检察官应当恰当处理好内部工作关系，既独立办案，又相互支持。
理性履职	检察官应当以事实为根据，以法律为准绳，不偏不倚，不滥用职权和漠视法律，正确行使检察裁量权。检察官应当客观、理性地履行职务，不主观意气办事，避免滥用职权的行为发生。

续表

履职回避	检察官之间有夫妻关系、直系血亲关系、三代以内旁系血亲关系以及近姻亲关系的，不得同时担任下列职务：①同一人民检察院的检察长、副检察长、检察委员会委员；②同一人民检察院的检察长、副检察长和检察员、助理检察员；③同一业务部门的检察员、助理检察员；④上下相邻两级人民检察院的检察长、副检察长。
	检察官从人民检察院离任后2年内，不得以律师身份担任诉讼代理人或者辩护人；检察官从人民检察院离任后，不得担任原任职检察院办理案件的诉讼代理人或者辩护人；检察官的配偶、子女不得担任该检察官所任职检察院办理案件的诉讼代理人或者辩护人。
	审判人员、检察人员、侦查人员有下列情形之一的，应当自行回避，当事人及其法定代理人也有权要求他们回避：①是本案的当事人或者是当事人的近亲属的；②本人或者他的近亲属和本案有利害关系的；③担任过本案的证人、鉴定人、辩护人、诉讼代理人的；④与本案当事人有其他关系，可能影响公正处理案件的。
	对法定回避事由以外可能引起公众对办案公正产生合理怀疑的，应当主动请求回避。
重视证据	检察官应当树立证据意识，依法客观全面地收集、审查证据，不伪造、隐瞒、毁损证据，不先入为主、主观臆断，严格把好事实关、证据关。检察官在办理案件过程中，重调查研究，防止主观臆断，依照法定程序搜集能够证实犯罪嫌疑人、被告人有罪或者无罪、犯罪情节轻重的各种证据，不得隐瞒证据、伪造证据或妨害作证、帮助当事人毁灭、伪造证据。
遵循程序	检察官应当树立程序意识，坚持程序公正与实体公正并重，严格遵循法定程序，维护程序正义。
保障人权	检察官应当树立人权保护意识，尊重诉讼当事人、参与人及其他有关人员的人格，保障和维护其合法权益。
尊重律师和法官	检察官应当尊重律师的职业尊严，支持律师履行法定职责，依法保障和维护律师参与诉讼活动的权利。检察官应当出席法庭审理活动，应当尊重庭审法官，遵守法庭规则，维护法庭审判的严肃性和权威性。
遵守纪律	检察官应当严格遵守检察纪律，不违反规定过问、干预其他检察官、其他人民检察院或者其他司法机关正在办理的案件，不私自探询其他检察官、其他人民检察院或者其他司法机关正在办理的案件情况和有关信息，不泄露案件的办理情况及案件承办人的有关信息，不违反规定会见案件当事人、诉讼代理人、辩护人及其他与案件有利害关系的人员。
提高效率	检察官应当努力提高案件质量和办案水平，严守法定办案时限，提高办案效率，节约司法资源。检察官应当提高责任心，在确保准确办案的前提下，尽快办结案件，禁止拖延办案，避免贻误工作。严格执行检察人员执法过错责任追究制度，对于执法过错行为，要实事求是，敢于及时纠正，勇于承担责任。

五、廉洁

坚持廉洁操守	检察官应当怀有朴实的平常心，树立正确的价值观、权力观、金钱观、名利观。检察官应当不以权谋私，以案谋利，借办案插手经济纠纷。
	检察官不应利用职务便利或者检察官的身份、声誉及影响，为自己、家人或者他人谋取不正当利益；不从事、参与经商办企业、违法违规营利活动，以及其他可能有损检察官廉洁形象的商业、经营活动；不参加营利性或者可能借检察官影响力营利的社团组织。
	检察官应当不收受案件当事人及其亲友、案件利害关系人或者单位及其所委托的人以任何名义馈赠的礼品礼金、有价证券、购物凭证以及干股等；不参加其安排的宴请、娱乐休闲、旅游度假等可能影响公正办案的活动；不接受其提供的各种费用报销，出借的钱款、交通通讯工具、贵重物品及其他利益。
避免不当影响	从职权行使的纯洁性、独立性和公正性出发，检察官应当不兼任律师、法律顾问等职务，不私下为所办案件的当事人介绍辩护人或者诉讼代理人。
	退休检察官应当继续保持良好操守，不再延用原检察官身份、职务，不利用原地位、身份形成的影响和便利条件，过问、干预执法办案活动，为承揽律师业务或者其他请托事宜打招呼、行便利，避免因不当言行给检察机关带来不良影响。
妥善处理个人事务	检察官应当慎微慎独，妥善处理个人事务，按照有关规定报告个人有关事项，如实申报收入；保持与合法收入、财产相当的生活水平和健康的生活情趣。

第四节 检察官职业责任

纪律处分的作出	检察人员有贪污贿赂、渎职侵权等刑法规定的行为涉嫌犯罪的，应当给予撤职或者开除处分。
	检察人员有刑法规定的行为，虽不构成犯罪或者不以犯罪论处，但须追究纪律责任的，应当视具体情节给予警告直至开除处分。
	检察人员有其他违法行为，须追究纪律责任的，应当视具体情节给予警告直至开除处分。
	检察人员受到纪律追究，涉嫌违法犯罪的，应当及时移送有关国家机关依法处理；需要给予党纪处分的，应当向有关党组织提出建议。
	因犯罪被判处刑罚的，应当给予开除处分。
	因犯罪情节轻微，被人民检察院依法作出不起诉决定的，或者被人民法院免予刑事处罚的，给予降级、撤职或者开除处分。属于前述规定情形的，应当根据司法机关的生效裁判、决定及其认定的事实、性质和情节，依照《检察人员纪律处分条例》规定给予纪律处分。

续表

	受到党纪处分或者行政处罚，应当追究纪律责任的，可以根据生效的党纪处分决定、行政处罚决定认定的事实、性质和情节，经核实后依照《检察人员纪律处分条例》规定给予纪律处分。
	纪律处分决定作出后，党组织、司法机关、行政机关等改变原生效决定、裁判，对原处分决定产生影响的，应当根据改变后的生效决定、裁判重新作出相应处理。
	纪律处分决定作出后，应当在 1 个月内向受处分人所在单位及其本人宣布，并由干部人事管理部门按照干部管理权限将处分决定材料归入受处分人档案；对于受到降级以上处分的，还应当在 1 个月内办理职务、工资等相应变更手续。
从轻或者减轻处分	有下列情形之一的，依照《检察人员纪律处分条例》可以从轻或者减轻处分：（1）主动交代本人应当受到纪律处分的问题的；（2）检举他人应当受到纪律处分或者法律追究的问题，经查证属实的；（3）主动挽回损失、消除不良影响或者有效阻止危害结果发生的；（4）主动上交违纪所得的；（5）有其他立功表现的。《检察人员纪律处分条例》规定的只有开除处分一个档次的违纪行为，不适用减轻处分的规定。
从重、加重处分	有下列情形之一的，依照《检察人员纪律处分条例》应当从重或者加重处分：（1）在集中整治过程中，不收敛、不收手的；（2）强迫他人违纪的；（3）本条例另有规定的。故意违纪受处分后又因故意违纪应当受到纪律处分的，应当从重处分。
纪律处分的变更和解除	1. 受处分人在处分期间获得三等功以上奖励的，可以缩短处分期间，但缩短后的期间不得少于原处分期间的 1/2。 2. 受处分人在处分期间，发现其另有应当受到纪律处分的违纪行为，应当根据新发现违纪行为的事实、性质、情节和已经作出的处分，重新作出处分决定，处分期间依照《检察人员纪律处分条例》第 14 条的规定重新计算，已经执行的处分期间应当从重新确定的处分期间中扣除。受处分人在处分期间又犯应当受到纪律处分的违纪行为，应当依照前述规定重新作出处分决定，处分期间为原处分期间尚未执行的期间与新处分期间之和。 3. 受处分人在处分期间确有悔改表现，处分期满后，经所在单位或者部门提出意见，由处分决定机关作出解除处分的决定。 4. 解除处分决定应当在 1 个月内书面通知受处分人，并在一定范围内宣布。解除处分决定应当在作出后的 1 个月内，由干部人事管理部门归入受处分人档案。 5. 解除降级、撤职处分，不得恢复原职务、级别的工资档次，但以后晋升职务、级别和工资档次不受原处分的影响。

第一节 律　师

一、律师制度概述

律师制度的起源	一般认为律师起源于古罗马时期。
	近代意义的律师制度发展完善是17、18世纪资产阶级民主革命的产物。美国宪法第6条修正案规定，在一切刑事诉讼中，被告人有权由律师协助其辩护。1808年法国刑事诉讼法系统规定了辩论原则和律师制度。
	中国古代无律师制度，但是出现了"讼师"或"刀笔吏"。清末1910年完成起草的《大清刑事民事诉讼法草案》中，有律师参加诉讼的规定。1912年9月16日正式公布的《律师暂行章程》创立了民国时期的律师制度。
律师的管理体制	目前世界各国的律师管理体制有3种模式：以日本、法国为代表的律师协会行业管理模式；以德国为代表的司法行政机关监督、指导下的律师协会行业管理模式；以英国、美国为代表的律师协会行业管理与法院监督相结合的模式。
	1. 我国实行司法行政机关管理和律师协会行业管理相结合的律师管理体制。 2.《中共中央关于全面推进依法治国若干重大问题的决定》要求：加强律师事务所管理，发挥律师协会自律作用，规范律师职业行为，监督律师严格遵守职业道德和职业操守，强化准入、退出管理，严格执行违法违规执业惩戒制度。加强律师行业党的建设，扩大党的工作覆盖面，切实发挥律师事务所党组织的政治核心作用。

二、律师执业的资格条件

一般条件	禁止性条件	限制性条件
1. 拥护中华人民共和国宪法； 2. 通过国家统一法律职业资格考试； 3. 在律师事务所实习满1年； 4. 品行良好。	1. 无民事行为能力或者限制民事行为能力的； 2. 受过刑事处罚的，但过失犯罪的除外； 3. 被开除公职或者被吊销律师执业证书的。	1. 律师只能在1个律师事务所执业。 2. 公务员不得兼任执业律师。律师担任各级人民代表大会常务委员会组成人员的，任职期间不得从事诉讼代理或者辩护业务。

帆哥提示 从事律师职业并不一定都要通过法律职业资格考试,《律师法》规定:具有高等院校本科以上学历,在法律服务人员紧缺领域从事专业工作满15年,具有高级职称或者同等专业水平并具有相应的专业法律知识的人员,申请专职律师执业的,经国务院司法行政部门考核合格,准予执业。具体办法由国务院规定。

三、申请律师职业许可的程序

申请	申请人应当向设区的市级或者直辖市的区人民政府司法行政部门提出书面申请,并提交国家统一法律职业资格考试合格证书、律师协会出具的申请人实习考核合格的材料、申请人的身份证明、律师事务所出具的同意接收申请人的证明。申请兼职律师执业的,还应当提交所在单位同意申请人兼职从事律师职业的证明,然后由律师事务所将上述申请材料报送住所地司法行政机关。
审查	受理申请的部门应当自受理之日起20日内予以审查,并将审查意见和全部申请材料报送省、自治区、直辖市人民政府司法行政部门。
批准发证	省、自治区、直辖市人民政府司法行政部门应当自收到报送材料之日起10日内予以审核,作出是否准予执业的决定。准予执业的,向申请人颁发律师执业证书;不准予执业的,向申请人书面说明理由。 **帆哥提示** 由省级司法行政部门做出是否准予执业的决定。

四、律师的宣誓

宣誓的主体	经司法行政机关许可,首次取得或者重新申请取得律师执业证书的人员,应当参加律师宣誓。律师宣誓,应当在律师获得执业许可之日起3个月内,采取分批集中的方式进行。律师宣誓仪式,由设区的市级或者直辖市司法行政机关会同律师协会组织进行。
宣誓仪式的要求	宣誓会场悬挂中华人民共和国国旗。
	宣誓仪式由司法行政机关负责人主持,领誓人由律师协会会长或者副会长担任。
	宣誓仪式设监誓人,由司法行政机关和律师协会各派1名工作人员担任。
	宣誓人宣誓时,应着律师职业装(或律师袍),免冠,佩戴中华全国律师协会会徽,呈立正姿势,面向国旗,右手握拳上举过肩,随领誓人宣誓。
	宣读誓词应当发音清晰、准确,语音铿锵有力。

五、执业律师的义务

执业律师的义务	只能在 1 个律师事务所执业。
	加入所在地的地方**律师协会**。
	不得**私自**接受委托、收取费用。
	不得利用提供法律服务的便利牟取当事人**争议的权益**，或者接受对方当事人的财物。
	不得在**同一案件**中，为**双方当事人**担任代理人。
	律师接受委托后，**无正当理由**的，不得拒绝辩护或代理。
	不得违反规定会见法官、检察官、仲裁员以及其他有关工作人员；不得向法官、检察官、仲裁员以及其他有关工作人员行贿、介绍贿赂或者指使、诱导当事人行贿。
	应当保守在执业活动中知悉的国家**秘密**和当事人对律师的信赖，维护律师的信誉。
	不得提供虚假证据，隐瞒事实或者威胁利诱他人提供虚假证据，隐瞒事实以及妨碍对方当事人合法取得证据。
	不得扰乱法庭、仲裁庭秩序、干扰诉讼、仲裁活动的正常进行。
	曾担任法官、检察官的律师，从人民法院、人民检察院离任后 2 **年内**，不得担任诉讼代理人或辩护人。
	依照国家规定履行法律援助义务。
	依法纳税。

　　🥢**帆哥提示**　执业律师的权利是考试的重点内容，但是此问题在刑事诉讼法中讲得比较详细，为了节省篇幅，此处从略，考生根据刑事诉讼法的有关内容把握。

第二节　律师事务所

一、律师事务所的设立条件

性质	律师事务所为市场中介组织。
设立律所的一般条件	1. 有自己的名称、住所和章程；2. 有符合国务院司法行政部门规定数额的资产；3. 有符合本法规定的律师；4. 设立人应当是具备一定的职业经历，且三年内未受过停止执业处罚的律师。
合伙律师事务所	除具备一般条件外，普通合伙应是 3 名以上有 3 年以上执业经历的律师、30 万元以上资产、有书面合伙协议。特殊的普通合伙要求 20 名以上设立人，1000 万以上资产。
个人律师事务所	除一般条件外，还应当：1. 设立人应当具有 5 年以上执业经历并能够专职执业的律师；2. 10 万元以上资产；3. 设立人对律师事务所的债务承担无限责任。

续表

国资所	除一般条件外，应有 2 名专职律师，由县级司法行政机关筹建，申请设立许可前须经县级政府有关部门核拨编制、提供经费保障。
分所	1. 成立 3 年以上并具有 20 名以上执业律师的合伙律师事务所，可以设立分所。设立分所，须经拟设立分所所在地的省、自治区、直辖市人民政府司法行政部门审核。 2. 律师事务所及其分所受到停业整顿处罚期限未满的，该所不得申请设立分所；律师事务所的分所受到吊销执业许可证处罚的，该所自分所受到处罚之日起 2 年内不得申请设立分所。 3. 分所必须有自己的名称、住所、三名以上律师事务所派驻的专职律师、三十万元以上的资产、负责人必须是有三年以上的执业经历且担任负责人前三年内未受过停止执业处罚的律师。律师事务所到经济欠发达的市、县设立分所的，派驻律师可以降至 1 至 2 名，资产可降至 10 万元。律师事务所到经济欠发达的市、县设立分所的，派驻律师可以降至 1 至 2 名，资产可降至 10 万元。

二、律师收费制度

政府指导价	种类	担任刑事案件犯罪嫌疑人、被告人的辩护人以及刑事案件自诉人、被害人的代理人。
		担任公民请求支付劳动报酬、工伤赔偿，请求给付赡养费、抚养费、扶养费，请求发给抚恤金、救济金，请求给予社会保险待遇或最低生活保障待遇的民事诉讼、行政诉讼的代理人，以及担任涉及安全事故、环境污染、征地拆迁赔偿（补偿）等公共利益的群体性诉讼案件代理人。
		担任公民请求国家赔偿案件的代理人。
	确定机关	政府指导价的基准价和浮动幅度由各省、自治区、直辖市人民政府价格主管部门会同同级司法行政部门制定。政府制定的律师服务收费应当充分考虑当地经济发展水平、社会承受能力和律师业的长远发展，收费标准按照补偿律师服务社会平均成本，加合理利润与法定税金确定。
风险代理		办理涉及财产关系的民事案件时，委托人被告知政府指导价后仍要求实行风险代理的，律师事务所可以实行风险代理收费，但下列情形除外：（1）婚姻、继承案件；（2）请求给予社会保险待遇或者最低生活保障待遇的；（3）请求给付赡养费、抚养费、扶养费、抚恤金、救济金、工伤赔偿的；（4）请求支付劳动报酬的等。禁止刑事诉讼案件、行政诉讼案件、国家赔偿案件以及群体性诉讼案件实行风险代理收费。实行风险代理收费，律师事务所应当与委托人签订风险代理收费合同，约定双方应承担的风险责任、收费方式、收费数额或比例，且最高收费金额不得高于收费合同约定标的额的 30%。

第三节 律师执业行为规范

一、律师职业推广行为规范

推广原则	律师和律师事务所推广律师业务，应当遵守平等、诚信原则，遵守律师职业道德和执业纪律，遵守律师行业公认的行业准则，公平竞争。
	律师和律师事务所应当通过提高自身综合素质、提高法律服务质量、加强自身业务竞争能力的途径，开展、推广律师业务。
	律师和律师事务所可以依法以广告方式宣传律师和律师事务所以及自己的业务领域和专业特长。
	律师和律师事务所可以通过发表学术论文、案例分析、专题解答、授课、普及法律等活动，宣传自己的专业领域。律师和律师事务所可以通过举办或者参加各种形式的专题、专业研讨会，宣传自己的专业特长。
	律师可以以自己或者其任职的律师事务所名义参加各种社会公益活动。
	律师和律师事务所在业务推广中不得为不正当竞争行为。
推广广告	律师发布广告应当具有可识别性，应当能够使社会公众辨明是律师广告。
	律师广告可以以律师个人名义发布，也可以以律师事务所名义发布。以律师个人名义发布的律师广告应当注明律师个人所任职的执业机构名称，应当载明律师执业证号。
	具有下列情况之一的，律师和律师事务所不得发布律师广告：（1）没有通过年度考核的；（2）处于停止执业或停业整顿处罚期间的；（3）受到通报批评、公开谴责未满1年的。
	律师事务所和律师不得以诋毁其他律师事务所、律师或者支付介绍费等不正当手段承揽业务。律师和律师事务所不得以有悖律师使命、有损律师形象的方式制作广告，不得采用一般商业广告的艺术夸张手段制作广告。同时，律师广告中不得出现违反所属律师协会有关律师广告管理规定的内容。
律师宣传	律师和律师事务所不得进行歪曲事实和法律，或者可能使公众对律师产生不合理期望的宣传。
	律师和律师事务所可以宣传所从事的某一专业法律服务领域，但不得自我声明或者暗示其被公认或者证明为某一专业领域的权威或专家。
	律师和律师事务所不得进行律师之间或者律师事务所之间的比较宣传。

二、律师与委托人或当事人的关系规范

律师与委托人或者当事人关系规范是律师职业行为规范的核心，这里从备考的角度重点讲述以下内容：

（一）委托代理关系

不得拒绝辩护或者代理	律师接受委托后，无正当理由不得拒绝辩护或者代理，或以其他方式终止委托。委托事项违法、委托人利用律师提供的服务从事违法活动或者委托人故意隐瞒与案件有关的重要事实的，律师有权告知委托人并要求其整改，有权拒绝辩护或者代理，或以其他方式终止委托，并有权就已经履行事务取得律师费。
禁止虚假承诺	律师根据委托人提供的事实和证据，依据法律规定进行分析，向委托人提出分析性意见。律师的辩护、代理意见未被采纳，不属于虚假承诺。
禁止非法谋取委托人权益	律师和律师事务所不得违法与委托人就争议的权益产生经济上的联系，不得与委托人约定将争议标的物出售给自己；不得委托他人为自己或为自己的近亲属收购、租赁委托人与他人发生争议的标的物。律师事务所可以依法与当事人或委托人签订以回收款项或标的物为前提按照一定比例收取货币或实物作为律师服务费用的协议。

（二）利益冲突审查

1. 不得建立或维持委托关系的情形

不得与当事人建立或维持委托关系的情形	律师在**同一案件中**为双方当事人担任代理人，或代理与本人或者其近亲属有**利益冲突**的法律事务的；
	律师办理诉讼或者非诉讼业务，其**近亲属**是对方当事人的法定代表人或者代理人的；
	曾经亲自处理或者审理过某一事项或者案件的行政机关工作人员、审判人员、检察人员、仲裁员，成为律师后又办理该事项或者案件的；
	同一律师事务所的不同律师同时担任同一**刑事**案件的被害人的代理人和犯罪嫌疑人、被告人的辩护人，但在该县区域内只有1家律师事务所且事先征得当事人同意的除外；
	在民事诉讼、行政诉讼、仲裁案件中，同一律师事务所的不同律师同时担任争议双方当事人的代理人，或者本所或其工作人员为一方当事人，本所其他律师担任对方当事人的代理人的；
	在非诉业务中，除各方当事人共同委托外，同一律师事务所的律师同时担任彼此有利害关系的各方当事人的代理人的；
	在委托关系终止后，同一律师事务所或同一律师在同一案件后续审理或者处理中又接受对方当事人委托的；
	其他与第（1）至第（7）项情形相似，且依据律师执业经验和行业常识能够判断为应当主动回避且不得办理的利益冲突情形。

2. 律师应当提出回避，但委托人同意其代理或者继续承办可不予回避的情形：

有下列情形之一的律师应当告知委托人并主动提出回避，但委托人同意其代理或者继续承办的除外	接受民事诉讼、仲裁案件一方当事人的委托，而同所的其他律师是该案件中对方当事人的近亲属的。
	担任刑事案件犯罪嫌疑人、被告人的辩护人，而同所的其他律师是该案件被害人的近亲属的。
	同一律师事务所接受正在代理的诉讼案件或者非诉讼业务当事人的对方当事人所委托的其他法律业务的。
	律师事务所与委托人存在法律服务关系，在某一诉讼或仲裁案件中该委托人未要求该律师事务所律师担任其代理人，而该律师事务所律师担任该委托人对方当事人的代理人的。
	在委托关系终止后 1 年内，律师又就同一法律事务接受与原委托人有利害关系的对方当事人的委托的。
	其他与以上项情况相似，且依据律师执业经验和行业常识能够判断的其他情形。

（三）转委托

转委托	未经委托人同意，律师事务所不得将委托人委托的法律事务转委托其他律师事务所办理。但在紧急情况下，为维护委托人的利益可以转委托，但应当及时告知委托人。
	受委托律师遇有突患疾病、工作调动等紧急情况不能履行委托协议时，应当及时报告律师事务所，由律师事务所另行指定其他律师继续承办，并及时告知委托人。
	非经委托人的同意，不能因转委托而增加委托人的费用支出。

三、律师参与诉讼和仲裁规范

回避	公务员不得兼任执业律师。律师担任各级人民代表大会常务委员会组成人员的，任职期间不得从事诉讼代理或者辩护业务。
调查取证	律师应当依法调查取证。律师不得向司法机关或者仲裁机构提交明知是虚假的证据。律师作为证人出庭作证的，不得再接受委托担任该案的辩护人或者代理人出庭。
尊重法庭与规范接触司法人员	律师应当遵守法庭、仲裁庭纪律，遵守出庭时间、举证时限、提交法律文书期限及其他程序性规定。
	在开庭审理过程中，律师应当尊重法庭、仲裁庭。律师在执业过程中，因对事实真假、证据真伪及法律适用是否正确而与诉讼相对方意见不一致的，或者为了向案件承办人提交新证据的，与案件承办人接触和交换意见应当在司法机关内指定场所。
	律师在办案过程中，不得与所承办案件有关的司法、仲裁人员私下接触。

四、律师之间的关系规范

禁止不正当竞争的行为	诋毁、诽谤其他律师或者律师事务所信誉、声誉。
	无正当理由，以低于同地区同行业收费标准为条件争揽业务，或者采用承诺给予客户、中介人、推荐人回扣、馈赠金钱、财物或者其他利益等方式争揽业务。
	故意在委托人与其代理律师之间制造纠纷。
	向委托人明示或者暗示自己或者其所属的律师事务所与司法机关、政府机关、社会团体及其工作人员具有特殊关系。
	就法律服务结果或者诉讼结果作出虚假承诺。
	明示或者暗示可以帮助委托人达到不正当目的，或者以不正当的方式、手段达到委托人的目的。
	通过与某机关、某部门、某行业对某一类的法律服务事务进行垄断的方式争揽业务。
	限定委托人接受其指定的律师或者律师事务所提供法律服务，限制其他律师或律师事务所正当的业务竞争。
	串通抬高或者压低收费。
	为争揽业务，不正当获取其他律师和律师事务所收费报价或者其他提供法律服务的条件。
	泄露收费报价或者其他提供法律服务的条件等暂未公开的信息，损害相关律师事务所的合法权益。
	擅自或者非法使用社会专有名称或者知名度较高的名称以及代表其名称的标志、图形文字、代号以混淆误导委托人。
	伪造或者冒用法律服务荣誉称号。

五、律师与所任职的律师事务所关系规范

律师与律师事务所应当遵守和执行以下行为规范	律师事务所应当建立健全执业管理、利益冲突审查、收费与财务管理、投诉查处、年度考核、档案管理、劳动合同管理等制度，对律师在执业活动中遵守职业道德、执业纪律的情况进行监督。
	律师事务所应当依法保障律师及其他工作人员的合法权益，为律师执业提供必要的工作条件。律师承办业务，由律师事务所统一接受委托，与委托人签订书面委托合同，按照国家规定统一收取费用。
	律师及律师事务所必须依法纳税。
	律师事务所应当定期组织律师开展时事政治、业务学习，总结交流执业经验，提高律师执业水平。律师事务所应当认真指导申请律师执业实习人员实习，如实出具实习鉴定材料和相关证明材料。
	律师事务所不得从事法律服务以外的经营活动。
	律师和律师事务所应当按照国家规定履行法律援助义务，为受援人提供法律服务，维护受援人的合法权益。律师事务所不得指派没有取得律师执业证书的人员或者处于停止执业处罚期间的律师以律师名义提供法律服务。律师事务所对受其指派办理事务的律师辅助人员出现的错误，应当采取制止或者补救措施，并承担责任。
	律师事务所有义务对律师、申请律师执业实习人员在业务及职业道德等方面进行管理。

六、律师与律协关系规范

与律协关系	律师和律师事务所应当遵守律师协会制定的律师行业规范和规则。律师和律师事务所享有律师协会章程规定的权利，承担律师协会章程规定的义务。
	律师参加国际性律师组织或成为其会员的，以及以中国律师身份参加境外会议等活动的，应当报律师协会备案。
	律师和律师事务所因执业行为成为刑、民事被告，或者受到行政机关调查、处罚的，应当向律师协会书面报告。
	律师应当按时缴纳会费。

第四节　法律援助制度

一、法律援助制度的特征

无偿性	法律援助服务完全是无偿的，是对贫困或者处于不利地位的人提供免费的法律咨询、代理、刑事辩护等法律服务。
责任主体的特定性	法律援助是政府的责任，县级以上人民政府应当采取积极措施推动法律援助工作，为法律援助提供财政支持，保障法律援助事业与经济、社会协调发展。法律援助经费应当专款专用，接受财政、审计部门的监督。
统一性	对公民的法律援助申请和法院指派的法律援助案件，由法律援助机构统一受理（接受）、统一审查、统一指派。

二、法律援助的对象

获得法律援助的资格条件	符合法律援助经济困难标准的公民，可以通过申请获得民事、行政和刑事法律援助。但是有证据证明：（1）犯罪嫌疑人、被告人属于一级或者二级智力残疾的；（2）共同犯罪中，其他嫌疑人、被告人已经委托辩护人的；（3）人民检察院抗诉的；（4）案件具有重大社会影响的，法律援助机构无须进行经济状况审查。
	刑事案件中，犯罪嫌疑人、被告人是盲、聋、哑，未成年人或者是尚未完全丧失辨认或者控制自己行为能力的精神病人，没有委托辩护人的，人民法院、人民检察院和公安机关应当通知法律援助机构指派律师为其提供辩护。犯罪嫌疑人、被告人可能被判处无期徒刑、死刑，没有委托辩护人的，法院、检察院、公安机关应当通知法律援助机构指派律师为其提供辩护。法院审理强制医疗案件，被申请人或者被告人没有委托诉讼代理人的，法院应当通知法律援助机构指派律师为其提供法律援助。
	《中共中央关于全面推进依法治国若干重大问题的决定》提出："对不服司法机关生效判决、决定的申诉，逐步实行由律师代理的制度。对聘不起律师的申诉人，纳入法律援助范围。"

续表

法律援助对象的权利	认为符合法律规定的法律援助条件的公民，有权向有受理权的法律援助机构提出法律援助申请。
	对法律援助机构不予法律援助的决定有异议的，可以向主管该法律援助的司法行政机关提出。
	有权了解为其提供法律援助的进展情况。
	有事实证明法律援助人员未依法履行职责的，可以要求法律援助机构予以更换。
	有权要求法律援助人员保护自己的隐私权。

三、法律援助机构

法律援助机构	县级以上地方各级人民政府司法行政部门监督管理本行政区域的法律援助工作。
法律援助人员	法律援助机构可以指派律师事务所安排律师或者安排本机构的工作人员办理法律援助案件；也可以根据其他社会组织的要求，安排其所属人员办理法律援助案件。

四、法律援助的申请和审查

民事、行政法律援助的申请	请求国家赔偿的，向赔偿义务机关所在地的法律援助机构提出申请。
	请求给予社会保险待遇、最低生活保障待遇或者请求发给抚恤金、救济金的，向提供社会保险待遇、最低生活保障待遇或者发给抚恤金、救济金的义务机关所在地的法律援助机构提出申请。
	请求给付赡养费、抚养费、扶养费的，向给付赡养费、抚养费、扶养费的义务人住所地的法律援助机构提出申请。
	请求支付劳动报酬的，向支付劳动报酬的义务人住所地的法律援助机构提出申请。
	主张因见义勇为行为产生的民事权益的，向被请求人住所地的法律援助机构提出申请。
刑事法律援助申请	刑事案件的当事人及其法定代理人或其近亲属申请法律援助的，应当向办理案件的人民法院、人民检察院、公安机关所在地的法律援助机构提出申请。
	被羁押的犯罪嫌疑人、被告人、服刑人员、强制隔离戒毒人员申请法律援助的，可以通过办理案件的人民法院、人民检察院、公安机关或者所在监狱、看守所、强制隔离戒毒所转交申请。
	申请人员为无民事行为能力或者限制民事行为能力人的，由其法定代理人代为申请。无民事行为能力或者限制民事行为能力人与其法定代理人之间发生诉讼或者因其他利益纠纷需要法律援助的，由与该争议事项无利害关系的其他法定代理人代为提出申请。

五、法律援助实施

实施形式	法律咨询	法律咨询不需要审查经济条件。
	代理	包括刑事代理、民事代理、行政代理、非诉讼代理。
	刑事辩护	担任犯罪嫌疑人、被告人的辩护人，参加刑事诉讼活动。
实施程序	法律援助人员的指派	1. 法律援助机构可以指派律师事务所安排律师或者安排本机构的工作人员办理法律援助案件；也可以根据其他社会住址的要求，安排其所属的人员办理法律援助案件。 2. 无期徒刑、死刑案件必须指派具有一定年限刑事辩护执业经历的律师办理；未成年人案件必须指派熟悉未成年人身心特点的律师办理。
	法律援助的终止的情形	（1）受援人不再符合法律援助经济困难标准的；（2）案件依法终止审理或者被撤销的；（3）受援人自行委托其他代理人或者辩护人的；（4）受援人要求终止法律援助的；（5）受援人利用法律援助从事违法活动的；（6）受援人故意隐瞒与案件有关的重要事实或者提供虚假证据的；（7）法律、法规规定应当终止的其他情形。

第五章
公证制度及公证员职业道德

一、我国公证制度的特征

特殊的证明活动	主体的特定性：只能由公证机构统一行使。公证机构出具的法律文书具有普遍的法律约束力、广泛性、通用性、可靠性、权威性。	
	对象和内容的特定性：公证对象是没有争议的民事法律行为、有法律意义的事实和文书；公证的内容是证明公证对象的真实性与合法性。	
	效力的特殊性：公证文书具有证据效力、强制执行效力、法律行为成立要件效力。	
	程序的法定性。	
非讼的司法活动	公证是一种预防性的法律制度，其活动的宗旨是通过公证活动预防纠纷，避免不法行为的发生，减少诉讼。	

二、公证机构的设立

设立条件	有自己的名称。
	有固定的场所。
	有2名以上公证员；
	有开展公证业务所必需的资金。
批准机关	设立公证机构，由所在地的司法行政部门报省、自治区、直辖市人民政府司法行政部门按照规定程序批准后，颁发公证机构执业证书。
负责人	公证机构的负责人应当在有3年以上执业经历的公证员中推选产生，由所在地的司法行政部门核准，报省、自治区、直辖市人民政府司法行政部门备案。
冠名方式	在县、不设区的市设立公证机构的，冠名方式为：省（自治区、直辖市）名称+本县、市名称+公证处。
	在设区的市或其市辖区设立公证机构的，冠名方式为：省（自治区）名称+本市名称+字号+公证处。
	在直辖市或其市辖区设立公证机构的，冠名方式为：直辖市名称+字号+公证处。

三、公证员的条件与任免

（一）公证员的任职条件

一般条件	具有中华人民共和国国籍。
	年龄 25 周岁以上 65 周岁以下。
	公道正派，遵纪守法，品行良好。
	通过法律职业资格考试。
	在公证机构实习 2 年以上或者具有 3 年以上其他法律职业经历并在公证机构实习 1 年以上，经考核合格。
考核任职	从事法学教学、研究工作，具有高级职称的人员，或者具有本科以上学历，从事审判、检察、法制工作、法律服务满 10 年的公务员、律师，已经离开原工作岗位，经考核合格的，可以担任公证员。
禁止条件	无民事行为能力或者限制民事行为能力的。
	因故意犯罪或者职务过失犯罪受过刑事处罚的。
	被开除公职的。
	被吊销执业证书的。

（二）任命程序及免职情形

任命程序	担任公证员，应当由符合公证员条件的人员提出申请，经公证机构推荐，由所在地的司法行政部门报省、自治区、直辖市人民政府司法行政部门审核同意后，报请国务院司法行政部门任命，并由省、自治区、直辖市人民政府司法行政部门颁发公证员执业证书。
免职的情形	丧失中华人民共和国国籍的。
	年满 65 周岁或者因健康原因不能继续履行职务的。
	自愿辞去公证员职务的。
	被吊销公证员执业证书的。

四、公证的程序

（一）公正的申请的提出

申请	公证事项由当事人住所地、经常居住地、行为地或者事实发生地的公证机构受理。涉及不动产的公证事项，由不动产所在地的公证机构受理；涉及不动产的委托、声明、赠与、遗嘱的公证事项，可以适用前款规定。
	2 个以上当事人共同申办同一公证事项的，可以共同到行为地、事实发生地或者其中 1 名当事人住所地、经常居住地的公证机构申办。
	当事人向 2 个以上可以受理该公证事项的公证机构提出申请的，由最先受理申请的公证机构办理。

（二）公证的代理

公正的代理	无民事行为能力人或者限制民事行为能力人申办公证，应当由其监护人代理。法人申办公证，应当由其法定代表人代表。其他组织申办公证，应当由其负责人代表。
	当事人可以委托他人代理申办公证，但申办遗嘱、遗赠扶养协议、赠与、认领亲子、收养关系、解除收养关系、生存状况、委托、声明、保证及其他与自然人人身有密切关系的公证事项，应当由其本人亲自申办。公证员、公证机构的其他工作人员不得代理当事人在本公证机构申办公证。
	居住在香港、澳门、台湾地区的当事人，委托他人代理申办涉及继承、财产权益处分、人身关系变更等重要公证事项的，其授权委托书应当经其居住地的公证人（机构）公证，或者经司法部指定的机构、人员证明。
	居住在国外的当事人，委托他人代理申办前款规定的重要公证事项的，其授权委托书应当经其居住地的公证人（机构）、我驻外使（领）馆公证。

（三）不予办理公证的事项和终止公证

不予办理公证的事项	1. 无民事行为能力人或者限制民事行为能力人没有监护人代理申请办理公证的； 2. 当事人与申请公证的事项没有利害关系的； 3. 申请公证的事项属专业技术鉴定、评估事项的； 4. 当事人之间对申请公证的事项有争议的； 5. 当事人虚构、隐瞒事实，或者提供虚假证明材料的； 6. 当事人提供的证明材料不充分又无法补充，或者拒绝补充证明材料的； 7. 申请公证的事项不真实、不合法的； 8. 申请公证的事项违背社会公德的； 9. 当事人拒绝按照规定支付公证费的。
终止公证事项	1. 因当事人的原因致使该公证事项在6个月内不能办结的； 2. 公证书出具前当事人撤回公证申请的； 3. 因申请公证的自然人死亡、法人或者其他组织终止，不能继续办理公证或者继续办理公证已无意义的； 4. 当事人阻挠、妨碍公证机构及承办公证员按规定的程序、期限办理公证的； 5. 其他应当终止的情形。

（四）公正程序的特别规定

现场监督类公证	公证机构办理招标投标、拍卖、开奖等现场监督类公证，应当由2人共同办理。承办公证员应当依照有关规定，通过事前审查、现场监督，对其真实性、合法性予以证明，现场宣读公证证词，并在宣读后7日内将公证书发送当事人。该公证书自宣读公证证词之日起生效。办理现场监督类公证，承办公证员发现当事人有弄虚作假、徇私舞弊、违反活动规则、违反国家法律和有关规定行为的，应当即时要求当事人改正；当事人拒不改正的，应当不予办理公证。

遗嘱公证	公证机构办理遗嘱公证，应当由 2 人共同办理。承办公证员应当全程亲自办理。特殊情况下只能由 1 名公证员办理时，应当请 1 名见证人在场，见证人应当在询问笔录上签名或者盖章。
保全证据公证	公证机构派员外出办理保全证据公证的，由 2 人共同办理，承办公证员应当亲自外出办理。办保全证据公证，承办公证员发现当事人是采用法律、法规禁止的方式取得证据的，应当不予办理公证。
债权文书执行证书	债务人不履行或者不适当履行经公证的具有强制执行效力的债权文书的，公证机构可以根据债权人的申请，依照有关规定出具执行证书。执行证书应当在法律规定的执行期限内出具。执行证书应当载明申请人、被申请执行人、申请执行标的和申请执行的期限。债务人已经履行的部分，应当在申请执行标的中予以扣除。因债务人不履行或者不适当履行而发生的违约金、滞纳金、利息等，可以应债权人的要求列入申请执行标的。
公证调解	经过公证的事项在履行过程中发生纠纷的，原公证处可应当事人的请求进行调解。经调解后当事人达成新协议的，公证处应给予公证；新达成的协议符合有关规定条件的，公证处应依法赋予强制执行效力。调解不成的，公证处应告知当事人向人民法院起诉或申请仲裁。

五、公证的效力

公证的效力	证据效力	经过公证的民事法律行为、事实和文书，应当作为认证事实的根据。
	强制执行效力	经过公证的债权文书，对方当事人可以向有管辖权的法院申请执行。债权文书确有错误的，人民法院裁定不予执行，并将裁定书送达双方当事人和公证机构。
	法律行为成立要件效力	1. 法律、行政法规规定未经公证的事项不具有法律效力的，依照其规定。 2. 双方当事人约定必须公证的事项。 3. 我国公民、法人或其他组织需在境外使用的某些文书（如结婚、学历、职称等证书）。

六、公证的救济

复查	当事人认为公证书有错误的，可以在收到公证书之日起 1 年内，向出具该公证书的公证机构提出复查。
	公证事项的利害关系人认为公证书有错误的，可以自知道或者应当知道该项公证之日起 1 年内向出具该公证书的公证机构提出复查，但能证明自己不知道的除外。提出复查的期限自公证书出具之日起最长不得超过 20 年。
诉讼	当事人、公证事项的利害关系人对公证书涉及当事人之间或者当事人与公证事项的利害关系人之间实体权利义务的内容有争议的，公证机构应当告知其可以就该争议向人民法院提起民事诉讼。

七、公证员职业道德

（一）忠于法律、尽职履责

忠于宪法和法律，恪守客观、公正原则	公证员应当忠于宪法和法律，自觉践行社会主义法治理念；公证员应当政治坚定、业务精通、维护公正、恪守诚信，坚定不移地做中国特色社会主义事业的建设者、捍卫者；公证员应当依法办理公证事项，恪守客观、公正的原则，做到以事实为依据、法律为准绳。
遵守法定回避制度	公证员应当自觉遵守法定回避制度，不得为本人及近亲属办理公证或者办理与本人及近亲属有利害关系的公证。
履行执业保密义务	公证员应当自觉履行执业保密义务，不得泄露在执业中知悉的国家秘密、商业秘密或个人隐私，更不得利用知悉的秘密为自己或他人谋取利益。
纠正、制止违法违规行为	公证员在履行职责时，对发现的违法、违规或违反社会公德的行为，应当按照法律规定的权限，积极采取措施予以纠正、制止。

（二）爱岗敬业，规范服务

珍惜职业荣誉	公证员应当珍惜职业荣誉，强化服务意识，勤勉敬业、恪尽职守，为当事人提供优质高效的公证法律服务。
履行告知义务	公证员在履行职责时，应当告知当事人、代理人和参与人的权利和义务，并就权利和义务的真实意思和可能产生的法律后果做出明确解释，避免形式上的简单告知。
平等、热情地对待公证当事人、代理人和参与人	公证员在执行职务时，应当平等、热情地对待当事人、代理人和参与人，要注重其民族、种族、国籍、宗教信仰、性别、年龄、健康状况、职业的差别，避免言行不慎使对方产生歧义。
提高办证质量和效率	公证员应当严格按照规定的程序和期限办理公证事项，注重提高办证质量和效率，杜绝疏忽大意、敷衍塞责和延误办证的行为。
注重文明礼仪，维护职业形象	公证员应当注重礼仪，做到着装规范、举止文明，维护职业形象。现场宣读公证词时，应当语言规范、吐字清晰，避免使用可能引起他人反感的语言表达方式。
积极履行监督义务	公证员如果发现已生效的公证文书存在问题或其他公证员有违法、违规行为，应当及时向有关部门反映。
不发表不当评论	公证员不得利用媒体或采用其他方式，对正在办理或已办结的公证事项发表不当评论，更不得发表有损公证严肃性和权威性的言论。

（三）加强修养、提高素质

遵守社会公德	公证员应当牢固树立社会主义荣辱观，遵守社会公德，倡导良好社会风尚。
具有良好的个人修养和品行	公证员应当道德高尚、诚实信用、谦虚谨慎，具有良好的个人修养和品行。公证员应当树立正确的人生观和价值观，保持心理平衡。
忠于职守	公证员应当忠于职守、不徇私情、弘扬正义，自觉维护社会公平和公众利益。

续表

热爱集体，团结协作	公证员应当热爱集体，团结协作，相互支持、相互配合、相互监督，共同营造健康、有序、和谐的工作环境。
不断提高自身的业务能力和职业素养	公证员应当不断提高自身的业务能力和职业素养，保证自己的执业品质和专业技能满足正确履行职责的需要。
终身学习，勤勉进取	公证员应当树立终身学习理念，勤勉进取，努力钻研，不断提高职业素质和执业水平。

（四）廉洁自律、尊重同行

廉洁自律	公证员应当树立廉洁自律意识，遵守职业道德和执业纪律，不得从事有报酬的其他职业和与公证员职务、身份不相符的活动。
妥善处理个人事务	公证员应当妥善处理个人事务，不得利用公证员的身份和职务为自己、亲属或他人谋取利益。
不得接受不当利益	公证员不得索取或接受当事人及其代理人、利害关系人的答谢款待、馈赠财物或其他利益。
相互尊重	公证员应当相互尊重，与同行保持良好的合作关系，公平竞争，同业互助，共谋发展。
避免不当干预	公证员不得以不正当方式或途径对其他公证员正在办理的公证事项进行干预或施加影响。
不从事不正当竞争行为	公证员不得从事以下不正当竞争行为：（1）利用媒体或其他手段炫耀自己，贬损他人，排斥同行，为自己招揽业务；（2）以支付介绍费、给予回扣、许诺提供利益等方式承揽业务；（3）利用与行政机关、社会团体的特殊关系进行业务垄断；（4）其他不正当竞争行为。

中国法律史

第一章

先秦时期的法律思想与制度

第一节　同时期西方法文化背景

古希腊	欧洲法律文化起源于古希腊，与其发展环境有着密切关系。约公元前 5 世纪，古希腊进入城邦制的"古典时代"。其中雅典城邦的民主政体与斯巴达城邦的寡头政体之间反差强烈。公元前 5 世下半叶，斯巴达战胜雅典，取得寡头制对民主制的胜利。内战结束不久，雅典民主派推翻斯巴达傀儡政府。柏拉图的老师苏格拉底因此事件被民主派处死。这表明多数人的专政与少数人的专政同样残暴。
	公元前 387 年，柏拉图在其《国家篇》和《法律篇》中评价了城邦体制的利弊无论民主制还是寡头制都是恶劣政体。
	柏拉图的学生亚里士多德在《雅典政制》一书中提出将君主制、贵族制和民主制结合的共和政体设想，他认为法律是正义的体现，法律的好坏以是否符合正义为标准。他将法律分为基本法和非基本法、自然法和人定法、良法与恶法、习惯法和成文法。他在《政治学》一书说："法治应该包含两重意义：已成立的法律获得普遍的服从，而大家所服从的法律又应该是本身制订得良好的法律。""法治应当优于一人之治。"对后世西方宪政实践影响深远。
古罗马	古罗马属古希腊文化的分支。继希腊雅典梭伦改革后约 60 年，公元前 534 年罗马城邦制也进行变革，逐渐形成在城邦内平民参与政治制度的特征。
	公元前 510 年，罗马建立"元老院与罗马人民"的政体。即由氏族贵族组成的元老院，由军事百人团会议选举的执政官，以及由平民大会选举的保民官，三者共同行使城邦政权。
	公元前 454 年，罗马组建贵族和平民参加的"十人立法委员会"，派代表赴希腊雅典考察城邦立法。公元前 451 年和 450 年，"十人立法委员会"分两次颁布《十二表法》，将罗马人的社会与家庭生活全面纳入法律范围，巩固了共和政体。《十二表法》篇目依次为传唤、审理、索债、家长权、承和监护、所有权和占有、土地和房屋、私犯、公法、宗教法、前五表及后五表的追补。其特点是诸法合体、私法为主，程序法优于实体法等。它成为罗马国家的第一部成文法，从此至公元前 367 年设立最高裁判官为止，成为罗马法的奠基时期。

第二节　西周的法律思想和法律

一、立法指导思想

以德配天，明德慎罚	"德"的含义	"德"的要求主要包括三个基本方面：敬天，敬祖，保民。也就是要求统治者恭行天命，尊崇天帝与祖宗的教诲，爱护天下的百姓，做有德有道之君。
	要求	实施德教，用刑宽缓。其中"实施德教"是前提，是第一位的。"德教"的具体内容，周初统治者逐渐归纳成内容广博的"礼治"，即要求君臣上下父子兄弟都按既有的"礼"的秩序规范各自的言行，从而达到全社会一种和谐安定的"礼治秩序"。
		西周初期的基本政治观和基本治国方针。西周法律特色是礼刑结合。后来被儒家发挥为"德主刑辅，礼刑并用"，为以"礼法结合"为特征的中国传统法制奠定了理论基础。

二、"出礼入刑"的礼刑关系

礼与刑	抽象的精神原则：亲亲尊尊。"亲亲"，即要求在家族范围内，按自己身份行事，不能以下凌上、以疏压亲，而且"亲亲父为首"，全体亲族成员都应以父家长为中心。"尊尊"，即要在社会范围内，尊敬一切应该尊敬的人，君臣、上下，贵贱都应恪守名分，而且"尊尊君为首"，一切臣民都应以君主为中心。在"亲亲""尊尊"两大原则下，又形成了"忠""孝""义"等具体精神规范。
	具体的礼仪形式：吉礼（祭祖之礼）；凶礼（丧葬之礼）；军礼（行兵打仗之礼）；宾礼（迎宾待客之礼）；嘉礼（冠婚之礼）。西周时期的礼已具备法的性质。首先，周礼完全具有法的三个基本特性，即规范性、国家意志性和强制性。其次，周礼在当时对社会生活各个方面都有着实际的调整作用。
	礼刑关系：（1）出礼入刑：西周时期"刑"多指刑法和刑罚。"礼"正面、积极规范人们的言行，而"刑"则对一切违背礼的行为进行处罚。其关系正如《汉书·陈宠传》所说的"礼之所去，刑之所取，失礼则入刑，相为表里"，两者共同构成西周法律的完整体系。 （2）礼不下庶人，刑不上大夫。"礼不下庶人"强调礼有等级差别，禁止任何越礼的行为；"刑不上大夫"强调贵族官僚在适用刑罚上的特权。

三、契约与婚姻继承法律

契约	买卖契约	西周的买卖契约称为"质剂"。这种契约写在简牍上，一分为二，双方各执一份。"质"，是买卖奴隶、牛马所使用的较长的契券；"剂"，是买卖兵器、珍异之物所使用的较短的契券。"质""剂"由官府制作，并由"质人"专门管理。
	借贷契约	西周的借贷契约称为"傅别"。《周礼》载："听称责（责同债）以傅别。"为了保证债的履行，要求当事人订立契约"傅别"。"傅"，是把债的标的和双方的权利义务等写在契券上；"别"，是在简札中间写字，然后一分为二，双方各执一半，札上的字为半文。
婚姻	原则	一夫一妻制；同姓不婚；父母之命（违背者为淫奔）。
	六礼	纳采、问名、纳吉、纳征、请期、亲迎。
	七出	不顺父母、无子、淫、妒、恶疾、多言、盗窃。
	三不去	有所娶无所归；与更三年丧；前贫贱后富贵。
继承		政治身份的继承：嫡长子继承制。财产继承采用何种方式不可考证，后世采诸子均分制。

四、司法制度

司法制度	周天子是最高裁判者。中央设大司寇，负责实施法律法令，辅佐周王行使司法权。大司寇下设小司寇，辅佐大司寇审理具体案件。大、小司寇下设专门的司法属吏。此外，基层设有士师、乡土、遂士等负责处理具体司法事宜。
	狱：刑事案件；讼：民事案件；
	五听：辞听，听当事人的陈述，理屈则言语错乱；色听，观察当事人的表情，如理亏就会面红耳赤；气听，听当事人陈述时的呼吸，如无理就会紧张得喘息；耳听，审查当事人听觉反应，如无理就会紧张得听不清话；目听，观察当事人的眼睛，无理就会失神。即通过观察当事人的言语表达、面部表情、呼吸、听觉、眼睛与视觉确定其陈述真假，说明西周时已注意到司法心理问题并将其运用到审判实践中。
	三刺：遇有重大疑难案件依次交群臣、官吏、国人商讨，体现了明德慎罚原则。
	三赦：指幼弱、老耄、蠢愚者，犯罪从赦免。
	三宥：指因主观上不识、过失、遗忘而犯罪者，应减刑。

第三节　春秋、战国时期的法律

一、成文法的公布

成文法公布	铸刑书	公元前536年，郑国执政子产将郑国的法律条文铸在象征诸侯权位的金属鼎上，向全社会公布，史称"铸刑书"，这是中国历史上第一次公布成文法的活动。刑书是国家权力的象征，同时，也有利于法律在全社会范围内得到贯彻执行。
	铸刑鼎	公元前513年，晋国赵鞅把前任执政范宣子所编刑书正式铸于鼎上，公之于众，这是中国历史上第二次公布成文法的活动。成文法的公布，否定了"刑不可知，则威不可测"的旧传统，明确了"法律公开"的立法原则。

二、《法经》

法经	魏国李悝所作，系中国历史上第一部比较系统的成文法典。
	篇目：盗、贼、囚（网）、捕、杂、具（总则）。"王者之政，莫急于盗贼，故律始于盗"。杂法中规定六禁：淫、狡、城、嬉、徒、金。
	《法经》六篇为秦汉直接继承，成为秦汉律的主要篇目。

　　🕮 **帆哥提示**　《法经》是中国法治上比较重要的法典，因而也是考试的重要内容，可用以下口诀识记：魏国李悝作《法经》，系统法典第一部，盗、贼、囚（网）、捕、杂、具，六篇法律在其中，具律本是总则名，六禁之规在杂法。

三、商鞅变法

	改法为律，扩充法律内容，强调法律的普遍性。
	颁布了《分户令》和《军爵律》，富国强兵。
贯彻法家主张	强调"以法治国"。要求全体臣民特别是国家官吏学法、"明法"，百姓学习法律者，"以吏为师"。
	"轻罪重刑"。在变法过程中，商鞅尽力贯彻重刑原则，加大量刑幅度，对轻罪也施以重刑，以此强化新法的推行与贯彻。
	不赦不宥。为了贯彻重刑原则，强调国家法律的严肃性，商鞅在变法中反对赦宥，主张凡有罪者皆应受罚，体现法家"刑无等级"的思想。
	鼓励告奸。为了更有效地禁奸止过，保证新的统治秩序的稳定，在变法过程中多次颁布法令，鼓励臣民相互告发奸谋，规定"告奸者与斩敌首同赏"。
	实行连坐。在变法期间广泛实行连坐制度。如邻伍连坐，以十家为什，五家为伍，什伍之间相互有告奸、举盗的责任，若什伍之中有作奸犯法者，相互负连带责任。此外，还实行军事连坐、职务连坐、家庭连坐等。这些对于维护社会秩序，保障政权的稳定有重要作用。
	用法律的手段剥夺旧贵族的特权，太子犯罪，刑其师傅。

第二章
秦汉至魏晋南北朝的法律思想与制度

第一节　同时期西方法文化背景

万民法的形成	公元前 242 年，罗马共和国增设一名最高裁判官，专门处理涉及非市民的案件。因此形成一个全新的法律体系——具有衡平性质的最高裁判官法。该法共同适用于居住在罗马境内的各民族，成为"万民法"的直接渊源，而传统的"市民法"效力仅局限于罗马市民范围内。这两个法律体系因居民身份的区别而形成长期互补共存的关系，奠定了罗马法进一步发展的重要前提。
罗马法的哲学基础	对罗马法律文化产生更加深远影响的是公元前 3 世纪初创立于雅典的斯多葛学派，成为西方自然法理论的最早渊源。该学派认为国家法律只是对神的完美律法的不完美模仿，执政者制定的所谓法律根本不配称为法律。罗马共和国末期西塞罗通过对自然法和实在法的比较阐释法的本质，奠定了罗马法发展的法哲学基础。
罗马法的发展成熟	至公元 2 世纪末，罗马帝国一直未将帝位继承制度法律化，公元 180 ~ 284 年间，连续有近 40 位皇帝执政，平均在位时间仅 2 ~ 3 年，罗马帝国开始呈现颓势。公元 3 世纪中期，在私法制度与普遍理性的深入讨论中，出现了著名的五大法学家，即盖尤斯、保罗斯、乌尔比安、伯比尼安、莫迪斯蒂努斯。罗马法学家将法分为自然法、万民法和市民法，公法和私法。其中公法和私法的划分为大陆法系沿用至今，对国家权力与私人权利的分类以及相应部门法的分类产生重要影响。而私法中的人法、物法和诉讼法的划分，也为后世大陆法系近现代民法典的制定提供了理论基础。这一时期对于罗马私法的解读，成为约二百年后具有实际效力的法律渊源。公元 426 年，随着《学说引证法》的公布，确认五大法学家的法律解答和著述为罗马渊源之一，其他学者的学说被禁止，罗马法学的发展基本停滞。公元 476 年西罗马帝国灭亡。日耳曼诸部族随后建立的部族国家基本上不采用罗马法，只是勉强同意领域内的罗马人适用他们祖先制定的法律。罗马法退化为罗马人生活中的简单习惯，在社会生活中逐渐消亡。

第二节　秦　代

一、秦代的罪名

秦代法制	罪名	侵犯皇权罪	如谋反、泄露机密、偶语诗书、以古非今、诽谤、妖言、诅咒、妄言、非所宜言、投书、不行君令等。
		侵犯财产和人身罪	秦代侵犯财产方面的罪名主要是"盗"。盗窃列为重罪，按盗窃数额量刑。除了一般意义上的盗，秦代还有共盗、群盗之分：共盗指五人以上共同盗窃；群盗则是指聚众反抗统治秩序，属于危害皇权的重大政治犯罪。 侵犯人身方面的罪名主要是贼杀、伤人。这里的"贼"与今义不同，而是荀子和西晋张斐所说的"害良日贼"，"无变斩击谓之贼"，即杀死、伤害他人以及在未发生变故的正常情况下杀人、伤人。此外，斗伤、斗杀在秦代亦属于侵犯人身罪。
		渎职罪	"见知不举"罪：看见违法犯罪的行为不纠举。如《史记·秦始皇本纪》载秦代禁书令规定，"有敢偶语《诗》《书》者，弃市。以古非今者，族。吏见知不举者，与同罪。"
			"不直"罪和"纵囚"罪：前者指罪应重判而故意轻判，应轻判而故意重判；后者指应当论罪而故意不论罪，以及设法减轻案情，故意使案犯达不到定罪标准，从而判其无罪。
			"失刑"罪：指因过失而量刑不当（若系故意，则构成"不直"罪）。
		逋事（已下达征发徭役的命令而逃走不报道）与乏徭（到达服徭役的地点又逃走）。	

二、秦代的刑罚

笞刑	笞刑是以竹板或木板责打犯人背部的轻刑，是秦代经常使用的一种刑罚方法。大多针对轻微犯罪而设，也有的是作为减刑后的刑罚。
徒刑	城旦舂，男犯筑城，女犯舂米，但实际从事的劳役并不限于筑城舂米。
	鬼薪、白粲，男犯为祠祀鬼神伐薪，女犯为祠祀择米，但实际劳役也绝不止于为宗庙取薪择米。
	隶臣妾，即将罪犯及其家属罚为官奴婢，男为隶臣，女为隶妾，其刑轻于鬼薪、白粲。
	司寇，即伺寇，意为伺察寇盗，其刑轻于隶臣妾。
	候，即发往边地充当斥候，是秦代徒刑的最轻等级。
流放刑	包括迁刑和谪刑，都是将犯人迁往边远地区的刑罚，其中谪刑适用于犯罪的官吏，但两者都比后世的流刑要轻。
肉刑	肉刑即黥（或墨）、劓、刖（或斩趾）、宫四种残害肢体的刑罚。秦的肉刑大多与城旦舂等较重的徒刑结合使用。

续表

死刑	秦代的死刑执行方法很多，例如：①弃市，即所谓杀之于市，与众弃之；②戮，即先对犯人使用痛苦难堪的羞辱刑，然后斩杀；③磔，即裂其肢体而杀之；④腰斩；⑤车裂；⑥枭首，即处死后悬其首级于木上；⑦族刑，通常称为夷三族或灭三族；⑧具五刑，即《汉书·刑法志》所说："当夷三族者，皆先黥、劓、斩左右趾，笞杀之，枭其首，菹其骨肉于市。其诽谤詈诅者，又先断舌，故谓之具五刑。"
羞辱刑	秦时经常使用"髡""耐"等耻辱刑作为徒刑的附加刑。其中"髡"是指剃光犯人的头发和胡须。此外，死刑中的"戮"刑也含有羞辱之意。
经济刑	秦律中对轻微罪适用的强制缴纳一定财物的刑罚主要是"赀"；同时，赎刑也可归入这一范畴。"赀"是独立刑种。它包括三种：一是纯属罚金性质的"赀甲""赀盾"；二是"赀戍"，即发往边地做戍卒；三是"赀徭"，即罚服劳役。赎刑不是独立刑种，而是一种允许已被判刑的犯人用缴纳一定金钱或服一定劳役来赎免刑罚的办法。从云梦秦简来看，秦代的赎刑范围非常广泛。从"赎耐""赎黥""赎迁"，到"赎宫""赎死"，均可赎免。
株连刑	主要是族刑（见死刑条）和"收"。收，亦称收孥、籍家，就是在对犯人判处某种刑罚时，还同时将其妻子、儿女等家属没收为官奴婢。

三、秦代刑罚适用原则

刑事责任能力	秦律规定，凡属未成年犯罪，不负刑事责任或减轻刑事处罚。秦律以身高判定是否成年，大约六尺五寸为成年身高标准，低于六尺五寸的为未成年人。
区分故意（端）与过失（不端）	西周时期已有此原则，将过失与故意称为"眚"与"非眚"。秦律重视故意与过失犯罪的区别。故意诬告者，实行反坐；主观上没有故意的，按告不审从轻处理。
盗窃按赃值定罪	秦律把赃值划分为三等，即一百一十钱、二百二十钱与六百六十钱。对于侵犯财产的盗窃罪，依据以上不同等级的赃值，分别定罪。一般赃值少的定罪轻，赃值多的定罪重。
共犯罪与集团犯罪加重处罚	秦律在处罚侵犯财产罪上共犯罪较个体犯罪处罚从重，集团犯罪（五人以上）较一般犯罪处罚从重。
累犯加重	本身已犯罪，再犯诬告他人罪，加重处罚。除去耐为隶臣外，还要判处城旦苦役六年。
教唆犯罪加重处罚	秦律规定，教唆未成年人犯罪者加重处罚。教唆未满15岁的人抢劫杀人，虽分赃仅为十文钱，教唆者也要处以碎尸刑。
自首减轻处罚	秦律规定，凡携带所借公物外逃，主动自首者，不以盗窃论处，而以逃亡论处。如隶臣妾在服刑期间逃亡后又自首，只笞五十，补足期限。若犯罪后能主动消除犯罪后果，可以减免处罚。

续表

诬告反坐	故意捏造事实与罪名诬告他人，即构成诬告罪。诬告者实行反坐原则，即以被诬告人所受的处罚，反过来制裁诬告者。

四、秦代的司法制度

司法机关	皇帝掌握最高审判权。
	廷尉为中央司法机关的长官，审理全国案件。

第三节　汉代法制

一、肉刑的废除

废除肉刑	导火线	缇萦上书救父。
	文帝	黥刑改为髡钳城旦春；劓刑改为笞三百；斩左趾改为笞五百；斩右趾改为弃市死刑。
	景帝	笞三百改为笞二百；笞五百改为笞三百。颁布《箠令》，规定笞杖尺寸，以竹板制成，削平竹节，以及行刑不得换人等。
	为结束传统刑罚制度，建立新的刑罚制度奠定了重要基础。	

二、汉律的儒家化

自汉罢黜百家，独尊儒术后，儒家思想对传统法制的影响至为深远。汉代开启了法律儒家化的进程，后世因袭之。

汉律儒家化	上请	汉高祖刘邦七年。后宣帝、平帝相继规定。东汉时成为普遍特权，从徒刑二年到死刑均可适用。
	恤刑	矜老恤幼：80岁以上、8岁以下、怀孕未产者、老师、侏儒等，不戴刑具。老人幼童及连坐妇女，除犯大逆不道诏书指明追捕的犯罪外，一律不再拘捕监禁。
	亲亲得相首匿	汉宣帝时确立，来源于儒家"父为子隐，子为父隐，直在其中"的理论，卑幼首匿尊长的犯罪行为，不追究刑事责任。尊长首匿卑幼，罪应处死的，可上请皇帝宽贷。
	春秋决狱	董仲舒所创，依据《春秋》等儒家经典著作审理案件，"春秋之治狱，论心定罪。志善而违于法者免；志恶而合于法者诛。"对传统的司法和审判是一种积极的补充，但为司法擅断提供了依据。
	秋冬行刑	依董仲舒"天人感应"理论所建，除谋反大逆等外，一般死刑犯须在秋天霜降以后、冬至以前执行。唐律"立春后不决死刑"，明清律中的"秋审"制度溯源于此。

三、司法机关

司法机关	审判机关	承秦制，廷尉为中央司法长官。地方行政长官兼理司法。基层设乡里组织，负责治安与调解。
	监督机关	御史大夫（西汉）、御史中丞（东汉），负责法律监督。武帝后设司隶校尉，监督中央百官与地方司法官吏。又设刺史，专司各地方行政与法律监督之职。

第四节　魏晋南北朝法制

一、魏晋南北朝时期重要法典及制度比较

法典	立法年代	结构变化	特色制度	历史意义
魏律	魏明帝	18篇；"具律"改为"刑名"置于律首。	八议：来源于《周礼》"八辟"；亲（皇帝亲戚）、故（皇帝故旧）、贤（有传统德行与影响的人）、能（有大才能）、功（有大功勋）贵（贵族官僚）、勤（为朝廷勤劳服务）宾（前代皇室宗亲）八种人犯罪减免。	使中国法典在系统和科学上进了一大步
晋律	泰始三年	20篇602条的格局；刑名后增加法例律。	1. 张斐、杜预为之作注，故又称"张杜律"。 2. 准五服以制罪：服制依亲属远近关系分为五等：斩衰、齐衰、大功、小功、缌麻。服制确定继承与赡养等权利义务关系，同时也是亲属相犯时确定刑罚轻重的依据。	对刑法分则部分重新编排，体现"刑宽""禁简"。
北魏律	公元492年	20篇	1. 官当：《北魏律》与《陈律》共同确立了官当制度，《北魏律》在"法例篇"规定："每一爵位折抵徒刑2年。"南朝《陈律》规定：凡一官职折抵徒刑，同赎刑结合适用。 2. 死刑复奏：北魏太武帝时正式确立，为唐代的死刑三复奏，打下了基础，这一制度的建立既加强了皇帝对司法审判的控制，又体现了皇帝对民众的体恤。	采诸家法典之长，经过综合比较，"取精用宏"。
北齐律	公元557年	将刑名与法例律合为名例律一篇，共12篇	"重罪十条"：①反逆（造反）②大逆（毁坏皇帝宗庙、山陵与宫殿）③叛（叛变）④降（投降）⑤恶逆（殴打谋杀尊亲属）⑥不道（凶残杀人）⑦不敬（盗用皇室器物及对皇帝不尊重）⑧不孝（不侍奉父母，不按礼制服丧）⑨不义（杀本府长官与授业老师）⑩内乱（亲属间的乱伦行为）。其犯此十者，不在八议论赎之限。	承先启后的作用，对封建后世的立法影响深远。

帆哥提示　几则记忆口诀：

【记忆口诀】			
《魏律》 明帝《魏律》18 篇， 具改刑名置律首， 八议此时入法律， 等级特权昭昭然。	《晋律》 司马代魏西晋立， 泰始年间做法律， 律名晋律或泰始， 此律一共 20 篇， 刑名之后法例加， 五服治罪是首创。 张斐杜预疏法律， 解释与律同效力， 此律还名张杜律。	《北齐律》 承先启后北齐律， 刑名法例二而一， 名例之律始出现。 此时法律定期型， 篇目一共十二篇， 唐宋承之不改变， 重罪十条北齐创， 隋律开皇改十恶。	官当 北有北魏南有陈， 官职抵罪律中明。

二、法律形式的变化

法律形式变化	律、令、科、比、格、式相互为用。	
	科	起着补充与变通律、令的作用。
	格	格与令相同，补充律，均带有刑事法律的性质，与隋唐时期不同。
	比	比照典型判例或相近律文处理法律无明文规定的同类案件。
	式	公文程式。

三、刑罚制度改革

刑制改革	规定绞、斩等死刑制度。
	北周流刑分 5 等，以 500 里为基数，同时施加鞭刑。
	北魏增加鞭刑与杖刑，北齐、北周相继采用。
	北朝与南朝相继宣布废除宫刑。

四、魏晋南北朝的司法制度

变化	北齐正式设置大理寺，以大理寺卿和少卿为正副长官。
	提高尚书台的地位，其中的"三公曹"与"二千石曹"执掌司法审判。
	晋设御史台主监察，纠举不法案件，又设治书侍御史，纠举审判官吏的不法行为。

第三章
隋唐宋元时期的法律思想与制度

第一节　同时期西方法文化背景

《国法大全》	公元 528～534 年，东罗马帝国优士丁尼皇帝为重建和振兴罗马帝国，成立法典编纂委员会，先后完成三部法律汇编：《优士丁尼法典》、《法学总论》（又译为《法学阶梯》）和《学说汇纂》（又译为《法学汇编》）。《优士丁尼法典》是对历代皇帝敕令和元老院决议整理、增删和汇编而成；《学说汇纂》以盖尤斯同名著作为蓝本编著，是官方指定的简明罗马私法教科书，具有法律效力。《学说汇纂》是将历代罗马著名法学家的学说著作和法律解答进行汇集、整理和摘录，具有法律效力。优士丁尼去世后，法学家汇集其先后颁布的敕令 168 条编成《新律》。以上四部法律汇编，至公元 12 世纪统称为《国法大全》或《民法大全》，标志着罗马法发展到最发达、最完备的阶段。
《萨利克法典》	公元 496 年法兰克王国皈依基督教。约 10 年之后，法兰克国王克洛维将本族习惯法汇编成《萨利克法典》。为限制复仇和私刑，该法典详细规定各种不法行为的赔罚标准，试图建立以赔命价为中心的新纠纷解决机制。其中不同主体在赔命价数额上的差异有时既反映不同社会阶层的身份差异，也能准确地反映亲属之间的亲疏远近关系。赔命价制度直到公元 15 世纪还被欧洲各国广泛运用。该法典深刻影响了近代法国的立法进程日耳曼法也成为近现代欧洲法律文明的重要渊源之一。公元 843 年法兰克帝国分裂，形成西法兰克、中法兰克和东法兰克三国鼎立的格局，这便是后世法兰西、意大利和德意志三个近代民族国家的雏形。
"十二世纪的文艺复兴"	法兰克帝国分裂之后，罗马教廷与世俗王权之间的矛盾冲突逐渐成为西欧政治发展的主线。公元 1122 年，罗马教皇最终获得了主教叙任权，"君权神授"理论成为教俗关系的基本准则。公元 11 世纪末至 13 世纪末的近二百年间，以基督教信仰为源头的教会法得到极大发展。1140 年左右，波伦亚修士格拉提安阐述教会法规则，并在每一条规则下面注释《圣经》原文、教皇放令以及宗教会议决议等，使习惯法获得学理上的解释，形成《格拉提安教令集》。它不仅成为西欧各国宗教法庭裁判参照的依据，而且成为教会和大学讲授法律援引的依据，奠定了教会

续表

	法成为独立法律体系的基础。几乎与此同时也在波伦亚，古老的罗马法开始复兴。教会学者对《国法大全》等古代拉丁法律文献的全面注释，以及在大学课堂的传播，使得百余年间教会法与罗马法互为参照，通过文本的注释，追求宏大完美的法律风格。有学者把这一时期称为"十二世纪的文艺复兴"。
《自由大宪章》	公元9世纪后形成诺曼底公国。1066年诺曼公爵威廉率军登陆英格兰夺取英国王位。公元1154年，英格兰国王亨利二世委派法官在地方设立巡回法庭、实行陪审制，并在威斯敏斯特设立普通诉讼法庭，将判决成例法律化。亨利二世的司法改革对英格兰影响深远，这些措施直接导致英国普通法的产生。为约束王权，公元13世纪初，教会和地方封建主联合，于公元1215年迫使英王约翰签署《自由大宪章》，此后一直为历任国王所尊重，理论上至今仍具有法律效力，因而成为英国最古老的宪政渊源。《自由大宪章》对王权限制，恢复了教会和封建主的部分权利，包括地方司法自治权。但是，尽管大宪章削弱了王权，却没有从根本上动摇英格兰的司法制度和普通法院系统。13世纪中叶，爱德华一世重新确认《自由大宪章》的法律效力，使之成为一把悬在国王头顶的"达摩克利斯之剑"。

第二节　唐律与中华法系

一、唐律的制定过程

唐律沿革	《武德律》	唐首部法典，以隋《开皇律》为蓝本，共十二篇，五百条。
	《贞观律》	确定了唐律的主要内容和风格，增设加役流，确定了五刑、十恶、八议以及类推原则与制度。
	《永徽律》	《永徽律》系高宗永徽二年长孙无忌、李勣等在《贞观律》基础上修订而成，又下令对之进行注释，律疏合编称《永徽律疏》，元代后称《唐律疏议》。注释引用儒家经典作为律文的理论根据，系中华法系的代表性法典，标志着中国古代立法达到了最高水平，是迄今保存下来的最完整、最早、最具社会影响的古代成文法典。

二、唐律确立的主要制度

	内容
十恶	渊源于北齐律的"重罪十条"，隋《开皇律》正式确定。包括谋反、谋大逆（图谋破坏国家宗庙、皇帝陵寝以及宫殿的行为）、谋叛、恶逆（殴打或谋杀祖父母、父母等尊亲属的行为）、不道（杀一家非死罪三人及肢解人的行为）、大不敬、不孝、不睦、不义（杀本管上司、受业师及夫丧违礼的行为）、内乱（奸小功以上亲属等乱伦行为）。凡犯十恶者，不适用八议等规定，且为常赦所不原，即"十恶不赦"。

续表

	内容
六杀	贼盗、斗讼篇中依主观意图区分了"六杀"：谋杀（预谋杀人）；故杀（事先虽无预谋，情急杀人时已有杀人的意念）；斗杀（斗殴中出于激愤失手将人杀死）；误杀（由于种种原因错置了杀人对象）；过失杀（出于过失杀人）；戏杀（"以力共戏"而导致杀人）。
六赃	六赃包括：受财枉法、受财不枉法、受所监临（非法收受所辖范围内百姓或下属财物）、强盗、窃盗、坐赃（官吏或常人非因职权之便非法收受财物）。这些规范和按赃值定罪的原则为后世继承，明清律典中有"六赃图"的附配。
保辜	伤人罪的后果不是立即显露的，规定加害方在一定期限内对被害方伤情变化负责。在限定的时间内受伤者死去，伤人者承担杀人的刑责；限外死去或者限内以他故死亡者，伤人者只承担伤人的刑事责任。

三、五刑与刑罚原则

唐代的五刑与刑罚原则	五刑	承用隋《开皇律》中所确立的笞、杖、徒、流、死为法定刑，其规格与《开皇律》稍有不同。
	刑罚原则	缘公事致罪为公罪（从轻），追求私益犯罪为私罪（从重）。
		犯罪未被举发而交代叫自首；犯罪被揭发或被查知逃亡后再投案为自新。自首免除处罚，自新减轻处罚。谋反等重罪或造成严重危害后果无法挽回的犯罪不适用自首。自首不彻底的叫"自首不实"，对犯罪情节交代不彻底的叫"自首不尽"。
		诸断罪而无正条，其应出罪者，则举重以明轻，其应入罪则举轻以明重。
		诸化外人同类自相犯者，各依本俗法，异类相犯者，以法律论。

四、唐代的司法制度

（一）中央司法机关

	构成	职权
大理寺	以正卿和少卿为正副长官	行使中央司法审判权，审理中央百官与京师徒刑以上案件。凡属流徒案件的判决，须送刑部复核；死刑案件必须奏请皇帝批准。同时大理寺对刑部移送的死刑与疑难案件具有重审权。
刑部	以尚书、侍郎为正副长官，下设刑部、都官、比部和司门四司	刑部有权参与重大案件的审理，对中央、地方上报的案件具有复核权，并有权受理在押犯申诉案件。

续表

	构成	职权
御史台	御史台以御史大夫和御史中丞为正副长官，下设台、殿、察三院	御史台有权监督大理寺、刑部的审判工作，同时参与疑难案件的审判，并受理行政诉讼案件。台院是御史台的基本组成部分，设侍御史若干人，执掌纠弹中央百官，参与大理寺的审判和审理皇帝交付的重大案件。殿院，设殿中侍御史若干人，执掌纠察百官在宫殿中违反朝仪的失礼行为，并巡视京城及其他朝会、郊祀等，以维护皇帝的神圣尊严为其主要职责。察院，设监察御史若干人，执掌纠察州县地方官吏的违法行为。

（二）唐代的会审制度

会审制度	三司推事	刑部侍郎、御史中丞、大理寺卿共同审理地方或中央发生的重大案件。
	三司使	大理寺评事、刑部员外郎、监察御史审理地方不便于解往中央的案件。
	督堂集议制	每逢重大死刑案件，皇帝下令"中书、门下四品以上及尚书九卿议之"，以示慎刑。

（三）唐代的地方司法机关

地方司法	行政长官兼理司法，司法是行政的一个环节。
	州设法曹参军或司法参军，县设司法佐史等协助州县长官进行审判。
	县以下乡官、里正纠举犯罪，调处轻微犯罪与民事案件，结果呈报上级。

（四）唐代的刑讯制度

刑讯制度	拷讯前审核口供的真实性并查验证据。证据确凿，仍狡辩否认的，主审官与参审官共同决定使用；未依法定程序拷讯，承审官要负刑责。
	人赃俱获，经拷讯仍拒不认罪的，可"据状断之"。
	使用标准规格的常行杖；不得超过三次，每次应间隔20天，总数不得超过200，杖罪以下不得超过所犯之数；拷讯数满，仍不承认的，应当反拷告状之人，以查明有无诬告等情形。
	应议、请、减等特权人物和年70以上15以下、肢废、腰脊折、痴哑、侏儒等老幼废疾之人，"不合拷讯，皆据众证（3人以上证实）定罪"。

（五）法官回避制度

法官回避	《狱官令》第一次以法典的形式，肯定了法官的回避制度。
	"鞠狱，官与被鞠人有亲属仇嫌者，皆听更之。"

五、唐律的特点与中华法系

唐律	特点	礼法合一；科条简要、宽简适中；立法技术完善。
	地位	中国传统法典的楷模与中华法系形成的标志。
	域外影响	朝鲜的《高丽律》、日本文武天皇制定的《大宝律令》、越南李太尊《刑书》皆模仿唐律而成。

第三节　两宋的法律

一、《宋刑统》与编敕

宋律	《宋建隆重详定刑统》，太祖建隆四年七月完成，第一部刊印颁行的法典。
	源于《大中刑律统类》，统括性和综合性的法典，继承唐律，但篇下分门。
编敕	皇帝对特定的人或事所作的命令，须中书省"制论"和门下省"封驳"。
	主要规定犯罪与刑罚，神宗时设编敕所，"丽刑名轻重者，皆为敕"。
	仁宗前基本是"敕律并行"，神宗朝"凡律所不载者，一断于敕"。

二、刑罚的变化

刑罚变化	建隆四年颁行"折杖法"规定：除死刑外，其他笞、杖、徒、流四刑均折换成臀杖和脊杖。但对反逆、强盗等重罪不予适用。
	配役刑渊源于隋唐的流配刑。配役刑在两宋多为刺配，刺配源于后晋天福年间的刺面之法，太祖时偶尔用之，仁宗后成为常制。
	凌迟始于五代时的西辽；仁宗时使用凌迟刑，神宗熙宁以后成为常刑；南宋，《庆元条法事类》确定为法定死刑的一种；《大清现行刑律》废除。

三、契约与婚姻法规

（一）契约

<table>
<tr><td rowspan="6">契约</td><td>宋代因契约所生之债占多数，当然还有其他形式引发的债权。《宋刑统》与《庆元条法事类》在买卖之债发生的法律规定上，强调双方的"合意"性，对强行签约违背当事人意愿的，要"重锟典宪"。同时维护家长的财产支配权，即"应典卖物业，或指名质举，须是家主尊长对钱主或钱主亲信人，当面署押契贴。或妇女难于面对者，须隔帘亲闻商量，方可成交易"。</td></tr>
<tr><td>宋代买卖契约分为绝卖、活卖与赊卖三种。绝卖为一般买卖。活卖为附条件的买卖：当所附条件完成，买卖才算最终成立。赊卖是采取类似商业信用或预付方式，而后收取出卖物的价金。这些重要的交易活动，都须订立书面契约、取得官府承认，才能视为合法有效。</td></tr>
<tr><td>宋时对房宅的租赁称为租、赁或借。对人畜车马的租赁称为庸、雇。以房屋租赁为例，宋代法律规定很详细：即所谓"假每人户赁房，免五日为修移之限，以第六日起掠（收房租），并分舍屋间椽、地段、钱数，分月掠、日掠数，立限送纳"。</td></tr>
<tr><td>租佃契约中须明定纳租与纳税的条款，实行分成租或实行定额租。地主向官府缴纳田赋。若佃农过期不交地租，由官府代为索取。</td></tr>
<tr><td>典卖又称"活卖"，让渡物的使用权收取部分利益而保留回赎权。</td></tr>
<tr><td>宋代法律因袭唐制，对借与贷做了区分。借指使用借贷，而贷则指消费借贷。当时把不付息的使用借贷称为负债，把付息的消费借贷称为出举。并规定："（出举者）不得迴利为本"，不得超过法律规定行高利贷盘剥。因出举有利息，故又称"出息"，所以民间有俗语"没出息"广为流传。</td></tr>
</table>

（二）婚姻法规

<table>
<tr><td rowspan="5">结婚与离婚</td><td>宋承唐律，男年十五、女年十三以上，并听婚嫁。</td></tr>
<tr><td>禁止五服以内亲属结婚，表兄弟姐妹结婚不禁止。</td></tr>
<tr><td>诸州县官人在任之日，不得共部下百姓交婚，违者虽会赦仍离之。其定婚在前，任官居后，及三辅内官门阀相当情愿者，并不在禁限。</td></tr>
<tr><td>离婚沿唐"七出"与"三不去"，但有变通。夫外出三年不归，6年不通问，准妻改嫁或离婚，妻擅走者徒三年，改嫁者流三千里，妾各减一等。</td></tr>
<tr><td>"义绝"是唐律中首次规定的一种强制离婚原则。指夫妻间或夫妻双方亲属间或夫妻一方对他方亲属凡有殴、骂、杀、伤、奸等行为，依律视为夫妻恩义断绝，不论夫妻双方是否同意离婚，均由官府审断强制离异，对任何不离婚的一方依律处罚。"义绝"构成的条件明显偏袒夫家，对于夫妻双方并不对等，妻方凡有损家族和睦的对夫家家族成员间的伤害行为，多可被视为"义绝"。</td></tr>
</table>

（三）继承

继承	沿兄弟均分制，允许在室女享受部分财产继承权，承认遗腹子与亲生子享有同样的继承权。
	家无男子承继称户绝："夫亡而妻在"，立继从妻，称立继；"夫妻俱亡"，立继从其尊长亲属，称为命继。
	继子与绝户之女均享有继承权，只有在室女的，继子仅享有 1/4 的财产继承权。只有出嫁女的，出嫁女、继子、官府各享有 1/3。

四、司法制度

宋代司法机关与制度	中央机关	宋沿唐制，在中央设大理寺、刑部、御史台分掌中央司法职能。
		神宗后刑部分设左曹（负责死刑案件复核）和右曹（负责官吏犯罪案件的审核），职能扩大。
		太祖时设审刑院，使大理寺降为慎刑机关，地方上报案件必先送审刑院备案，后移送大理寺、刑部复审，再经审刑院详议，交由皇帝裁决。
	地方机关	宋代地方州县仍实行司法与行政合一之制。
		太宗时在州县之上，设立提点刑狱司，作为中央在地方各路的司法派出机构。巡视州县，监督审判，详录囚徒。凡地方官吏审判违法，轻者，提点刑狱司可以立即处断；重者，上报皇帝裁决。
	具体制度	人犯否认口供（称"翻异"），事关重大案情的，由另一法官或另一司法机关重审，称"别勘"。
		两宋注重证据，原被告均有举证责任。重视现场勘验，南宋地方司法机构制有专门的"检验格目"。《洗冤集录》为世界最早的法医学著作。

第四节　元代的法制

元代法制	人分四等：蒙古人；色目人（西夏、回回）；汉人；南人（南宋统治的民众）。
	宗室及蒙古人的案件，由中央大宗正府负责。汉人、南人诉案归刑部，且审判机关的正职由蒙古人担任。汉蒙纠纷多袒蒙古人，同罪异罚。
	烧埋银，又称烧埋钱，明、清称埋葬银：不法致人死亡的，行凶者在接受刑罚之外，还须赔一定数额的丧葬费。

第四章

明清时期的法律思想与法律制度

第一节　同时期西方法文化背景

一、近代国际法的奠基

1618 年"三十年战争"期间，荷兰人胡果·格劳秀斯发表了《战争与和平的权利》，以自然法为基础阐发资产阶级人权学说，首次系统论述了作为独立学科的国际法。

1648 年交战国缔结《威斯特伐利亚和约》，初次达成以主权平等为基础的国际新秩序，导致民族国家正式形成，近代意义的国际法在各国外交实践中成为被一致尊重的规则。

二、英国君主立宪制的形成

1628 年，英国议会迫使国王查理一世签署以限制王权为宗旨的《权利请愿书》，致使查理一世悍然解散议会，导致长达十一年的无议会统治时期。

1640 年，资产阶级向查理一世提交恢复召开议会的《大抗议书》遭到拒绝，不久英国内战爆发。

1679 年，议会通过《人身保护法》并迫使国王查理二世签署，规定国民非依法院签发的载明缘由的逮捕证不受逮捕的基本权利。

1689 年英国议会通过《权利法案》，将王权置于法律之下。

1701 年英国议会通过《王位继承法》，将王权更替也纳入法律规制范围，彻底断绝因王位之争可能产生的政治变乱，使君主立宪制的近代英国最终形成。

三、古典自然法学派

英国政治法律思想家托马斯·霍布斯在其《利维坦》一书中认为国家基于契约产生，主张君主专制主权论。他是社会契约论的创始人之一。

续表

英国古典自然法学派的代表约翰·洛克是自由主义的奠基人，其政治法律方面的代表作是《政府论》。他反对君主专制政体，主张君主立宪政体，认为君主、国王也是社会契约的当事人，权力受到限制。洛克把分权视为防止王权专制的必要手段，系统提出并阐释了分权理论，为孟德斯鸠的三权分立理论奠定了基础。

1710 年英国的《安娜法令》（又称《安妮法令》）是世界上第一部保护作者著作权的法律。

法国资产阶级启蒙运动的代表孟德斯鸠的《论法的精神》一书是其最系统成熟的政治法律代表作。他提出用比较和历史方法进行法学研究，系统论述法与社会的关系，被认为是法社会学的先驱。孟德斯鸠创立了完整的三权分立制衡理论，对西方近现代宪政理论产生重要影响。

法国大革命的思想奠基人卢梭的《论人类不平等的起源和基础》与《社会契约论》是其政治法律思想的代表作。他是社会契约论集大成者，其国家理论的核心是人民主权思想，主张民主共和政体，反对任何形式的君主立宪。

四、美国法律

1776 年英国北美十三个殖民地联合发表《独立宣言》，第一次将资产阶级的启蒙思想付诸实践。因此马克思称其为"第一个人权宣言"。

建国初期秉承《独立宣言》的向由精神、经历短暂的邦联体制后，1787 年颁布世界首部近代成文宪法《联邦宪法》，政府改行联邦体制，确定三权分立的共和政体。司法制约行政权力成为公民保障自身权利的重要手段。

1890 年美国制定的《保护贸易和商业免受非法限制与垄断法》（又称《谢尔曼法》）是世界第一部反垄断法。

五、法国法律

1789 年 8 月 26 日国民议会以美国《独立宣言》为蓝本，颁布其纲领性文件《人权与公民权利宣言》，成为法国历史上第一部宪法性文件。它宣布自由、财产、安全和反抗压迫是天赋不可剥夺的人权、确立言论、信仰、著作和出版自由，阐明了主权在民、权力分立、法律面前人人平等、私有财产神圣不可侵犯和罪刑法定、法不溯及既往、无罪推定等民主和法制的基本原则，产生深远影响。1791 年颁行的君主立宪制宪法以《人权宣言》为序言。

1804 年颁行了《法国民法典》，确定了全体公民民事权利平等原则、私有财产权无限制和不可侵犯原则、契约自由原则以及过失责任原则。《法国民法典》是资本主义社会第一部民法典，是大陆法系民法的代表性法典之一，传播久远。

1807 年的《法国商法典》是世界上第一部近现代成文商法典，开创了大陆法系民商分立的法典立法模式。

六、现代刑事法律的形成

1764 年意大利法学家贝卡利亚发表《论犯罪与刑罚》。系统论证刑法和刑事审判的目的和价值，首次提出废除死刑的理念，奠定了近现代刑事法学、犯罪学的理论基础，对欧洲乃至世界的刑法观念产生巨大影响。
1810 年颁行《法国刑法典》，较集中体现了贝卡利亚的刑法三原则：罪刑法定、罪刑相适应和刑罚人道化。
欧陆各国刑事立法竞相效仿，19 世纪的意大利犯罪学家龙勃罗梭运用人类学方法研究犯罪人，一定程度推动了现代刑事理论的发展．促使刑法学研究从"刑罚论"转到"犯罪论"。

七、《德国民法典》

1872 年以普鲁士为核心的统一德国正式形成。1874 年，联邦议会成立 11 人德国民法典编纂委员会，制定过程中法学家起了重要作用。历史法学派主张按照罗马法《学说汇纂》阐发的民法五编制（总则，债，物权，亲属，继承）体例制定德国民法典。历经 13 年于 1888 年完成民法典第一草案。帝国国会于 1896 年 7 月 1 通过《德国民法典》，于 1900 年 1 月 1 日正式施行。
《德国民法典》是资产阶级民法史上第一部全面规定法人制度的民法典，对许多国家的民法编纂产生深远影响，使大陆法系划分为法国支系和德国支系，对 20 世纪大陆法系的发展有重大影响。

八、日本、俄国的法律

俄国	1861 年俄国废除农奴制，使国家经济进入资本主义发展轨道，但政治上仍延续着沙皇体制。
日本	1869 年日本发动自上而下的政治改革，德川幕府还政明治天皇，新政权于 1889 年制定《大日本帝国宪法》（通称"明治宪法"），确立君主立宪政体并先后以法国和德国为参照形成本国的部门法体系，为日本发展成为近现代资本主义国家提供了制度性保障。

第二节　明　代

一、明代的立法思想

明刑弼教	"明刑弼教"，最早见于《尚书·大禹谟》。
	宋以前将"明刑弼教"附于"德主刑辅"之后，强调"大德小刑"和"先教后刑"。
	朱熹提高了刑的地位，德只是刑罚的目的，可"先刑后教"。
	经朱熹阐发的"明刑弼教"思想，成为朱元璋重典治国政策的理论依据。

二、明律、明大诰与会典

<table>
<tr><td rowspan="7">明代的法典</td><td rowspan="4">大明律</td><td>吴元年《大明律》依《元典章》体例，按六篇顺序编定。</td></tr>
<tr><td>洪武六年《大明律》仿《唐律》12 篇体例，名例律置于最后。</td></tr>
<tr><td>洪武二十二年《大明律》，以《名例律》冠首，后仿《元典章》六篇。</td></tr>
<tr><td>洪武三十年《大明律》为定本，共计 7 篇 30 卷 460 条，形成名例、吏、户、礼、兵、刑、工七篇格局。</td></tr>
<tr><td rowspan="2">明大诰</td><td>防止"法外遗奸"，朱元璋订四编《大诰》，其名来自《尚书·大诰》，共 236 条，与《大明律》效力相同。重典治世。</td></tr>
<tr><td>对律中原有罪名，一般都加重处罚；滥用法外之刑；重典治吏；史上空前普及的法规。</td></tr>
<tr><td rowspan="2">明会典</td><td>英宗时开始编修、孝宗弘治十五年初步编成，但未及颁行。武宗、世宗、神宗三朝重加校刊增补。</td></tr>
<tr><td>《大明会典》仿《唐六典》以六部官制为纲，分述各行政机关职掌和事例。在每一官职之下，先载律令，次载事例。属行政法典。</td></tr>
</table>

三、明代的刑法原则、罪名、刑罚

（一）刑法原则

<table>
<tr><td rowspan="2">刑法原则</td><td>从重从新："凡律自颁降日为始，若犯在已前者，并依新律拟断"。</td></tr>
<tr><td>"重其所重，轻其所轻"：对于贼盗及有关钱粮等事，明律较唐律处刑为重。对于"典礼及风俗教化"等一般性犯罪，明律处罚轻于唐律。</td></tr>
</table>

（二）罪名与刑罚

<table>
<tr><td rowspan="3">罪与罚</td><td>洪武年间创设"奸党"罪，无确定内容，为杀戮功臣宿将提供合法依据。</td></tr>
<tr><td>故杀，唐代传统的贼杀被分解为故杀和谋杀。故杀：临时起意的故意杀人。谋杀，在唐代及以后把谋杀看作必要共犯，《大明律》说：称"谋"者，二人以上。</td></tr>
<tr><td>在流刑外增加充军刑，远至 4000 里，近至 1000 里，并有本人终身充军与子孙永远充军的区分。</td></tr>
</table>

四、司法制度

明代司法制度	中央三法司	刑部增设十三清吏司，分掌各省刑民案件，加强对地方司法控制。
		大理寺掌复核驳正，发现有"情词不明或失出入者"，驳回刑部改判，并再行复核。如此三改不当者，奏诸皇帝裁决。
		都察院掌纠察。主要是纠察百官，司法活动仅限于会审及审理官吏犯罪案件，并无监督法律执行的原则。设有十三道监察御史。
	地方司法机关	省设提刑按察司，有权判处徒刑及以下案件，徒刑以上案件须报送中央刑部批准执行。
		府、县两级仍是知府、知州、知县实行行政司法合一体制，掌管狱讼事务。明代越诉受重惩。
		各州县及乡设立"申明亭"，张贴榜文，申明教化，由民间德高望重的耆老受理当地民间纠纷，加以调处解。
	管辖制度与厂卫	交叉案件的管辖上，继承唐律"以轻就重，以少就多，以后就先"的原则，实行被告原则。
		凡军官、军人有犯，"与民不相干者"，一律"从本管军职衙门自行追问"。若军案与民相干者，由管军衙门与当地官府，"一体约问"。
		廷杖：由皇帝下令，司礼监监刑，锦衣卫施刑，杖责大臣。
		朱元璋设锦衣卫，锦衣卫下设南、北镇抚司，北镇抚司专理诏狱，成祖设东厂；宪宗设西厂；武宗设内行厂。
	会审	九卿会审（圆审）：由六部尚书及通政使，左都御使，大理寺卿会审皇帝交付的案件或已判决但囚犯仍翻供不服之案。
		朝审：设于英宗，霜降后，三法司会同公侯、伯爵，在吏部（或户部）尚书主持下会审重案囚犯。
		大审：始于成化十七年宪宗命司礼监参与审判，"自此定例，每五年辄大审"。

第三节　清代中前期

一、清代律、例、会典

律、例、会典	《大清律例》于乾隆五年颁行，《大清律例》的结构、形式、体例、篇目与《大明律》基本相同。律文极少修订，后世不断增修"附例"。	
	例	条例，是由刑部或其他部门就一些相似的案例先提出一项立法建议，经皇帝批准后成为一项事例，指导类似案件的审理判决。然后，由律例馆编入《大清律例》，或单独编为某方面的刑事单行法规。
		则例，指某一行政部门或某项专门事务方面的单行法规汇编。
		事例，指皇帝发布的"上谕"或经皇帝批准的政府部门提出的建议。
		成例，也称"定例"，指经过整理编订的事例，是一项单行法规。成例是统称，包括条例及行政方面的单行法规。
	会典	《清会典》仿效《明会典》编定，记述各朝主要国家机关的职掌、事例、活动规则与有关制度。计有康熙、雍正、乾隆、嘉庆、光绪五部会典，合称"五朝会典"。

二、清代的司法制度

司法制度	中央机关	承明三法司制。刑部为主审机关，下设十七清吏司分掌京师和各省审判事务。主要负责：审理中央百官犯罪；审核地方上报的重案（死刑应交大理寺复核）；审理发生在京师的笞杖刑以上案件；处理地方上诉案及秋审事宜；主持司法行政与律例修订事宜。
	地方司法	州或县为第一审级，有权决定笞杖刑，徒以上案件上报。
		府为第二审级，复审州县上报的刑事案件，提出拟罪意见，报按察司。
		按察司为第三审级，负责复审各地方上报之徒刑以上案件，并审理军流、死刑案的人犯。
		总督（或巡抚）为第四审级，有权批复徒刑案件，复核军流案件，如无异议，定案并谘报刑部。对死刑案件则须复审，并上报中央。
	会审	秋审：死刑复审制度，对象为全国上报的斩、绞监候案件。
		朝审：对刑部判决的重案及京师附近绞、斩监候案件进行的复审。
		热审：对京师的笞杖刑案件进行重审的制度，小满后十日立秋前一日进行，由大理寺会同各道御史及刑部承办。
	监候犯经秋审和朝审后	情实，即罪情属实，罪名恰当，则奏请执行。
		缓决，案情属实、危害不大，减为流放或充军，或再押监候。
		可矜，案情属实有可矜或可疑之处，免于死刑，减为徒、流刑。
		留养承嗣，即案情属实、罪名恰当、但有亲老丁单情形，合乎留养条件者按留养奏请皇帝裁决。

第四节　清末的法律思想与制度

一、清末变法修律的特点和主要影响

特点	在立法指导思想上，清末修律自始至终贯穿着"仿效外国资本主义法律形式，固守中国法制传统"的方针。因此，借用西方近现代法律制度的形式，坚持中国固有的专制制度内容，成为统治者变法修律的基本宗旨。
	在内容上，清末修订的法律表现出皇权专制主义传统与西方资本主义法学最新成果的混合：一方面，坚行君主专制体制及传统伦理纲常"不可率行改变"，在新修订的法律中继续保持肯定和维护专制统治的传统；另一方面，又标榜"吸引世界大同各国之良规、兼采近世最新之学说"，大量引用西方法律理论、原则、制度和法律术语，使得保守的传统法律内容与先进的近现代法律形式同时显现在这些新的法律法规之中。
	在法典编纂形式上，清末修律改变了传统的"诸法合体"形式，明确了实体法之间、实体法与程序法之间的差别，分别制定、颁行或起草了宪法、刑法、民法、商法、诉讼法、法院组织等方面的法典或法规，形成了近代法律体系的雏形。
	既不能反映人民群众的要求和愿望，也没有实现真正的民主形式。
影响	清末修律标志着延续几千年的中华法系开始解体。随着修律过程中一系列新的法典法规的出现，中国封建法律制度的传统格局开始被打破。不仅传统的"诸法合体"形式被抛弃，而且中华法系"依伦理而轻重其刑"的特点也受到极大的冲击。中国传统法制开始转变成形式和内容上都有显著特点的半殖民地半封建法制。
	清末变法修律为中国法律的近代化奠定了初步基础。通过清末大规模的立法，参照西方资产阶级法律体系和法律原则建立起来的一整套法律制度和司法体制，为其后民国政府法律制度的形成与发展提供了条件。
	清末变法修律在一定程度上引进和传播了西方近现代的法律学说和法律制度，是中国历史上第一次全面系统地向国内介绍和传播西方法律学说和资本主义法律制度，使得近现代法律知识在中国得到一定程度的普及，促进了部分中国人的法治观念的形成。
	清末变法修律在客观上有助于推动中国资本主义经济的发展和教育制度的近代化。

二、预备立宪

定宪法	《钦定宪法大纲》：	宪政编查馆编订，1908 年 8 月颁布。中国近代史上第一个宪法性文件。共 23 条，分正文"君上大权"和附录"臣民权利义务"。
	《宪法重大信条十九条》，	资政院起草，1911 年 11 月 3 日公布。缩小了皇帝的权力，扩大了议会和总理的权力，但仍强调皇权至上，且对人民权利只字未提。

续表

设机构	谘议局：地方咨询机关。以"指陈通省利病、筹计地方治安"为宗旨。权限包括讨论本省兴革事宜、决算预算、选举资政院议员、申复资政院或本省督抚的咨询等。
	资政院：中央咨询机构。承旨办事的御用机构，可以议决国家年度预决算、税法与公债，以及其余奉"特旨"交议事项等。但最后由皇帝定夺，皇帝有权谕令资政院停会或解散及指定钦选议员。

三、清末修律主要内容

（一）民律、刑律

法典	完成或公布时间	性质	内容
《大清现行刑律》	1910 年 5 月 15 日	《大清新刑律》完成前的一部过渡性法典	与《大清律例》相比，有如下变化：①改律名为"刑律"；②取消了六律总目，将法典各条按性质分隶 30 门；③对纯属民事性质的条款不再科刑；④废除了一些残酷的刑罚手段，如凌迟；⑤增加了一些新罪名，如妨害国交罪等。
《大清新刑律》	起草工作始于 1906 年，由于引发了礼教派的攻击和争议，至 1911 年 1 月才正式公布	中国第一部近代意义上的专门刑法典	将法典分为总则和分则，后附《暂行章程》5 条；确立了新刑罚制度，规定刑罚分主刑、从刑；采用了罪刑法定原则和缓刑制度等。
《大清民律草案》	1910 年 12 月完成，并未正式颁布和实施	指导思想为：中体西用	由沈家本、伍廷芳、俞廉三等主持的修订法律馆主持修订，分为总则、债、物权、亲属、继承五编，共计 1569 条，前三编由日本法学家松冈义正等仿照德国、日本民法典的体例和内容草拟而成，后两编由修订法律馆会同保守的礼学馆起草。

（二）商律

第一阶段（1903～1907）	商事立法主要由新设立的商部负责。
	1903 年修订的《商人通例》9 条和《公司律》131 条，在 1904 年 1 月奏准颁行，定名为《钦定大清商律》，是为清朝第一部商律。
	清政府还陆续颁布了有关商务和奖励实业的法规、章程，如 1904 年 6 月颁行的《公司注册试办章程》、同年 7 月颁布的《商标注册试办章程》、1906 年 5 月颁行的《破产律》等。

续表

第二阶段 （1907～1911）	主要商事法典改由修订法律馆主持起草；单行法规仍由各有关机关拟订，经宪政编查馆和资政院审议后请旨颁行。
	在此期间，修订法律馆于 1908 年 9 月起草了《大清商律草案》，1911 年 9 月农工商部起草了《改订大清商律草案》，此外还草拟了《交易行律草案》《保险规则草案》《破产律草案》等，但均未正式颁行。在此期间公布的单行商事法规有《银行则例》《银行注册章程》《大小轮船公司注册章程》等。

（三）诉讼法律与法院编制法

《大清刑事诉讼律草案》六编与《大清民事诉讼律草案》四编	沈家本等人在《大清刑事民事诉讼法》遭否决后起草的两部诉讼法草案，于 1910 年年底完成，且均系仿德国诉讼法而成，后未及颁行。
《大理院编制法》	清廷为配合官制改革于 1906 年制定的关于大理院和京师审判组织的单行法规。
《各级审判厅试办章程》	清廷 1907 年颁行的关于审级、管辖、审判制度等诉讼体制和规则的一部过渡性法典。
《法院编制法》	1910 年清廷仿效日本制定的关于法院组织的法规，共 16 章，并吸收了公开审判等一系列新的司法原则，但并未真正实施。

四、清末司法体制的变化

（一）司法体制的变革

机构改革	改刑部为法部，掌管全国司法行政事务；改大理寺为大理院，为全国最高审判机关；实行审检合署。
制度建设	实行四级三审制，刑事案件公诉制，证据、保释制度，审判制度社会实行公开、回避等制度。规定了法官及检察官考试任用制度，改良监狱及狱政管理制度。

（二）领事裁判权

领事裁判权	在《中英五口通商章程及税则》和《虎门条约》及其他条约确立并扩充。
	凡在中国享有领事裁判权的国家，其在中国的侨民为被告时只由该国的领事或设在中国的司法机构依其本国法律裁判。
	一审由在华领事法院或法庭审理；二审上诉案件由各国建立的上诉法院审理；终审案件由本国最高审判机关受理。
观审	外国人是原告的案件，其所属国领事官员也有权前往观审，如认为审判、判决有不妥之处，可以提出新证据等。
会审公廨	1864 年清廷与英、美、法三国协议设立，名义上中国官府派驻租界基层法庭，但凡涉及外国人案件，必须有领事官员参加会审；凡中国人与外国人诉讼案，由本国领事裁判或陪审，甚至租界内纯属中国人之间的诉讼也由外国领事审判。

第五章
中华民国时期的法律思想与制度

第一节　民国时期的法律思想

一、孙中山的法律思想

（一）三民主义

民族主义	旧三民主义的民族主义，其主要内容为"驱除鞑虏，恢复中华"，即推翻满族统治的清王朝，光复汉族的国家。在 1924 年中国国民党第一次全国代表大会上，孙中山在大会宣言中对于三民主义中的民族主义进行了进一步的阐释，明确宣布民族主义有两方面的含义：一是中国民族自求解放，二是中国境内各民族一律平等，实现了由旧民族主义向新民族主义的转化，弥补了过去没有明确提出反对帝国主义的重大缺陷和大汉族主义的局限。
民权主义	民权主义是三民主义的核心，是"政治革命的根本"。在旧三民主义中其主要内容为推翻君主专制政体，创立共和政体，建立民国。表达了中国新兴资产阶级在政治上的利益和诉求，同时也在一定程度上反映了全国人民在政治上的要求和愿望。在新三民主义理论中，孙中山对旧民权主义进行了修改，批评了只保护资产阶级利益的西方民主制度，主张各革命阶级的共同民主专政。由重视人权，转而更多地重视民权，主张主权在民。《中华民国临时约法》明确规定中华民国主权属于国民全体。
民生主义	民生主义是孙中山颇有特色的创造，他认为不解决民生问题，就谈不上民权。孙中山将民生主义明确归纳为"土地"与"资本"两大问题。在旧民生主义中，孙中山主张核实地价，征收地价税，实行"平均地权"，同时把铁路、矿山、电气等大量企业收归国有，实行国家资本主义。在新民生主义中，孙中山在"平均地权"的基础上，突出了"耕者有其田"的思想；在资本问题上，取消了不切实际的预防资本主义的主张，而以比较现实的"节制资本"取而代之，从而进一步为社会经济方面的法律制定提供可行的指导思想。

（二）"五权宪法"

孙中山的五权宪法思想，受西方国家三权分立思想和制度影响，同时将中国传统考试和监察制度纳入其中，具有创新性。

按照五权宪法理论，中央政府以五院制构成：行政院、立法院、司法院、考试院、监察院。

二、章太炎的法律思想

国民是国家的主人，统治者者仅负公仆之责，应遵循人民的意志治理国家。国家或政府的存在，应该保护人民，只是为了保护个人才有必要。

对代议政治，认为代议制不仅有碍于民族主义、民权主义、民生主义的实现，而且难以避免政府为一些强权人物所操纵。因此章太炎主张"分四权"的权力分立政治体制。所谓"四权"即行政权、立法权、司法权、教育权。后来章太炎又对"四权"作修正，增加了纠察权，与孙中山的五权宪法理论，在思想形式上极为接近。

法律应当保护下层民众的利益，否则就不是良好的法律，其立法观念包括"抑强辅微""抑官伸民""抑富振穷"，概括起来就是"损上益下"。

强调法治，反对人治。

三、宋教仁的法律思想

主张建立民主的立宪政体，认为当务之急是在中国推行议会政治，只有建立议会政治以监督政府机关，民主政治方有实现的希望。

在共和立宪国家，法律上的国家主权属于国民全体，但真正能够发出意思或指示的，则为事实上的政党，"是故政党在共和立宪国实可谓为直接发动其合成心力作用之主体，亦可谓为实际左右其统治权力之机关"。

建立责任内阁制，坚信"总统当为不负责任，由国务院负责，内阁制之精神，实为共和国之良好制也"。

将地方行政主体划分为地方自治行政主体与地方官治行政主体，认为应以政务的性质与施行方便为标准，对中央与地方的权限进行划分，大抵对外的行政多归于中央、对内的行政多归于地方；消极的维持安宁的行政多归于中央，积极的增进幸福的行政多归于地方；试图在中央集权制与地方分权制之间寻求折中与平衡。

第二节　南京临时政府时期的法律制度

一、《修正中华民国临时政府组织大纲》

1912 年 1 月 2 日在南京公布，系中华民国第一部全国性的临时宪法性文件。
采用总统制共和政体；中央国家机关权力分配实行三权分立原则。采取一院制的议会政治体制，参议院是国家立法机关。

二、《中华民国临时约法》

目的	用法律制约袁世凯、防范其专权，用以维护民国政体。
特点	限制袁世凯是其主要特点，主要表现在： （1）在国家政权体制问题上，试图以类似的责任内阁制取代总统制，以限制袁世凯的权力。 （2）在权力关系规定上，扩大参议院的权力以抗衡袁世凯。《临时约法》规定参议院除拥有立法权外，还有对总统决定重大事件的同意权和对总统、副总统的弹劾权，此外，还规定临时大总统对参议院议决事项咨院复议时，如有 2/3 参议员仍坚持原议，大总统必须公布施行。 （3）在《临时约法》的程序性条款上，规定特别修改程序以制约袁世凯。《临时约法》规定，约法的增修修改，须由参议院议员 2/3 以上或临时大总统之提议，经参议员 4/5 以上之出席，出席议员 3/4 以上之通过方可进行。以防止袁世凯擅自修改变更约法。
意义	《临时约法》作为中国历史上第一部资产阶级共和国性质的宪法文件，其制定与颁布的历史意义在于，彻底否定了中国两千年来的帝制，肯定了资产阶级民主共和制度和资产阶级民主自由原则，在全国人民面前树立起民主、共和的形象。

第三节　北京政府的法律制度

一、"天坛宪草"

1913 年 4 月，北京政府首届国会正式召开。按《国会组织法》规定，由参、众两院各选出委员 30 名，组成"宪法起草委员会"，集会北京天坛祈年殿。开始宪法起草工作。
为限制袁世凯的权力，国会中的部分议员拟定宪法草案，同年 10 月 31 日国会"宪法起草委员会"三读通过《中华民国宪法草案》（"天坛宪草"）共 11 章 113 条。这部"宪草"采用了资产阶级宪法的形式和原则，肯定中华民国为资产阶级共和国，虽有很大妥协性，但仍规定国会有较大的权力，还规定采取责任内阁制。
"天坛宪草"未公布施行。

二、"袁记约法"

制定	"袁记约法"即《中华民国约法》，公布于 1914 年 5 月 1 日，美国宪法学家古德诺参与起草。《中华民国约法》分 10 章：国家、人民、大总统、立法、行政、司法、参议院、会计、制定宪法程序、附则，共 68 条。
特点	1. 废除责任内阁制，实行总统制。
	2. 无限扩张总统权力。
	3. 废除国会制，设立立法院。

三、"贿选宪法"

制定	曹锟以每票 5000 银元贿赂国会议员当选总统，国人戏称此届国会"猪仔国会"，曹锟是"贿选总统"，该国会于 1923 年 10 月 10 日"三读"通过的《中华民国宪法》被称为"贿选宪法"，该宪法是近代史上中华民国首部正式颁行的宪法，分 13 章 141 条。
特点	以资产阶级共和国粉饰军阀独裁。
	以资产阶级民主自由掩盖军阀独裁。

第四节　南京国民政府时期的法律制度

一、南京国民政府立法概况

指导思想	"三民主义"修饰下的"以党治国"思想。
立法机构	名义上是立法院，但实际上受国民党中央操控。
法律体系	立法院先后制定了宪法（约法）、民法、刑法、商事法、诉讼法、法院组织法及其他单行法规、特别法规。这些法律的汇编通称"六法全书"（一说民、商法合一，加行政法），是南京国民政府成文法总称。
	司法院，最高法院继续援用北京政府大理院的判例、解释例，并于实践中大量增补。这些判例、解释例是制定法的重要补充。
特点	从法律内容上看法律制度是继受法与固有法的混合。
	从立法权限上看受制于国民党中央。
	从法律文本层次上看特别法效力高于普通法。
	从立法文本与司法实践层面看两者脱节严重。

二、"六法全书"的主要内容

（一）约法和宪法

《训政时期约法》	1. 1931 年 3 月 2 日，国民党中常会通过"制定训政约法案"，推定吴敬恒、王宠惠、于右任等组成约法起草委员会，以《训政纲领》为基础，据国民党中央常委会决定的约法原则，拟定"训政约法草案"。经国民党中央常委会和中央执行委员会分别审议通过后，提交于 1931 年 5 月 5 日召开的国民会议讨论。5 月 12 日，国民会议讨论并通过《中华民国训政时期约法》，6 月 1 日由政府正式公布。 2. 该法共 8 章 89 条，主要内容规定中华民国"主权属于国民全体"，国体"永为统一共和国"。采取五院制的政权组织形式，国民政府设行政院、立法院、司法院、考试院、监察院及各部会。规定了一系列公民的民主自由权利，国民在法律上一律平等，但人民的政权，即选举、罢免、创制、复决四种权力的行使，由国民党政府训导之。该法的核心精神是以根本法形式确认训政时期国民党为最高"训政"者，代行国民大会的统治权。约法的解释权属国民党中央执行委员会。
"五五宪草"	1. 《中华民国宪法草案》公布于 1936 年 5 月 5 日，故称"五五宪草"。 2. 该草案共 8 章 148 条，结构与《训政时期约法》基本相同。只是将原约法中"训政纲领"（第 3 章）改为"国民大会"；第 6 章"中央与地方之权限"分为"中央政府""地方制度"两章，第 8 章"附则"易名"宪法的施行及修正"。政府宣称该草案遵奉孙中山遗教制定，声称要结束训政，实行宪政，以体现三民主义、五权宪法精神。
《中华民国宪法（1947）》	1946 年 11 月 15 日单独召开国民大会，制定《中华民国宪法》，同年 12 月 25 日国民大会通过了以"五五宪草"为底本的《中华民国宪法》。定于 1947 年 1 月 1 日公布、12 月 25 日施行。该法共 14 章 175 条，依次是总则、人民之权利义务、国民大会、总统、行政、立法、司法、考试、监察、中央与地方之权限、地方制度、选举罢免创制复决、基本国策和宪法之施行及修改，共 175 条。基本精神与《训政时期约法》和"五五宪草"一脉相承。行国会制、内阁制、省自治、司法独立、保护人民权利等。

（二）民法及相关法规

制定及结构	1928 年南京民国政府开始起草民法典。在继承清末、北京政府民律草案的立法精神，抄袭资本主义国家，特别是德、日等国民事立法原则和法律条文基础上，本着民商合一原则，结合传统习惯，分期编订而成，分别于 1929 年 5 月 23 日公布民法第 1 编"总则"，11 月 22 日公布第 2 编"债"，1930 年 11 月 30 日公布第 3 编"物权"，12 月 26 日公布第 4 编"亲属"，第 5 编"继承"；共 1225 条，从 1929 年 10 月 10 日起陆续施行。
	南京国民政府还颁布了《著作权法》《出版法》《建筑法》《房屋租赁条例》等单行民事法规。民法典颁布改变了我国没有单独民法典、民事法律规范依附于刑法典的历史，使得排除运用刑事处罚，单独适用民事处罚调整公民之间的人身与财产关系成为可能。

续表

特点	1. 承认习惯和法理可以作为判案依据。总则编第 1 条规定"民事法律未规定者，依习惯，无习惯者，依法理。"肯定习惯及法理可作为审判民事案件的依据。但民事习惯之适用，以不违背公共秩序或善良风俗者为限。
	2. 维护土地权益。
	3. 保护债权人利益。法定利率为 5.5%，而约定利率则高达 20%。
	4. 承认所有权法律关系。
	5. 保护传统婚姻家庭关系。婚约应由男女当事人自行订定；但未成年人立的婚约应得法定代理人（未成年人之父母）之同意。
	6. 确认家长权。
	7. 确认继承制度。
	8. 确认外国在华权益。

（三）刑法及相关法

刑法的制定	1. 先后颁布两部刑法典：1928 年《刑法》和 1935 年《刑法》。 2. 1928 年《中华民国刑法》是我国历史上首部以"刑法"相称的刑法典。 3. 1935 年刑法分两编，共 47 章 357 条。南京国民政府称该法以三民主义为立法宗旨，立法原则采罪刑法定主义、主观人格主义、社会防卫主义，并注重传统伦理观念等。该法受德、意等国刑法内容影响，特别增加了《保安处分》专章。此外，新刑法将刑事责任年龄提高为 18 岁，对于普通犯罪采从轻处罪原则，而对触犯内乱罪、外患罪、杀人罪、强盗罪、渎职罪等危险极大者，从严、从重惩处。 4. 在不同时期还颁布大量单行刑事法规，主要有《暂行反革命治罪法》《惩治盗匪暂行条例》《危害民国紧急治罪法》《惩治汉奸条例》《妨害国家总动员惩罚暂行条例》《戡乱时期危害国家紧急治罪条例》《惩治叛乱条例》《陆海空军刑法》等。
特点	镇压危害政权与社会秩序的犯罪。
	保护社会经济秩序。
	维护社会秩序。
	依据最新的刑法学说，采用世界各国的立法例，大量援引资产阶级刑法原则。
	设立保安处分制度。保安处分是 20 世纪刑法新学派理论之一（教育刑论），其本意是为保持社会秩序，预防犯罪发生，所采取的一种社会防卫措施，用以补刑法之不足。适用对象不限于有犯罪行为者，还包括有犯罪嫌疑或有社会危害者。政府仿效 1930 年意大利刑法典，专列《保安处分》一章规定保安处分的宣告与执行及处分种类和适用原则，其中处分种类七种感化教育，监护处分，禁戒处分，强制工作，强制治疗，保护管束、驱逐出境。凡是政府认为谁是有"犯罪之虞"的所谓"思想犯""阴谋犯"等，可以保安处分为名予以关押教育，限制人身自由。
	维护传统的宗法家庭制度。

（四）商事单行法规

南京国民政府采取民商合一的体制，一般的商事法律是民法的一部分，没有独立商法典，但另外制定单行商事法规。政府成立之初，继续援用北京政府颁布的《商人通例》《商事公断处章程》，调整各种商事活动。1929 年，国民党中央政治会议决定民商合一的原则。从 1929 年到 1946 年政府先后制定、修正公布《票据法》《公司法》《海商法》《保险法》《银行法》等，作为民法特别法。

（五）诉讼法与法院组织法

诉讼法与法院组织法	政府成立之初，援用广州军政府和北京政府颁行的刑事诉讼法、民事诉讼法。1927 年国民政府第 29 次会议决定最高法院和西南各省继续援用广州军政府 1921 年 3 月 2 日公布的《民事诉讼律》和《刑事诉讼律》，其他各省则继续适用北京政府颁布的《民事诉讼条例》和《刑事诉讼条例》。为统一法制，促进实体法的推行，随即于 1928 年开始制定刑事、民事诉讼法典以及相关单行诉讼法规，建立诉讼法体系。
法院组织法	司法院据北京政府《法院编制法》，先于 1928 年 8 月草拟《暂行法院组织法草案》。1930 年 6 月又拟出《法院组织法草案》。后经多次修正，于 1932 年 10 月 8 日通过《法院组织法》，政府于同年 10 月 28 日公布、1935 年 2 月 1 日施行。该法分总则、地方法院、高等法院、最高法院、检察署及检察官之配置等。共 15 章 91 条。1948 年公布《特种刑事法庭组织条例》11 条及《最高法院组织法》等法规。

三、司法制度

（一）司法机关体系

司法院	1947 年《中华民国宪法》规定司法院为国家最高司法机关，有掌握民事、刑事、行政诉讼之审判及公务员之惩戒、解释宪法，并有统一解释法律及命令之权。司法院之下设立各级法院。
普通法院	普通法院皆隶属于政府司法院，分地方、高等、最高法院三级，实行三级三审制。在审判实践中，三级三审制未完全实行。《刑事诉讼法》规定"上诉于第三审法院，非以判决违背法令为理由不得为之。"又称第三审为"法律审"实际上变三审终审制为二审终审制。特别是据《特种刑事案件诉讼条例》，对"危害民国"经司法警察官署移送的案件，不须经检察官提起公诉，法院可迳行判决，且不得上诉，只能申请复判。复判后还可作出重于原判的刑罚，这就使三审制成了一审制。
特别法院	1. 1948 年政府颁布《特种刑事法庭组织条例》，设特种刑事法庭，分中央、高等特种刑事法庭二级。 2. 军事审判组织称军法会审，也属特种法庭。军法会审行二审终审制，第二审称复审，据总司令或军政部长、海军部长或该管最高级长官的命令进行。实际上是一审终审、不准旁听审判，军事检察官由各级司令部副官或军法官、宪兵官长，卫戍司令部或警备部稽查官长担任。
其他特殊审判机关	国民党各级党部操纵司法审判权。国民党的《监察委员会组织条例》赋予各级监察委员会稽核同级政府施政方针，调阅当地党政机关案卷之权，还包括参加同级司法机关审判活动之权。

（二）审判制度

"一告九不理"	管辖不合格不理。
	当事人不适格不理。
	未经合法代理不受理。
	起诉不合程式不受理。
	不缴纳诉讼费不受理。
	一事不再理。
	不告不理。
	已经成立和解者不理。
	非以违背法令为理由，第三审不受理。
"自由心证"	即对证据的取舍和证明力的判断，法律不预先规定，由法官据其法律意识和内心确信自由判断。这是仿效资产阶级国家法律原则而确定的一项审判原则，1935 年《刑事诉讼法》第 269 条规定"证据之证明力，由法院自由判断之。"《民事诉讼法》第 222 条也规定"法院为判决时，应斟酌全辩论意旨及调查证据之结果，依自由心证，判断事实之真伪。"
"不干涉主义"	诉讼活动依当事人意思决定，不得就当事人未申明的事项判决，一切令凭当事人意思行事，1935 年《民事诉讼法》规定："原告于判决确定前得撤回诉全部或一部。"《中华民国六法理由判解汇编》说明制定该条的理由是：采用不干涉主义。《民事诉讼法》还规定言词辩论以当事人声明应当受裁判的事项开始，法院不得就当事人来声明的事项作出判决。

（三）律师与公证制度

1. 1912 年 9 月制定的《律师暂行章程》《律师登录暂行章程》，是中国律师立法之始。
2. 1920 年东三省特别区域法院沿用俄国旧例以办理公证，是中国公证制度的滥觞。
3. 南京国民政府在此基础上，先后制定、公布了有关律师、公证法规，建立起律师公证制度。

习近平法治思想

第一节　习近平法治思想的形成和发展

一、习近平法治思想形成的时代背景

2020 年 11 月 16 日至 17 日召开的中央全面依法治国工作会议，主题重大、意义重大，最重要的成果是明确了习近平法治思想在全面依法治国工作中的指导地位，这是我国社会主义法治建设进程中具有重大现实意义和深远历史意义的大事。在我国开启全面建设社会主义现代化国家新征程的重要时刻，明确习近平法治思想在全面依法治国工作中的指导地位，是全面贯彻习近平新时代中国特色社会主义思想，加快建设中国特色社会主义法治体系、建设社会主义法治国家的必然要求。

伟大时代孕育伟大理论，伟大思想引领伟大征程。习近平法治思想是顺应实现中华民族伟大复兴时代要求应运而生的重大理论创新成果，是马克思主义法治理论中国化的最新成果，是全面依法治国的根本遵循和行动指南。习近平法治思想是着眼中华民族伟大复兴战略全局和当今世界百年未有之大变局，顺应实现中华民族伟大复兴时代要求应运而生的重大战略思想。

从国际来看，当今世界正经历百年未有之大变局，新冠肺炎疫情全球大流行使这个大变局加速演进，经济全球化遭遇逆流，保护主义、单边主义上升，世界经济低迷，国际贸易和投资大幅萎缩，国际经济、科技、文化、安全、政治等格局都在发生深刻调整。

从国内来看，我国正处在中华民族伟大复兴的关键时期，中华民族迎来了从站起来、富起来到强起来的伟大飞跃。我国经济正处在转变发展方式、优化经济结构、转换增长动力的攻关期，经济已由高速增长阶段转向高质量发展阶段，经济长期向好，市场空间广阔，发展韧性强大，正在形成以国内大循环为主体、国内国际双循环相互促进的新发展格局。我国经济正处在转变发展方式、优化经济结构、转换增长动力的攻关期。

面对新形势新任务，着眼于统筹国内国际两个大局，科学认识和正确把握我国发展的重要战略机遇期，必须把全面依法治国摆在更加突出的全局性、战略性的重要地位。习近平法治思想从历史和现实相贯通、国际和国内相关联、理论和实际相结合上，深刻回答了

新时代**为什么**要实行全面依法治国、**怎样**实行全面依法治国等一系列重大问题，为深入推进全面依法治国、加快建设社会主义法治国家，运用制度威力应对风险挑战，实现党和国家长治久安，全面建设社会主义现代化国家、实现中华民族伟大复兴的中国梦，提供了科学指南。

二、习近平法治思想形成和发展的逻辑

习近平法治思想是习近平新时代中国特色社会主义思想的重要组成部分。党的十八大以来，以习近平同志为核心的党中央从坚持和完善中国特色社会主义的全局和战略高度定位法治、布局法治、厉行法治，把全面依法治国纳入"四个全面"战略布局，创造性地提出了关于全面依法治国的一系列新理念新思想新战略，领导和推动我国社会主义法治建设取得了历史性成就。

从**历史逻辑**来看，习近平法治思想凝聚着中国共产党人在法治建设长期探索中形成的经验积累和智慧结晶，标志着我们党对共产党**执政**规律、社会主义**建设**规律、人类社会**发展**规律的认识达到了新高度，**开辟了**中国特色社会主义法治理论和实践的**新境界**。

从**理论逻辑**来看，习近平法治思想**坚持**马克思主义法治理论的基本原则，**贯彻运用**马克思主义法治理论的立场、观点和方法，**继承**我们党关于法治建设的重要理论，**传承**中华优秀传统法律文化，**系统**总结新时代中国特色社会主义法治实践经验，是马克思主义法治理论与新时代中国特色社会主义法治实践相结合的产物，是马克思主义法治理论中国化的新发展**新飞跃**，反映了创新马克思主义法治理论的**内在逻辑要求**。

从**实践逻辑**来看，习近平法治思想是从统筹中华民族伟大复兴战略全局和世界百年未有之大变局、实现党和国家长治久安的战略高度，在推进**伟大斗争**、**伟大工程**、**伟大事业**、**伟大梦想**的实践之中完善形成的，并会随着实践的发展而进一步丰富。

三、习近平法治思想形成和发展的历史进程

党的**十八大**以来，习近平总书记高度重视法治建设，亲自谋划、亲自部署、亲自推动全面依法治国。

党的**十八届四中全会**专门研究全面依法治国，出台了关于全面推进依法治国若干重大问题的决定。

党的**十九大**提出到 2035 年基本建成法治国家、法治政府、法治社会。

十九届二中全会专题研究宪法修改，推动宪法与时俱进完善发展。

十九届三中全会决定成立中央全面依法治国委员会，加强党对全面依法治国的集中统一领导。

十九届四中全会从推进国家治理体系和治理能力现代化的角度，对坚持和完善中国特色社会主义法治体系，提高党依法治国、依法执政能力作出部署。

十九届五中全会对立足新发展阶段、贯彻新发展理念、构建新发展格局的法治建设工作提出新要求。

习近平总书记在领导全党全国各族人民深化依法治国的伟大实践中，创造性地提出了关于全面依法治国的一系列新理念新思想新战略，形成了内涵丰富、科学系统的思想体系，为建设法治中国指明了前进方向。

四、习近平法治思想的鲜明特色

习近平法治思想**体系完整**、**理论厚重**、**博大精深**，用"**十一个坚持**"对全面依法治国进行阐释、部署，都是涉及理论和实践的**方向性**、**根本性**、**全局性**的重大问题，具有鲜明特色。

一是**原创性**。马克思主义创造性地揭示了人类社会发展规律，并随着实践的变化而发展。习近平总书记以马克思主义政治家、思想家、战略家的深刻洞察力、敏锐判断力和战略定力，在理论上不断**拓展新视野**、**提出新命题**、**作出新论断**、**形成新概括**，为发展马克思主义法治理论作出了重大原创性贡献。

二是**系统性**。系统观点是马克思主义基本原理的重要内容。习近平总书记强调全面依法治国是一个系统工程，注重用整体联系、统筹协调、辩证统一的科学方法谋划和推进法治中国建设，科学指出当前和今后一个时期推进全面依法治国十一个重要方面的要求，构成了**系统完备**、**逻辑严密**、**内在统一**的科学思想体系。

三是**时代性**。时代性是马克思主义的一个基本特性。习近平总书记立足中国特色社会主义进入新时代的历史方位，**立时代之潮头，发思想之先声**，科学回答了新时代我国法治建设**向哪里走**、**走什么路**、**实现什么目标**等根本性问题，在新时代治国理政实践中开启了法治中国新篇章。

四是**人民性**。人民性是马克思主义最鲜明的品格。习近平总书记强调法治建设要**为了人民**、**依靠人民**、**造福人民**、**保护人民**，把体现人民利益、反映人民愿望、维护人民权益、增进人民福祉落实到全面依法治国各领域全过程，不断增强人民群众获得感、幸福感、安全感。

五是**实践性**。实践性是马克思主义理论别于其他理论的显著特征。习近平总书记确明提出全面依法治国并将其纳入"四个全面"略布局，**以破解法治实践难题为着力点**，作出一系列重大决策部署，**解决了**许多长期想解决而没有解决的问题，**办成了**许多过去想办而没有办成的大事，社会主义法治国家建设发生历史性变革，取得历史性成就。

第二节　习近平法治思想的重大意义

一、习近平法治思想是马克思主义法治理论同中国实际相结合的最新成果

马克思主义法治理论深刻揭示了法的本质特征、发展规律，科学阐明了法的价值和功能、法的基本关系等根本问题，在人类历史上首次把对法的认识真正建立在科学的世界观和方法论基础上。中国共产党历来重视法治建设，始终坚持走马克思主义基本原理同中国实际相结合的道路，不断推进马克思主义法治理论中国化，有力指引了法治建设进程。党的十八大以来，以习近平同志为核心的党中央从关系党和国家前途命运的战略全局出发，以前所未有的高度谋划法治，以前所未有的广度和深度践行法治，开辟了全面依法治国理论和实践的新境界，明确了全面依法治国的政治方向、重要地位、工作布局、重点任务、重大关系、重要保障，形成了具有成熟思想方法和鲜明实践特征的法治理论体系。习近平法治思想坚持马克思主义法治理论的基本立场、观点和方法，在法治理论上实现了一系列

重大突破、重大创新、重大发展，为马克思主义法治理论的不断发展作出了原创性贡献，是马克思主义法治理论中国化的最新成果，是习近平新时代中国特色社会主义思想的重要组成部分，是习近平新时代中国特色社会主义思想的"法治篇"。

二、习近平法治思想是对党领导法治建设丰富实践和宝贵经验的科学总结

在革命、建设、改革各个历史阶段，中国共产党不断深化对法治建设规律的认识，不断推进社会主义法治实践。新时代，以习近平同志为核心的党中央对我国社会主义法治建设经验进行提炼和升华，提出全面依法治国，进一步明确全面依法治国在统筹推进"五位一体"总体布局和协调推进"四个全面"战略布局中的重要地位。习近平法治思想以新的高度、新的视野、新的认识赋予中国特色社会主义法治建设事业以新的时代内涵，深刻回答了事关新时代我国社会主义法治建设的一系列重大问题，实现了中国特色社会主义法治理论的历史性飞跃。

三、习近平法治思想是在法治轨道上推进国家治理体系和治理能力现代化的根本遵循

坚持全面依法治国，是中国特色社会主义国家制度和国家治理体系的显著优势。习近平法治思想贯穿经济、政治、文化、社会、生态文明建设的各个领域，涵盖改革发展稳定、内政外交国防、治党治国治军各个方面，科学指明了在法治轨道上推进国家治理现代化的正确道路，为依法应对重大挑战、抵御重大风险、克服重大阻力、解决重大矛盾，在法治轨道上推进国家治理体系和治理能力现代化提供了根本遵循。当前，我们已开启全面建设社会主义现代化国家新征程，要坚持以习近平法治思想为指导，更好发挥法治固根本、稳预期、利长远的保障作用，及时把推动改革、促进发展、维护稳定的成果以法律形式固化下来，推动各方面制度更加成熟、日臻完善，为夯实"中国之治"提供稳定的制度保障。

四、习近平法治思想是引领法治中国建设实现高质量发展的思想旗帜

党的十八大以来，以习近平同志为核心的党中央加强党对全面依法治国的集中统一领导，加强顶层设计和总体布局，深入推进法治领域改革，中国特色社会主义法治建设取得历史性成就。习近平法治思想从全面建设社会主义现代化国家的目标要求出发，立足新发展阶段、贯彻新发展理念、构建新发展格局的实际需要，提出了当前和今后一个时期全面依法治国的目标任务，为实现新时代法治中国建设高质量发展提供了强有力的思想武器。要毫不动摇地坚持习近平法治思想在全面依法治国工作中的指导地位，把习近平法治思想贯彻落实到全面依法治国全过程和各方面，转化为做好全面依法治国各项工作的强大动力，转化为推进法治中国建设的思路举措，转化为建设社会主义法治国家的生动实践，不断开创法治中国建设新局面。要坚持以习近平法治思想为指引，深化依法治国实践，准确把握和整体推进全面依法治国工作布局，认真贯彻党中央印发的《法治中国建设规划（2020～2025年）》和《法治社会建设实施纲要（2020～2025年）》，严格落实各项部署要求，奋力推进新时代法治中国建设高质量发展，谱写新时代中国特色社会主义法治建设新篇章。

第二章
习近平法治思想的核心要义

第一节　坚持党对全面依法治国的领导

一、党的领导是推进全面依法治国的法治之魂

党政军民学、东西南北中，党是领导一切的。中国共产党是中国特色社会主义事业的坚强领导核心，是最高政治领导力量，各个领域、各个方面都必须坚定自觉坚持党的领导。只有始终坚持党对一切工作的领导，才能在更高水平上实现全党全社会思想上的统一、政治上的团结、行动上的一致，才能进一步增强党的创造力、凝聚力、战斗力，才能为夺取新时代中国特色社会主义伟大胜利提供根本政治保证。

坚持党的领导，是社会主义法治的根本要求，是党和国家的根本所在、命脉所在，是全国各族人民的利益所系、幸福所系，是全面推进依法治国的题中应有之义。习近平总书记强调："全党同志必须牢记，**党的领导是我国社会主义法治之魂，是我国法治同西方资本主义国家法治最大的区别。离开了党的领导，全面依法治国就难以有效推进，社会主义法治国家就建不起来。**"**党的领导是中国特色社会主义最本质的特征，是社会主义法治最根本的保证。党的领导和社会主义法治是一致的，社会主义法治必须坚持党的领导，党的领导必须依靠社会主义法治。**全面推进依法治国，建设社会主义法治国家，只有在党的领导下才能有目的、有步骤、有秩序地进行。全面推进依法治国，建设社会主义法治国家，绝不是要虚化、弱化甚至动摇、否定党的领导，而是为了进一步巩固党的执政地位、改善党的执政方式、提高党的执政能力，保证党和国家长治久安。

二、全面依法治国是要加强和改善党的领导

全面依法治国，必须坚持党总揽全局、协调各方的领导核心地位不动摇。必须不断加强和改善党的领导，巩固党的执政地位，完成党的执政使命。

加强和改善党对全面依法治国的领导，是由全面依法治国的性质和任务决定的。习近平总书记指出："**全面推进依法治国是一个系统工程，是国家治理领域一场广泛而深刻的革命。**""**深刻革命**"意味着许多改革事项都是难啃的"硬骨头"，迫切需要党中央层面加强顶层设计、统筹协调，需要加强各级党委对法治工作的组织领导和政治引领。"**系统工程**"不仅意味着全面依法治国具有复杂性、长期性、艰巨性，涉及经济建设、政治建设、文化建设、社会建设、生态文明建设，国防军队建设、党的建设等各领域，涉及改革发展稳定，

内政外交国防，治党治国治军等各个方面，而且意味着全面依法治国是长期历史任务，只有发挥党总揽全局、协调各方的领导核心作用，才能完成全面依法治国这一"系统工程"的总规划，才能实现全面依法治国的总目标。

加强和改善党对全面依法治国的领导，是由党的领导和社会主义法治的一致性决定的。全面推进依法治国需要通过法定程序把党的意志转化为国家意志，把党的路线方针政策转化为国家的法律法规。只有坚持党的领导，才能使立法符合党的基本理论、基本路线，基本方略，符合国家经济社会发展战略，适应全面深化改革需要。党带头厉行法治，把法治作为治国理政的基本方式，各级党组织和广大党员带头模范守法，才能在全社会普遍形成尊法守法风尚，为社会主义法治建设创造浓厚氛围。

三、把党的领导贯彻落实到依法治国全过程和各方面

推进全面依法治国，必须把党的领导贯彻落实到全面依法治国全过程和各方面。习近平总书记指出："坚持党的领导，不是一句空的口号，必须具体体现在党领导立法、保证执法、支持司法、带头守法上。一方面，要坚持党总揽全局，协调各方的领导核心作用，统筹依法治国各领域工作，确保党的主张贯彻到依法治国全过程和各方面。另一方面，要改善党对依法治国的领导，不断提高党领导依法治国的能力和水平。"

把党的领导贯彻落实到全面依法治国全过程和各方面，是我国社会主义法治建设的一条基本经验。必须坚持党领导立法、保证执法、支持司法、带头守法，把依法治国基本方略同依法执政基本方式统一起来，把党总揽全局、协调各方同人大、政府、政协、监察机关、审判机关、检察机关依法依章程履行职能、开展工作统一起来，把党领导人民制定和实施宪法法律同党坚持在宪法法律范围内活动统一起来，善于使党的主张通过法定程序成为国家意志，善于使党组织推荐的人选通过法定程序成为国家政权机关的领导人员，善于通过国家政权机关实施党对国家和社会的领导，善于运用民主集中制原则维护中央权威、维护全党全国团结统一。

四、坚持党的领导、人民当家作主、依法治国有机统一

坚持党的领导、人民当家作主、依法治国有机统一，是对中国特色社会主义法治本质特征的科学概括，是对中国特色社会主义民主法治发展规律的本质把握。习近平总书记指出："把坚持党的领导、人民当家作主、依法治国有机统一起来是我国社会主义法治建设的一条基本经验。我国宪法以根本法的形式反映了党带领人民进行革命、建设、改革取得的成果，确立了在历史和人民选择中形成的中国共产党的领导地位。对这一点，要理直气壮讲、大张旗鼓讲。要向干部群众讲清楚我国社会主义法治的本质特征，做到正本清源、以正视听。"

坚持党的领导、人民当家作主、依法治国有机统一，最根本的是坚持党的领导。习近平总书记强调："党的领导是人民当家作主和依法治国的根本保证，人民当家作主是社会主义民主政治的本质特征，依法治国是党领导人民治理国家的基本方式，三者统一于我国社会主义民主政治伟大实践。"只有坚持党的领导，人民当家作主才能充分实现，国家和社会生活制度化、法治化才能有序推进。

人民代表大会制度是坚持党的领导、人民当家作主、依法治国有机统一的根本制度安排。人民代表大会制度是实现党的领导和执政的制度载体和依托，是人民当家作主的根本

途径和实现形式。必须充分发挥人民代表大会制度的根本政治制度作用，保证各级人大都由民主选举产生、对人民负责、受人民监督，保证各级国家行政机关、监察机关、审判机关、检察机关都由人大产生、对人大负责、受人大监督。通过人民代表大会制度，弘扬社会主义法治精神，依照人民代表大会及其常委会制定的法律法规来展开和推进国家各项事业和各项工作，实现国家各项工作法治化。

五、健全党领导全面依法治国的制度和工作机制

加强党对全面依法治国的领导，必须健全党领导全面依法治国的制度和工作机制。习近平总书记强调："要健全党领导全面依法治国的制度和工作机制，推进党的领导制度化、法治化，通过法治保障党的路线方针政策有效实施。"成立中央全面依法治国委员会，目的就是从机制上加强党对全面依法治国的集中统一领导，统筹推进全面依法治国工作，这既是加强党的领导的应有之义，也是法治建设的重要任务。

健全党领导全面依法治国的制度和体制机制，完善党制定全面依法治国方针政策的工作机制和程序，加强党对全面依法治国的集中统一领导。充分发挥各级党委的领导核心作用，把法治建设真正摆在全局工作的突出位置，与经济社会发展同部署、同推进、同督促、同考核、同奖惩。进一步完善党委统一领导和各方分工负责、齐抓共管的责任落实机制，强化全面依法治国方针政策和决策部署的有效贯彻执行。

第二节　坚持以人民为中心

一、以人民为中心是中国特色社会主义法治的本质要求

人民群众是我们党的力量源泉，人民立场是中国共产党的根本政治立场。习近平总书记指出："必须牢记我们的共和国是中华人民共和国，始终要把人民放在心中最高的位置，始终全心全意为人民服务，始终为人民利益和幸福而努力工作。"以人民为中心是新时代坚持和发展中国特色社会主义的根本立场，是中国特色社会主义法治的本质要求。坚持以人民为中心，深刻回答了推进全面依法治国，建设社会主义法治国家为了谁、依靠谁的问题。

全面依法治国最广泛、最深厚的基础是人民，推进全面依法治国的根本目的是依法保障人民权益。习近平总书记强调："我们党的宏伟奋斗目标，离开了人民支持就绝对无法实现。我们党的执政水平和执政成效都不是由自己说了算，必须而且只能由人民来评判。人民是我们党的工作的最高裁决者和最终评判者。"始终代表最广大人民根本利益，保证人民当家作主，体现人民共同意志，维护人民合法权益，是我国国家制度和国家治理体系的本质属性，也是国家制度和国家治理体系有效运行、充满活力的根本所在。我国社会主义制度保证了人民当家作主的主体地位，也保证了人民在全面推进依法治国中的主体地位。这是我们的制度优势，也是中国特色社会主义法治区别于资本主义法治的根本所在。

二、坚持人民主体地位

坚持人民主体地位，必须把以人民为中心的发展思想融入到全面依法治国的伟大实践中。习近平总书记指出："坚持人民主体地位，必须坚持法治为了人民、依靠人民、造福人

民、保护人民。"一方面，要保证人民在党的领导下依照法律规定通过各种途径和形式管理国家事务，管理经济和文化事业，管理社会事务，要把体现人民利益、反映人民愿望、维护人民权益、增进人民福祉落实到全面依法治国各领域全过程，使法律及其实施充分体现人民意志。另一方面，要保证人民依法享有广泛的权利和自由、承担应尽的义务，充分调动起人民群众投身依法治国实践的积极性和主动性，使全体人民都成为社会主义法治的忠实崇尚者、自觉遵守者、坚定捍卫者，使尊法、信法、守法、用法、护法成为全体人民的共同追求。

坚持人民主体地位，要求用法治保障人民当家作主。习近平总书记指出："我们国家的名称，我们各级国家机关的名称，都冠以人民的称号，这是我们对中国社会主义政权的基本定位。"我国宪法明确规定，中华人民共和国的一切权力属于人民。人民行使国家权力的机关是全国人民代表大会和地方各级人民代表大会。人民代表大会制度是保障人民主体地位的政权组织形式。坚定不移走中国特色社会主义民主政治发展道路，坚持和完善人民当家作主制度体系，是坚持和完善人民代表大会制度这一根本政治制度的要求。要坚持和完善中国共产党领导的多党合作和政治协商制度、民族区域自治制度、基层群众自治制度等基本政治制度，建立健全民主制度，丰富民主形式，拓宽民主渠道，依法实行民主选举、民主协商、民主决策、民主管理、民主监督，保证人民在党的领导下通过各种途径和形式依法管理国家事务，管理经济和文化事业，管理社会事务。

三、牢牢把握社会公平正义这一法治价值追求

公平正义是法治的生命线，是中国特色社会主义法治的内在要求。坚持全面依法治国，建设社会主义法治国家，切实保障社会公平正义和人民权利，是社会主义法治的价值追求。全面依法治国必须紧紧围绕保障和促社会公平正义把公平正义贯穿到立法、执党法、司法、守法的全过程和各方面，紧紧围绕保障和促进社会公平正义来推进法治建设和 法治改革，创造更加公平正义的法治环境，努力让人民群众在每一项法律制度、每一个执法 法决定、每一宗司法案件中都感受到公平正义。加强人权法治保障，非因法定事由、非经法定程序不得限制、剥夺公民、法人和其他组织的权利。

四、推进全面依法治国的根本目的是依法保障人民权益

我们党全心全意为人民服务的根本宗旨，决定了必须始终把人民作为一切工作的中心。习近平总书记指出："推进全面依法治国，根本目的是依法保障人民权益。随着我国经济社会持续发展和人民生活水平不断提高，人民群众对民主、法治、公平、正义、安全、环境等方面的要求日益增长，要积极回应人民群众新要求新期待，坚持问题导向、目标导向，树立辩证思维和全局观念，系统研究谋划和解决法治领域人民群众反映强烈的突出问题，不断增强人民群众获得感、幸福感、安全感，用法治保障人民安居乐业。"

推进全面依法治国，必须切实保障公民的人身权、财产权、人格权和基本政治权利，保证公民经济、文化、社会等各方面权利得到落实。必须着力解决人民群众最关切的公共安全、权益保障、公平正义问题，努力维护最广大人民的根本利益，保障人民群众对美好生活的向往和追求。

第三节　坚持中国特色的社会主义法治道路

一、中国特色社会主义法治道路是建设社会主义法治国家的唯一正确道路

道路决定成败。习近平总书记指出："全面推进依法治国，必须走对路。如果路走错了，南辕北辙了，那再提什么要求和举措也都没有意义了。""中国特色社会主义法治道路是一个管总的东西。具体讲我国法治建设的成就，大大小小可以列举出十几条、几十条，但归结起来就是开辟了中国特色社会主义法治道路这一条。""中国特色社会主义法治道路，是社会主义法治建设成就和经验的集中体现，是建设社会主义法治国家的唯一正确道路。"

中国特色社会主义法治道路是最适合中国国情的法治道路。走什么样的法治道路，是由一个国家的基本国情决定的。鸦片战争后，许多仁人志士也曾想变法图强，但都以失败告终。我们党在领导中国人民进行新民主主义革命的伟大斗争中，不断探索适合中国国情的法治道路。新中国成立后，逐步确立了新中国的宪法制度和司法体制。改革开放以来，我们党深刻总结法治建设正反两方面的经验教训，最终走出了一条中国特色社会主义法治道路。党的十八大以来，以习近平同志为核心的党中央把全面依法治国作为新时代坚持和发展中国特色社会主义的基本方略之一，在新时代不断坚持和拓展中国特色社会主义法治道路。历史和现实充分证明，中国特色社会主义法治道路，是唯一正确的道路。

中国特色社会主义法治道路，根植于我国社会主义初级阶段的基本国情，生发于我国改革开放和社会主义现代化建设的具体实践，是被实践证明了的符合我国基本国情、符合人民群众愿望、符合实践发展要求的法治道路，具有显著优越性。我国社会主义法治建设之所以能取得举世瞩目的伟大成就，就在于开辟了一条符合我国国情、遵循法治规律的中国特色社会主义法治道路。

在坚持和拓展中国特色社会主义法治道路这个根本问题上，要树立自信、保持定力，必须从我国实际出发，共同推进国家治理体系和治理能力现代化相适应，突出中国特色、实践特色、时代特色，既不能罔顾国情、超越阶段，也不能因循守旧、墨守成规。要学习借鉴世界上优秀的法治文明成果，但必须坚持以我为主、为我所用，认真鉴别、合理吸收，不能搞"全盘西化"，不能搞"全面移植"，不能照搬照抄。

二、中国特色社会主义法治道路的核心要义

坚定不移走中国特色社会主义法治道路，必须深刻把握其核心要义。习近平总书记指出："全面推进依法治国这件大事能不能办好，最关键的是方向是不是正确、政治保证是不是坚强有力，具体讲就是要坚持党的领导，坚持中国特色社会主义制度，贯彻中国特色社会主义法治理论。"这三个方面实质上是中国特色社会主义法治道路的核心要义，规定和确保了中国特色社会主义法治体系的制度属性和前进方向。

坚定不移走中国特色社会主义法治道路，最根本的是坚持中国共产党的领导。抓住了这个根本问题，就抓住了中国特色社会主义法治道路的本质。党的领导是实现全面推进依法治国总目标的最根本保证，必须始终坚持党总揽全局、协调各方的领导核心地位不动摇。新时代中国特色社会主义法治建设之所以能迅速开创新局面、谱写新篇章，最根本的就是

有以习近平同志为核心的党中央的坚强领导，有习近平新时代中国特色社会主义思想科学指导。要把加强党对全面依法治国的领导落实到法治建设全过程和各方面，坚持党领导立法、保证执法、支持司法、带头守法。

中国特色社会主义制度是中国特色社会主义法治体系的**根本制度基础**，是全面推进依法治国的**根本制度保障**。习近平总书记指出："**我们要坚持的中国特色社会主义法治道路，本质上是中国特色社会主义道路在法治领域的具体体现。**"中国特色社会主义制度是中国共产党领导人民在不断探索和实践的基础上形成和发展起来的。党的十八大以来，党中央提出全面深化改革的总目标是完善和发展中国特色社会主义制度、推进国家治理体系和治理能力现代化，全面深化党的建设制度改革和经济、政治、文化、社会、生态文明体制改革，使中国特色社会主义制度更加成熟和完善。中国特色社会主义根本制度、基本制度和重要制度，是中国特色社会主义法治道路的制度基础和重要保障。要坚中国特色社会主义法治道路，不断巩固和完善中国特色社会主义制度，以法治为中国特色社会主义制度保驾护航。

中国特色社会主义法治理论是中国特色社会主义法治体系的**理论指导和学理支撑**。习近平总书记指出："**我们要发展的中国特色社会主义法治理论，本质上是中国特色社会主义理论体系在法治问题上的理论成果。**"中国特色社会主义法治理论，是中国特色社会主义理论体系的重要组成部分。在百年来的革命、建设、改革实践中，我们党把马克思主义基本原理与中国实际相结合，形成了毛泽东思想、邓小平理论、"三个代表"重要思想、科学发展观和习近平新时代中国特色社会主义思想。这些理论成果是我们党不断总结实践经验的思想精华，包含着丰富的法治理论。习近平法治思想是习近平新时代中国特色社会主义思想的重要组成部分，是新时代推进全面依法治国的科学指南和根本遵循。要深入学习贯彻习近平法治思想，不断开创法治中国建设的新局面。

第四节　坚持依宪治国、依宪执政

一、依宪治国、依宪执政是建设社会主义法治国家的首要任务

宪法是国家的根本大法，是治国安邦的总章程，具有最高的法律地位、法律权威、法律效力。习近平总书记指出："**宪法是国家的根本法，坚持依法治国首先要坚持依宪治国，坚持依法执政首先要坚持依宪执政。**"我国宪法以国家根本法形式，确立了中国特色社会主义道路、中国特色社会主义理论体系、中国特色社会主义制度的发展成果，反映了我国各族人民的共同意志和根本利益。党的十八大以来，以习近平同志为核心的党中央高度重视宪法在国家政治生活和治国理政中的重要作用，强调依宪治国、依宪执政是建设社会主义法治国家的首要任务，全面系统地提出了依宪治国、依宪执政的重要举措，作出全面实施宪法与维护宪法权威的一系列重大战略部署，有力地推进了宪法实施和监督工作。

二、坚持依法治国首先要坚持依宪治国，坚持依法执政首先要坚持依宪执政

坚持依法治国首先要坚持依宪治国，坚持依法执政首先要坚持依宪执政，这是宪法的地位和作用决定的。习近平总书记强调："**宪法是国家的根本法，具有最高的法律效力。党领导人民制定宪法法律，领导人民实施宪法法律，党自身要在宪法法律范围内活动。全国**

各族人民、一切国家机关和武装力量、各政党和各社会团体、各企业事业组织，都必须以宪法为根本的活动准则，都负有维护宪法尊严、保证宪法实施的职责。任何组织和个人都不得有超越宪法法律的特权，一切违反宪法法律的行为都必须予以追究。"坚持依宪治国、依宪执政，体现了党的领导、人民当家作主、依法治国有机统一，体现了全面推进依法治国的时代要求，对于推进国家治理体系和治理能力现代化、保证党和国家长治久安具有重大意义。

坚持依宪治国、依宪执政，要坚持宪法确定的中国共产党领导地位不动摇，坚持宪法确定的人民民主专政的国体和人民代表大会制度的政体不动摇。习近平总书记指出："党和法、党的领导和依法治国是高度统一的。我们就是在不折不扣贯彻着以宪法为核心的依宪治国、依宪执政，我们依据的是中华人民共和国宪法。"我国宪法确认了中国共产党的执政地位，确认了党在国家政权结构中总揽全局、协调各方的领导核心地位，这是中国特色社会主义最本质的特征，是中国特色社会主义制度的最大优势，是实现中华民族伟大复兴的根本保证。人民代表大会制度是我国宪法确立的、与国体相适应的政体，是坚持党的领导、人民当家作主、依法治国有机统一的根本政治制度安排。

三、坚持依宪治国

坚持依宪治国，是推进全面依法治国、建设社会主义法治国家的基础性工作，科学回答了宪法如何更好促进全面建设社会主义现代化国家的关键性问题。习近平总书记指出："我国宪法以国家根本法的形式，确认了中国共产党领导人民进行革命、建设、改革的伟大斗争和根本成就，确立了人民民主专政的国体和人民代表大会制度的政体，确立了国家的根本任务、指导思想、领导核心、发展道路、奋斗目标，规定了一系列基本政治制度和重要原则，规定了国家一系列大政方针，体现出鲜明的社会主义性质。"坚持依宪治国，既强调宪法的根本法地位，又强调在全面依法治国过程中，必须依据宪法精神、宪法原则以及宪法所确定的各项制度推进依法治理。各级国家机关和国家机关工作人员都要依照宪法行使权力、履行职责，所有法律法规和制度政策都不得与宪法相抵触，任何组织和个人都必须维护宪法尊严和权威。

四、坚持依宪执政

我国宪法坚持党的领导、人民当家作主、依法治国有机统一，发扬人民民主，集中人民智慧，体现了全体人民共同意志，得到最广大人民拥护和遵行。坚持依宪执政，体现了中国共产党作为执政党的执政理念，体现了我们党对执政规律和执政方式的科学把握。习近平总书记指出："宪法的根基在于人民发自内心的拥护，宪法的伟力在于人民出自真诚的信仰。只有保证公民在法律面前一律平等，尊重和保障人权，保证人民依法享有广泛的权利和自由，宪法才能深入人心，走入人民群众，宪法实施才能真正成为全体人民的自觉行动。"公民的基本权利和义务是宪法的核心内容，宪法是每个公民享有权利、履行义务的根本保证。坚持依宪执政，必须要坚持以人民为中心。实践证明，我国宪法以其至上的法制地位和强大的法制力量，有力保障了人民当家作主，有力促进了改革开放和社会主义现代化建设，有力推动了社会主义法治国家建设，有力维护了国家统一、民族团结、社会稳定。

五、全面贯彻实施宪法

全面贯彻实施宪法，切实维护宪法尊严和权威，是维护国家法制统一，尊严、权威的前提，也是维护最广大人民根本利益、确保国家长治久安的重要保障。新时代推进全面依法治国，必须更加坚定维护宪法尊严和权威，加强宪法实施和监督。习近平总书记指出："宪法的生命在于实施，宪法的权威也在于实施。"党的十八大以来，以习近平同志为核心的党中央以前所未有的力度推进全面依法治国，把实施宪法摆在全面依法治国的突出位置，全面加强宪法实施和监督。全国人大常委会通过了关于设立国家宪法日的决定，将每年12月4日设立为国家宪法日。将全国人大法律委员会更名为全国人大宪法和法律委员会，增加推动宪法实施、开展宪法解释、推进合宪性审查、加强宪法监督、配合宪法宣传等工作职责。党中央印发的《法治中国建设规划（2020～2025年）》明确提出，要高度重视宪法在治国理政中的重要地位和作用，坚持依宪治国、依宪执政，把全面贯彻实施宪法作为首要任务，健全保证宪法全面实施的体制机制，将宪法实施和监督提高到新水平。《中华人民共和国国民经济和社会发展第十四个五年规划和2035年远景目标纲要》明确规定，要健全保障宪法全面实施的体制机制，加强宪法实施和监督，落实宪法解释程序机制，推进合宪性审查。这些重大举措对于保障宪法实施具有重大而深远的意义。

第五节　坚持在法治轨道上推进国家治理体系和治理能力现代化

一、在法治轨道上推进国家治理体系和治理能力现代化是国家治理领域一场广泛而深刻的革命

我国社会主义法治凝聚着我们党治国理政的理论成果和实践经验，是制度之治最基本最稳定最可靠的保障。党的十八届三中全会专题研究全面深化改革问题，明确提出要完善和发展中国特色社会主义制度，推进国家治理体系和治理能力现代化，并将其作为全面深化改革的总目标。党的十八届四中全会进一步强调要推进国家治理体系和治理能力现代化，指出全面推进依法治国是一个系统工程，是国家治理领域一场广泛而深刻的革命。党的十九大报告提出，要坚持和完善中国特色社会主义制度，不断推进国家治理体系和治理能力现代化，将其作为新时代坚持和发展中国特色社会主义的基本方略之一。党的十九届四中全会对坚持和完善中国特色社会主义制度，推进国家治理体系和治理能力现代化作出全面部署。习近平总书记指出："坚持全面依法治国，是中国特色社会主义国家制度和国家治理体系的显著优势。中国特色社会主义实践向前推进一步，法治建设就要跟进一步。"历史和现实都告诉我们，法治是治国理政的基本方式，是社会文明进步的显著标志。法治兴则国兴，法治强则国强。

在法治轨道上推进国家治理体系和治理能力现代化，要提高党依法治国、依法执政能力，推进党的领导制度化、法治化、规范化。要用法治保障人民当家作主，健全社会公平正义法治保障制度，使法律及其实施有效体现人民意志、保障人民权益、激发人民创造力。要健全完善中国特色社会主义法治体系，不断满足国家治理需求和人民日益增长的美好生活需要。要坚持依法治国、依法执政、依法行政共同推进，坚持法治国家、法治政府、法治社会一体建设，更加注重系统性、整体性、协同性。要更好发挥法治对改革发展稳定的引领、规范、保障作用，以深化依法治国实践检验法治建设成效，推动各方面制度更加成熟、更加定型，逐步实现国家治理制度化、程序化、规范化、法治化。

二、法治是国家治理体系和治理能力的重要依托

法治是治国理政的基本方式。习近平总书记指出："**法治是国家治理体系和治理能力的重要依托。只有全面依法治国才能有效保障国家治理体系的系统性、规范性、协调性，才能最大限度凝聚社会共识。**""**在全面建设社会主义现代化国家新征程上，我们要更加重视法治，厉行法治，更好发挥法治固根本、稳预期、利长远的保障作用，坚持依法应对重大挑战、抵御重大风险、克服重大阻力、解决重大矛盾。**"坚持和完善中国特色社会主义制度，推进国家治理体系和治理能力现代化，就是要适应时代变革，不断健全我国国家治理的体制机制，不断完善中国特色社会主义法治体系，实现党和国家各项事务治理制度化、规范化、程序化，提高运用制度和法律治理国家的能力，提高党科学执政、民主执政、依法执政水平。

三、在法治轨道上推进国家治理体系现代化

国家治理体系是在党领导下管理国家的制度体系，包括经济、政治、文化、社会、生态文明和党的建设等各领域的体制机制、法律法规安排，是一整套紧密相连、相互协调的制度构成的体系。习近平总书记指出："**建设中国特色社会主义法治体系、建设社会主义法治国家是实现国家治理体系和治理能力现代化的必然要求，也是全面深化改革的必然要求，有利于在法治轨道上推进国家治理体系和治理能力现代化，有利于在全面深化改革总体框架内全面推进依法治国各项工作，有利于在法治轨道上不断深化改革。**"坚持全面依法治国，是中国特色社会主义国家制度和国家治理体系的显著优势。全面推进依法治国，是解决党和国家事业发展面临的一系列重大问题，解放和增强社会活力、促进社会公平正义、维护社会和谐稳定、确保党和国家长治久安的根本要求。

四、在法治轨道上推进国家治理能力现代化

国家治理能力是运用国家制度管理社会各方面事务的能力，是改革发展稳定、内政外交国防、治党治国治军等各个方面国家制度执行能力的集中体现。国家治理能力是影响我国社会主义制度优势充分发挥、党和国家事业顺利发展的重要因素。习近平总书记指出："**我们必须把依法治国摆在更加突出的位置，把党和国家工作纳入法治化轨道，坚持在法治轨道上统筹社会力量、平衡社会利益、调节社会关系、规范社会行为，依靠法治解决各种社会矛盾和问题，确保我国社会在深刻变革中既生机勃勃又井然有序。**"面对世界百年未有之大变局，在法治轨道上推进国家治理能力现代化，最关键是要发挥党总揽全局、协调各方的领导核心作用，积极回应新时代国家治理难题，充分发挥法治固根本、稳预期、利长远的保障作用，不断提高党依法治国、依法执政能力，加快实现国家治理能力现代化，推动我国制度优势更好转化为国家治理效能。

第六节　坚持建设中国特色社会主义法治体系

一、建设中国特色社会主义法治体系是推进全面依法治国的总抓手

全面推进依法治国涉及立法、执法、司法、普法、守法各个环节、各个方面，必须有

一个总揽全局、牵引各方的总抓手，这个**总抓手就是建设中国特色社会主义法治体系**。习近平总书记指出："**全面推进依法治国，总目标是建设中国特色社会主义法治体系，建设社会主义法治国家。**""**提出这个总目标，既明确了全面推进依法治国的性质和方向，又突出了全面推进依法治国的工作重点和总抓手。**"中国特色社会主义法治体系是国家治理体系的骨干工程。建设中国特色社会主义法治体系，就是在中国共产党领导下，坚持中国特色社会主义制度，贯彻中国特色社会主义法治理论，形成**完备的法律规范体系、高效的法治实施体系、严密的法治监督体系、有力的法治保障体系，形成完善的党内法规体系**。全面推进依法治国，要求各项工作都要围绕建设中国特色社会主义法治体系、建设社会主义法治国家这个总目标来部署、来展开，都要围绕中国特色社会主义法治体系这个总抓手来谋划、来推进。

二、建设完备的法律规范体系

经过长期努力，**中国特色社会主义法律体系已经形成**，国家和社会生活各方面**总体上实现了有法可依**。法律体系必须随着时代变化、理论创新和实践需要不断发展、不断完善。要不断完善以宪法为核心的中国特色社会主义法律体系，坚持立法先行，坚持立改废释并举，健全完善法律、行政法规、地方性法规，为全面推进依法治国提供遵循。要深入推进**科学立法、民主立法、依法立法**，提高立法质量和效率，以良法保善治、促发展。要积极推进国家安全、科技创新、公共卫生、生物安全、生态文明、防范风险、涉外法治等重要领域立法，健全完善国家治理急需的法律制度、满足人民日益增长的美好生活需要必备的法律制度。要加快我国法域外适用的法律体系建设，更好维护国家主权、安全、发展利益。

三、建设高效的法治实施体系

法治实施体系是执法、司法、守法等宪法法律实施的工作体制机制。"**世不患无法，而患无必行之法**"，"**天下之事，不难于立法，而难于法之必行**"。**高效的法治实施体系，最核心的是健全宪法实施体系**。全面贯彻实施宪法，是建设社会主义法治国家的首要任务和基础性工作。全国各族人民、一切国家机关和武装力量、各政党和各社会团体、各企业事业组织，都必须以宪法为根本活动准则，切实维护宪法尊严和权威。深入推进执法体制改革，完善执法程序，推进综合执法，严格执法责任，建立权责统一、权威高效的行政执法体制。深化司法体制改革，完善司法管理体制和司法权力运行机制，规范司法行为，加强对司法活动的监督，切实做到公正司法。坚持把全民普法和守法作为全面依法治国的长期基础性工作，采取有力措施加强法治宣传教育，不断增强全民法治观念。

四、建设严密的法治监督体系

法治监督体系是由党内监督、人大监督、民主监督、行政监督、司法监督、审计监督、社会监督、舆论监督等构成的权力制约和监督体系。没有监督的权力必然导致腐败。全面推进依法治国，必须健全完善权力运行制约和监督机制，规范立法、执法、司法机关权力行使，建设严密的法治监督体系。要加强党对法治监督工作的集中统一领导，把法治监督作为党和国家监督体系的重要内容，保证行政权、监察权、审判权、检察权得到依法正确行使，保证公民、法人和其他组织合法权益得到切实保障。加强国家机关监督、民主监督、群众监督和舆论监督，形成法治监督合力，发挥整体监督效能。加强执纪执法监督，坚持把纪律规矩挺在前面，推进执纪执法贯通，建立有效衔接机制。建立健全与执法司法权力运行机制相适应的制约监督体系，构建权责清晰的执法司法责任体系，健全政治督察、综治督导、执法监督、纪律作风督查巡查等制度机制。

五、建设有力的法治保障体系

法治保障体系包括党领导全面依法治国的制度和机制、队伍建设和人才保障等。有力的法治保障体系，是推进全面依法治国的重要支撑。坚持党的领导，把党的领导贯穿于依法治国各领域全过程，是社会主义法治的根本保证。坚定中国特色社会主义制度自信，坚持走中国特色社会主义法治道路，健全完善中国特色社会主义法治体系，筑牢全面依法治国的制度保障。大力加强法治工作队伍建设，用习近平法治思想武装头脑，切实提高法治工作队伍思想政治素质、业务工作能力、职业道德水准，切实提高运用法治思维和法治方式的能力水平，夯实社会主义法治建设的组织和人才保障。

六、建设完善的党内法规体系

党内法规既是管党治党的重要依据，也是建设社会主义法治国家的有力保障。习近平总书记指出："加强党内法规制度建设是全面从严治党的长远之策、根本之策。我们党要履行好执政兴国的重大历史使命、赢得具有许多新的历史特点的伟大斗争胜利、实现党和国家的长治久安，必须坚持依法治国与制度治党、依规治党统筹推进、一体建设。"必须完善党内法规制定体制机制，完善党的组织法规制度、党的领导法规制度、党的自身建设法规制度、党的监督保障法规制度。要加大党内法规备案审查和解释力度，注重党内法规同国家法律的衔接和协调。要完善党内法规制度体系，确保内容科学、程序严密、配套完备、运行有效，形成制度整体效应，强化制度执行力，为提高党的领导水平和执政能力提供有力的制度保障。

第七节　坚持依法治国、依法执政、依法行政共同推进，法治国家、法治政府、法治社会一体建设

一、"共同推进、一体建设"是对全面依法治国的工作布局

全面推进依法治国各领域各方面的工作相互联系、相互衔接，必须加强统筹、协同推进。坚持依法治国、依法执政、依法行政共同推进，法治国家、法治政府、法治社会一体建设，是对全面依法治国的工作布局，为我们从整体上把握全面依法治国提供了科学指引。习近平总书记指出："**全面推进依法治国是一项庞大的系统工程，必须统筹兼顾、把握重点、整体谋划，在共同推进上着力，在一体建设上用劲。**"把"坚持依法治国、依法执政、依法行政共同推进，坚持法治国家、法治政府、法治社会一体建设"确定为全面依法治国的工作布局，这是在深刻把握社会主义法治建设所处历史方位、治国理政实践需要基础上的重大理论和实践创新，为我们深化依法治国实践提供了遵循。

二、坚持依法治国、依法执政、依法行政共同推进

依法治国、依法执政、依法行政是一个有机整体，三者本质一致、目标一体、成效相

关，必须共同推进、形成合力。

依法治国是广大人民群众在党的领导下，依照宪法和法律规定，通过各种途径和形式管理国家事务，管理经济和文化事业，管理社会事务，保证国家各项工作都依法进行。

依法执政是党领导人民长期探索治国之道、深化认识执政规律的重大战略抉择，作为执政党的中国共产党是否依法执政，直接影响依法治国基本方略能否得到贯彻，直接关系社会主义法治建设事业的最终成败。

依法行政是各级政府在党的领导下，牢固树立权力来自人民、权力源于法律授予的理念，完善依法行政制度体系，推进行政决策科学化、民主化、法治化，根据法律法规规定，严格规范公正文明执法，创新行政方式，提高行政效能，确保在法治轨道上开展工作。

依法治国是党领导人民治理国家的基本方略，依法执政是我们党执政的基本方式，依法行政是政府施政的基本准则，三者密不可分，必须共同推进。

三、坚持法治国家、法治政府、法治社会一体建设

全面依法治国已经从搭建四梁八柱迈入统筹协调推进的新阶段，法治建设各环节、各领域彼此关联、相互影响，需要在国家、政府、社会各个层面一体建设、共同发力。

法治国家、法治政府、法治社会三者相互联系、相互支撑、相辅相成，法治国家是法治建设的目标，法治政府是建设法治国家的重点，法治社会是构筑法治国家的基础。习近平总书记强调："推进全面依法治国，法治政府建设是重点任务和主体工程，对法治国家、法治社会建设具有示范带动作用，要率先突破。"

全面依法治国的基础在基层，根基在民众。法治社会是法治国家、法治政府建设的基础和依托，法治国家、法治政府建设必须筑牢法治社会根基。全民守法是全面依法治国的长期性、基础性工程，只有全面增强全民法治观念，让法治成为社会共识和基本准则，才能夯实法治国家、法治政府建设的社会基础。

法治国家、法治政府、法治社会三者各有侧重、相辅相成，全面依法治国必须坚持三者同步规划、同步实施，推动三者相互促进、相得益彰。

第八节 坚持全面推进科学立法、严格执法、公正司法、全民守法

一、科学立法、严格执法、公正司法、全民守法是推进全面依法治国的重要环节

全面依法治国是一项长期而重大的历史任务，必须从法治工作实际出发，切实把握好法治建设各环节工作规律。党的十一届三中全会确立了有法可依、有法必依、执法必严、违法必究的社会主义法制建设的"十六字方针"。党的十八大把法治建设摆在了更加突出的位置，强调全面推进依法治国，明确提出法治是治国理政的基本方式，要推进科学立法、严格执法、公正司法、全民守法。习近平总书记在党的十九大报告中指出，全面依法治国是国家治理的一场深刻革命，必须坚持厉行法治，推进科学立法、严格执法、公正司法、全民守法。"科学立法、严格执法、公正司法、全民守法"是全面依法治国的重要环节，成为指引新时代法治中国建设的"新十六字方针"。

二、坚持科学立法

法律是治国之重器，良法是善治之前提。习近平总书记强调："**人民群众对立法的期盼，已经不是有没有，而是好不好、管用不管用、能不能解决实际问题；不是什么法都能治国，不是什么法都能治好国；越是强调法治，越是要提高立法质量。这些话是有道理的。我们要完善立法规划，突出立法重点，坚持立改废并举，提高立法科学化、民主化水平，提高法律的针对性、及时性、系统性。要完善立法工作机制和程序，扩大公众有序参与，充分听取各方面意见，使法律准确反映经济社会发展要求，更好协调利益关系，发挥立法的引领和推动作用。**"建设中国特色社会主义法治体系，必须坚持立法先行，深入推进科学立法、民主立法、依法立法，提高立法质量和效率，以良法促进发展、保障善治。

三、坚持严格执法

执法是行政机关履行政府职能、管理经济社会事务的主要方式。

习近平总书记指出："**法律的生命力在于实施。如果有了法律而不实施，或者实施不力，搞得有法不依、执法不严、违法不究，那制定再多法律也无济于事。**"

要加强宪法和法律实施，维护社会主义法制的统一、尊严、权威，形成人们不愿违法、不能违法、不敢违法的法治环境，做到有法必依、执法必严、违法必究。行政机关是实施法律法规的重要主体，要带头严格执法。要加强对执法活动的监督，严禁过度执法、逐利执法、粗暴执法。坚决排除对执法活动的非法干预，坚决防止和克服地方保护主义和部门保护主义。坚决惩治腐败现象，做到有权必有责、用权受监督、违法必追究。要加强行政执法与刑事司法有机衔接，坚决克服有案不移、有案难移、以罚代刑等现象。要健全行政纠纷解决体系，推动构建行政调解、行政裁决、行政复议、行政诉讼有机衔接的纠纷解决机制。

四、坚持公正司法

公正司法是维护社会公平正义的最后一道防线。习近平总书记指出："**所谓公正司法，就是受到侵害的权利一定会得到保护和救济，违法犯罪活动一定要受到制裁和惩罚。**"各级司法机关要紧紧围绕努力让人民群众在每一个司法案件中都感受到公平正义这个要求和目标改进工作，坚持做到严格司法、规范司法。要改进司法工作作风，通过热情服务切实解决好老百姓打官司过程中遇到的各种难题，特别是要加大对困难群众维护合法权益的法律援助，加大司法公开力度，以回应人民群众对司法公正公开的关注和期待。要紧紧抓住影响司法公正、制约司法能力的深层次问题，深化司法体制和工作机制改革，加强党对司法工作的领导，确保审判机关、检察机关依法独立公正行使审判权、检察权，全面落实司法责任制。健全公安机关、检察机关、审判机关、司法行政机关各司其职，侦查权、检察权、审判权、执行权相互配合、相互制约的体制机制。强化诉讼过程中当事人和其他诉讼参与人的知情权、陈述权、辩护辩论权、申请权、申诉权的制度保障，加强对刑事诉讼、民事诉讼、行政诉讼的法律监督。完善人民监督员制度，依法规范司法人员与当事人、律师、特殊关系人、中介组织的接触、交往行为。

五、坚持全民守法

法律要发生作用，全社会首先要信仰法律。习近平总书记指出："**全民守法，就是任何**

组织或者个人都必须在宪法和法律范围内活动，任何公民、社会组织和国家机关都要以宪法和法律为行为准则，依照宪法和法律行使权利或权力、履行义务或职责。"要深入开展法治宣传教育，在全社会弘扬社会主义法治精神，传播法律知识，培养法律意识，在全社会形成宪法至上、守法光荣的良好社会氛围。要引导全体人民遵守法律，有问题依靠法律来解决，使法治成为社会共识和基本准则。要突出普法重点内容，落实"谁执法谁普法"的普法责任制，努力在增强普法的针对性和实效性上下功夫，不断提升全体公民法治意识和法治素养。要坚持法治教育与法治实践相结合，广泛开展依法治理活动，提高社会治理法治化水平。要坚持依法治国和以德治国相结合，把法治建设和道德建设紧密结合起来，把他律和自律紧密结合起来，做到法治和德治相辅相成、相互促进。

第九节　坚持统筹推进国内法治和涉外法治

一、统筹推进国内法治和涉外法治是维护国家主权、安全、发展利益的迫切需要

当今世界正面临百年未有之大变局，国际社会经济发展和地缘政治安全发生深刻变化。国家主权、安全、发展利益是国家核心利益，切实维护国家主权、安全、发展利益是涉外法治工作的首要任务。当前，随着我国经济实力和综合国力快速增长，对外开放全方位深化，"一带一路"建设深入推进，我国日益走近世界舞台中央，深度融入全球化进程，维护我国国家利益和公民、法人在境外合法权益的任务日益繁重。统筹推进国内法治和涉外法治，协调推进国内治理和国际治理，是全面依法治国的必然要求，是建立以国内大循环为主体、国内国际双循环相互促进的新发展格局的客观需要，是维护国家主权、安全、发展利益的迫切需要。这就要求在全面依法治国进程中，必须统筹运用国内法和国际法，加快涉外法治工作战略布局，推进国际法治领域合作，加快推进我国法域外适用的法律体系建设，加强国际法研究和运用，提高涉外工作法治化水平，更好地维护国家主权、安全、发展利益，为全球治理体系改革、推动构建人类命运共同体规则体系提供中国方案。

二、加快涉外法治工作战略布局

统筹国内国际两个大局是我们党治国理政的重要理念和基本经验，统筹推进国内法治和涉外法治，加快涉外法治工作战略布局即是这一理念和经验在法治领域的具体体现。习近平总书记指出："要加快涉外法治工作战略布局，协调推进国内治理和国际治理，更好维护国家主权、安全、发展利益。"要加快形成系统完备的涉外法律法规体系，积极构建更加完善的涉外经济法律体系，逐步形成法治化、国际化、便利化的营商环境。要提升涉外执法司法效能，引导企业、公民在"走出去"过程中更加自觉遵守当地法律法规和风俗习惯，提高运用法治和规则维护自身合法权益的意识和能力。要加强反制裁、反干涉和反制"长臂管辖"的理论研究和制度建设，努力维护公平公正的国际环境。要加大涉外法治人才培养力度，尽快建设一支精通国内法治和涉外法治，既熟悉党和国家方针政策、了解我国国情，又具有全球视野、熟练运用外语、通晓国际规则的高水平法治人才队伍，为我国参与国际治理提供有力人才支撑。

三、加强国际法治合作

法治是人类政治文明的重要成果，是现代社会治理的基本手段，既是国家治理体系和治理能力的重要依托，也是维护世界和平与发展的重要保障。要旗帜鲜明地坚定维护以联合国为核心的国际体系，坚定维护以联合国宪章宗旨和原则为基础的国际法基本原则和国际关系基本准则，坚定维护以国际法为基础的国际秩序。引导国际社会共同塑造更加公正合理的国际新秩序，推动构建人类命运共同体。积极参与执法安全国际合作，共同打击暴力恐怖势力、民族分裂势力、宗教极端势力和贩毒走私、跨国有组织犯罪。坚持深化司法领域国际合作，完善我国司法协助体制，扩大国际司法协助覆盖面。加强反腐败国际合作，加大海外追赃追逃、遣返引渡力度。

四、提高涉外法治工作能力

法治是国家核心竞争力的重要内容。涉外法治工作涉及面广、环节众多，涵盖国内法、国别法、国际法等各个领域、不同层次，体现在国家立法、执法、司法和守法等各个重要环节中。要提高国际法斗争能力，坚持国家主权平等，坚持反对任何形式的霸权主义，坚持推进国际关系民主化法治化，综合利用立法、执法、司法等法律手段开展斗争，坚决维护国家主权、安全、发展利益。要主动参与并努力引领国际规则制定，对不公正不合理、不符合国际格局演变大势的国际规则、国际机制提出中国的改革方案，推动形成公正、合理、透明的国际规则体系，提高我国在全球治理体系变革中的话语权和影响力。

第十节　坚持建设德才兼备的高素质法治工作队伍

一、建设德才兼备的高素质法治工作队伍是推进全面依法治国的一项基础性工作

全面推进依法治国，必须建设一支德才兼备的高素质法治工作队伍。习近平总书记指出："研究谋划新时代法治人才培养和法治队伍建设长远规划，创新法治人才培养机制，推动东中西部法治工作队伍均衡布局，提高法治工作队伍思想政治素质、业务工作能力、职业道德水准，着力建设一支忠于党、忠于国家、忠于人民、忠于法律的社会主义法治工作队伍，为加快建设社会主义法治国家提供有力人才保障。"要坚持把法治工作队伍建设作为全面依法治国的基础性工作，大力推进法治专门队伍革命化、正规化、专业化、职业化，培养造就一大批高素质法治人才及后备力量。

二、加强法治专门队伍建设

法治工作是政治性很强的业务工作，也是业务性很强的政治工作。全面推进依法治国，首先必须把法治专门队伍建设好。要坚持把政治标准放在首位，加强科学理论武装，坚持用习近平新时代中国特色社会主义思想特别是习近平法治思想武装头脑，深入开展理想信念教育，深入开展社会主义核心价值观教育，不断打牢高举旗帜、听党指挥、忠诚使命的思想基础，永葆忠于党、忠于国家、忠于人民、忠于法律的政治本色。要把强化公正廉洁

的职业道德作为必修课，自觉用法律职业伦理约束自己，信仰法治、坚守法治，培育职业良知，坚持严格执法、公正司法，树立惩恶扬善、执法如山的浩然正气，杜绝办"金钱案""权力案""人情案"。完善法律职业准入、资格管理制度，建立法律职业人员统一职前培训制度和在职法官、检察官、警官、律师同堂培训制度。完善从符合条件的律师、法学专家中招录立法工作者、法官、检察官、行政复议人员制度。加强立法工作队伍建设。建立健全立法、执法、司法部门干部和人才常态化交流机制，加大法治专门队伍与其他部门具备条件的干部和人才交流力度。加强边疆地区、民族地区和基层法治专门队伍建设。健全法官、检察官员额管理制度，规范遴选标准、程序。加强执法司法辅助人员队伍建设。建立健全符合职业特点的法治工作人员管理制度，完善职业保障体系。健全执法司法人员依法履职免责、履行职务受侵害保障救济、不实举报澄清等制度。

三、加强法律服务队伍建设

法律服务队伍是全面依法治国的重要力量。要加强法律服务队伍建设，把拥护中国共产党领导、拥护社会主义法治作为法律服务人员从业的基本要求，加强对法律服务队伍的教育管理，引导法律服务工作者坚持正确政治方向，依法依规诚信执业，认真履行社会责任，满腔热忱投入社会主义法治国家建设。要充分发挥律师在全面依法治国中的重要作用，加强律师队伍思想政治建设，完善律师执业保障机制，增强广大律师走中国特色社会主义法治道路的自觉性和坚定性，建设一支拥护党的领导、拥护社会主义法治的高素质律师队伍。要落实党政机关、人民团体、国有企事业单位普遍建立法律顾问制度和公职律师、公司律师制度，健全相关工作规则，理顺管理体制机制，重视发挥法律顾问和公职律师、公司律师作用。要加强公证员、基层法律服务工作者、人民调解员队伍建设，推动法律服务志愿者队伍建设，建立激励法律服务人才跨区域流动机制，逐步解决基层和欠发达地区法律服务资源不足和人才匮乏问题。

四、创新法治人才培养机制

全面推进依法治国是一项长期而重大的历史任务，必须坚持以习近平法治思想为指导，立德树人，德法兼修，培养大批高素质法治人才。高校作为法治人才培养的第一阵地，要充分利用学科齐全、人才密集的优势，加强法治及其相关领域基础性问题的研究，对复杂现实进行深入分析、作出科学总结，提炼规律性认识，为完善中国特色社会主义法治体系、建设社会主义法治国家提供理论支撑。大力加强法学学科体系建设，认真总结法学教育和法治人才培养经验和优势，深入研究和解决好为谁教、教什么、教给谁、怎样教的问题，探索建立适应新时代全面依法治国伟大实践需要的法治人才培养机制。要强化法学教育实践环节，处理好法学知识和法治实践教学的关系，将立法执法司法实务工作部门的优质法治实践资源引进高校课堂，加强法学教育、法学研究工作者和法治实务工作者之间的交流。坚持以我为主、兼收并蓄、突出特色，积极吸收借鉴世界上的优秀法治文明成果，有甄别、有选择地吸收和转化，不能囫囵吞枣、照搬照抄，努力以中国智慧、中国实践为世界法治文明建设作出贡献。

第十一节　坚持抓住领导干部这个关键少数

一、领导干部是全面依法治国的关键

领导干部是全面推进依法治国的重要组织者、推动者、实践者，是全面依法治国的关键。习近平总书记指出："**各级领导干部作为具体行使党的执政权和国家立法权、行政权、司法权的人，在很大程度上决定着全面依法治国的方向、道路、进度。党领导立法、保证执法、支持司法、带头守法，主要是通过各级领导干部的具体行动和工作来体现、来实现。因此，高级干部做尊法学法守法用法的模范，是实现全面推进依法治国目标和任务的关键所在。**"领导干部对法治建设既可以起到关键推动作用，也能起到致命破坏作用。必须把领导干部作为全面依法治国实践的重中之重予以高度重视，牢牢抓住领导干部这个"关键少数"。各级领导干部要对法律怀有敬畏之心，带头依法办事，带头遵守法律，不断提高运用法治思维和法治方式深化改革、推动发展、化解矛盾、维护稳定、应对风险的能力。

二、领导干部应做尊法学法守法用法的模范

尊崇法治、敬畏法律，是领导干部必须具备的基本素质。习近平总书记指出："**古人说，民'以吏为师'。领导干部尊不尊法、学不学法、守不守法、用不用法，人民群众看在眼里、记在心上，并且会在自己的行动中效法。领导干部尊法学法守法用法，老百姓就会去尊法学法守法用法。**"领导干部必须做尊法的模范，带头尊崇法治、敬畏法律，彻底摒弃人治思想和长官意识，决不搞以言代法、以权压法。领导干部必须做学法的模范，深入学习贯彻习近平法治思想，带头了解法律、掌握法律，充分认识法治在推进国家治理体系和治理能力现代化中的重要地位和重大作用。领导干部必须做守法的模范，牢记法律红线不可逾越、法律底线不可触碰，带头遵纪守法、捍卫法治。领导干部必须做用法的模范，带头厉行法治、依法办事，真正做到在法治之下、而不是法治之外、更不是法治之上想问题、作决策、办事情。

三、领导干部要提高法治思维和依法办事能力

法治思维是基于法治的固有特性和对法治的信念来认识事物、判断是非、解决问题的思维方式。法治方式是运用法治思维处理和解决问题的行为模式。善用法治思维和法治方式可以促进法治实践，法治实践又会激发人们自觉能动地运用法治思维和法治方式。党政主要负责人要履行推进法治建设第一责任人职责，统筹推进科学立法、严格执法、公正司法、全民守法。领导干部要守法律、重程序，带头营造办事依法、遇事找法、解决问题用法、化解矛盾靠法的法治环境，善于用法治思维谋划工作，用法治方式处理问题。要牢记职权法定，牢记权力来自哪里、界线划在哪里，做到法定职责必须为、法无授权不可为。要坚持以人民为中心，牢记法治的真谛是保障人民权益，权力行使的目的是维护人民权益。要加强对权力运行的制约监督，依法设定权力、规范权力、制约权力、监督权力，把权力关进制度的笼子里。要把法治素养和依法履职情况纳入考核评价干部的重要内容，让尊法学法守法用法成为领导干部自觉行为和必备素质。

第一节　发挥法治在经济社会发展中的作用

一、以法治保障经济发展

厉行法治是发展社会主义市场经济的内在要求，也是社会主义市场经济良性运行的根本保障。中国特色社会主义进入新时代，党和国家通过完善市场经济法律体系，深化"放管服"改革，加强产权保护，保障公平竞争，鼓励诚实守信，营造公正、透明、可预期的法治环境，有力保障和促进了经济持续健康发展。习近平总书记在中央全面依法治国委员会第一次会议上指出："贯彻新发展理念，实现经济从高速增长转向高质量发展，必须坚持以法治为引领。"在中央全面依法治国委员会第二次会议上强调："法治是最好的营商环境。"这一系列重要论述，将优化营商环境建设、促进经济高质量发展，全面纳入法治化轨道，把依法平等保护各类市场主体产权和合法权益贯彻到立法、执法、司法、守法等各个环节，对于构建统一开放、竞争有序的现代市场体系，推进国家治理体系和治理能力现代化，必将产生更加重大而深远的影响。要加强党领导经济工作制度化建设，提高党领导经济工作法治化水平，以法治化方式领导和管理经济。要不断完善社会主义市场经济法律制度，加快建立和完善现代产权制度，推进产权保护法治化，加大知识产权保护力度。要积极营造公平有序的经济发展的法治环境，依法平等保护各类市场主体合法权益，营造各种所有制主体依法平等使用资源要素、公开公平公正参与竞争、同等受到法律保护的市场环境。要切实贯彻实施好《民法典》，更好保障人民权益，推进全面依法治国、建设社会主义法治国家。

二、以法治保障政治稳定

保障政治安全、政治稳定是法律的重要功能。党的十八大以来，党和国家通过修改宪法，依法保障人民当家作主，依法维护国家政治安全，党心民心进一步提振和凝聚，党的领导地位和人民民主专政政权更加稳固。习近平总书记指出："国际国内环境越是复杂，改革开放和社会主义现代化建设任务越是繁重，越要运用法治思维和法治手段巩固执政地位、改善执政方式、提高执政能力，保证党和国家长治久安。"在我国政治生活中，党是居于领导地位的，加强党的集中统一领导，支持人大、政府、政协和监察机关、法院、检察院依法依章程履行职能、开展工作、发挥作用，这两方面是统一的。推进全面依法治国，必须要加强和改善党的领导，健全党领导全面依法治国的制度和工作机制，推进党的领导制度化、法治化，通过法治保障党的路线方针政策有效实施，以法治方式巩固党的执政地位，以党的领导维护和促进政治稳定和国家长治久安。

三、以法治保障文化繁荣

文化是民族血脉和人民的精神家园，是一个国家的灵魂。党的十八大以来，紧紧围绕建立健全坚持社会主义先进文化前进方向、遵循文化发展规律、有利于激发文化创造力、保障人民基本文化权益的文化法律制度，深化文化体制改革，依法保障社会主义文化事业建设，促进社会主义文化大发展、大繁荣。全国人大常委会决定设立烈士纪念日、中国人民抗日战争胜利纪念日、南京大屠杀死难者国家公祭日，大力弘扬以爱国主义为核心的伟大民族精神。当前，我国文化建设进入一个新的发展阶段，文化事业日益繁荣，文化产业快速发展，特别是互联网新技术新应用日新月异，由此带来的相关法律问题日益突出。

要坚持用社会主义核心价值观引领文化立法，完善社会主义先进文化的法治保障机制，依法规范和保障社会主义先进文化发展方向，进一步完善中国特色社会主义文化法律制度体系。

要深入推进社会主义文化强国建设，加快公共文化服务体系建设，运用法治方式保障人民文化权益，满足人民群众的基本文化需求。

要坚持依法治网、依法办网、依法上网，加快网络法治建设，加强互联网领域立法，完善网络信息服务、网络安全保护、网络社会管理等方面的法律法规，依法规范网络行为，促进互联网健康有序发展。

四、以法治保障社会和谐

社会和谐稳定是人民群众的共同心愿，是改革发展的重要前提。随着改革开放和社会主义现代化建设不断推进，我国经济社会发生深刻变化，民生和社会治理领域出现一些新情况、新问题。妥善处理好这些矛盾和问题，处理好各方面利益关系，充分调动各方面积极性，从根本上还是要靠法律、靠制度。习近平总书记指出："全面推进依法治国，是解决党和国家事业发展面临的一系列重大问题，解放和增强社会活力、促进社会公平正义、维护社会和谐稳定、确保党和国家长治久安的根本要求。"充分发挥法治作为保障和改善民生制度基石的作用，加强民生法治保障，破解民生难题，着力保障和改善民生。

要更加注重社会建设，推进社会体制改革，扩大公共服务，完善社会管理，促进社会公平正义，满足人民日益增长的美好生活需要。

要坚持和完善共建共治共享的社会治理制度，完善党委领导、政府负责、社会协同、公众参与、法治保障的社会治理体制，畅通公众参与重大公共决策的渠道，切实保障公民、法人和其他组织合法权益。

要贯彻落实总体国家安全观，加快国家安全法治建设，提高运用法治手段维护国家安全的能力。切实做好新冠肺炎疫情依法防控工作，抓紧构建系统完备、科学规范、运行有效的疫情防控和公共卫生法律体系，依法保障人民群众生命健康安全。

五、以法治保障生态良好

生态环境是关系党的使命宗旨的重大政治问题，也是关系民生的重大社会问题。党的十八大描绘了生态文明建设的宏伟蓝图，勾勒出"美丽中国"的美好愿景。党的十八届三中全会提出要建设生态文明，必须建立系统完整的生态文明制度体系。党的十八届四中全会要求，用严格的法律制度保护生态环境，强化绿色发展的法律和政策保障。

习近平总书记在主持十九届中央政治局第六次集体学习时指出："只有实行最严格的制度，最严密的法治，才能为生态文明建设提供可靠保障。""保护生态环境必须依靠制度、依靠法治。我国生态环境保护中存在的突出问题大多同体制不健全、制度不严格、法治不严密、执行不到位、惩处不得力有关。要加快制度创新，增加制度供给，完善制度配套，强化制度执行，让制度成为刚性的约束和不可触碰的高压线。"

生态文明建设必须要纳入法治的轨道，以最严格的制度，最严密的法治，对生态环境予以最严格的保护，对破坏生态环境的行为予以最严厉的制裁，才能遏制住生态环境持续恶化的趋势，保障生态文明建设的持续健康发展。

要加大生态环境保护执法司法力度，大幅度提高破坏环境违法犯罪的成本，强化各类环境保护责任主体的法律责任，强化绿色发展法律和政策保障，用严格的法律制度保护生态环境。

要建立健全自然资源产权法律制度，完善国土空间开发保护法律制度，完善生态环境保护管理法律制度，加快构建有效约束开发行为和促进绿色发展、循环发展、低碳发展的生态文明法治体系。

第二节　正确处理全面依法治国重大关系

一、政治和法治

正确处理政治和法治的关系，是法治建设的一个根本问题。有什么样的政治就有什么样的法治，政治制度和政治模式必然反映在以宪法为统领的法律制度体系上，体现在立法、执法、司法、守法等法治实践之中。习近平总书记指出："法治当中有政治，没有脱离政治的法治。""每一种法治形态背后都有一套政治理论，每一种法治模式当中都有一种政治逻辑，每一条法治道路底下都有一种政治立场。"必须坚持党的领导、人民当家作主和依法治国有机统一，坚持宪法确定的中国共产党领导地位不动摇，坚持宪法确定的人民民主专政的国体和人民代表大会制度的政体不动摇。

党和法的关系是政治和法治关系的集中反映。习近平总书记强调："党和法的关系是一个根本问题，处理得好，则法治兴、党兴、国家兴；处理得不好，则法治衰、党衰、国家衰。"党的领导和依法治国不是对立的，而是统一的。"'党大还是法大'是一个政治陷阱，是一个伪命题。对这个问题，我们不能含糊其辞、语焉不详，要明确予以答。""我们说不存在'党大还是法大'的问题，是把党作为一个执政整体而言的，是指党的执政地位和领导地位而言的，具体到每个党政组织、每个领导干部，就必须服从和遵守宪法法律，就不能以党自居，就不能把党的领导作为个人以言代法、以权压法、徇私枉法的挡箭牌。""如果说'党大还是法大'是一个伪命题，那么对各级党政组织、各级领导干部来说，权大还是法大则是一个真命题。"各级领导干部尤其要弄明白法律规定怎么用权，什么事能干，什么事不能干，把权力运行的规矩立起来、讲起来、守起来，真正做到谁把法律当儿戏，谁就必然要受到法律的惩罚。

要处理好党的政策和国家法律的关系,两者在本质上是一致的。**党的政策是国家法律的先导和指引,是立法的依据和执法司法的重要指导。**要善于通过法定程序使党的政策成为国家意志、形成法律,并通过法律保障党的政策有效实施,从而确保党发挥总揽全局、协调各方的领导核心作用。**党的全面领导在法治领域,就是党领导立法、保证执法、支持司法、带头守法。**

二、改革和法治

法治和改革有着内在的必然联系,二者**相辅相成、相伴而生,如鸟之两翼、车之两轮。**必须**在法治下推进改革,在改革中完善法治。**党的十八大以来,习近平总书记就改革和法治的关系作出了一系列重要论述,强调全面深化改革需要法治保障,全面推进依法治国也需要深化改革,把法治改革纳入全面深化改革的总体部署;要发挥法治对改革的引领和推动作用,确保重大改革于法有据,做到在法治的轨道上推进改革,以法治凝聚改革共识、以法治引领改革方向、以法治规范改革进程、以法治化解改革风险、以法治巩固改革成果;要有序推进改革,该得到法律授权的不要超前推进,要切实提高运用法治思维和法治方式推进改革的能力和水平,要善于运用法治思维和法治方式想问题、作判断、出措施。

要坚持改革决策和立法决策相统一、相衔接,确保改革和法治实现良性互动。立法主动适应改革需要,积极发挥引导、推动、规范、保障改革的作用,做到重大改革于法有据,改革和法治同步推进,增强改革的穿透力。对实践证明已经比较成熟的改革经验和行之有效的改革举措,要尽快上升为法律,先修订、解释或者废止原有法律之后再推行改革;对部门间争议较大的重要立法事项,要加快推动和协调,不能久拖不决;对实践条件还不成熟、需要先行先试的,要按照法定程序作出授权,在若干地区开展改革试点,既不允许随意突破法律红线,也不允许简单以现行法律没有依据为由迟滞改革;对不适应改革要求的现行法律法规,要及时修改或废止,不能让一些过时的法律条款成为改革的"绊马索"。

善于通过改革和法治推动贯彻落实新发展理念。贯彻落实新发展理念,涉及一系列思维方式、行为方式、工作方式的变革,涉及一系列工作关系、社会关系、利益关系的调整。习近平总书记指出:"**要深入分析新发展理念对法治建设提出的新要求,深入分析贯彻落实新发展理念在法治领域遇到的突出问题,有针对性地采取对策措施,运用法治思维和法治方式贯彻落实新发展理念。**"立足新发展阶段,必须坚持以法治为引领,坚决纠正"发展要上,法治要让"的认识误区,杜绝立法上"放水"、执法上"放弃"的乱象,用法治更好地促进发展,实现经济高质量发展。

三、依法治国和以德治国

法律是成文的道德,道德是内心的法律。法律和道德都具有规范社会行为、调节社会关系、维护社会秩序的作用,在国家治理中都有此不同的地位和功能。在我国历史上,很早就有德刑相辅、儒法并用的思想。法是他律,德是自律,需要二者并用、双管齐下。习近平总书记指出:"**法律是准绳,任何时候都必须遵循;道德是基石,任何时候都不可忽视。在新的历史条件下,我们要把依法治国基本方略、依法执政基本方式落实好,把法治中国建设好,必须坚持依法治国和以德治国相结合,使法治和德治在国家治理中相互补充、相互促进、相得益彰,推进国家治理体系和治理能力现代化。**"法安天下,德润人心。中国特色社会主义法治道路的一个鲜明特点，就是坚持依法治国与以德治国相结合，既重视发挥法律的规范作用，又重视发挥道德的教化作用，这是历史经验的总结，也是对治国理政规律的深刻把握。

要强化道德对法治的支撑作用。坚持依法治国和以德治国相结合，就要重视发挥道德的教化作用，提高全社会文明程度，为全面依法治国创造良好人文环境。要在道德体系中体现法治要求，发挥道德对法治的滋养作用，努力使道德体系同社会主义法律规范相衔接、相协调、相促进。要在道德教育中突出法治内涵，注重培育人们的法律信仰、法治观念、规则意识，引导人们自觉履行法定义务、社会责任、家庭责任，营造全社会都讲法治、守法治的文化环境。

要把道德要求贯彻到法治建设中。以法治承载道德理念，道德才有可靠制度支撑。法律法规要树立鲜明道德导向，弘扬美德义行，立法、执法、司法都要体现社会主义道德要求，都要把社会主义核心价值观贯穿其中，使社会主义法治成为良法善治。要把实践中认同、较为成熟、可操作性强的道德要求及时上升为法律规范，引导全社会崇德向善。要坚持严格执法，弘扬真善美、打击假恶丑。要坚持公正司法，发挥司法断案惩恶扬善功能。

要运用法治手段解决道德领域突出问题。法律是底线的道德，也是道德的保障。要加强相关立法工作，明确对失德行为的惩戒措施。要依法加强对群众反映强烈的失德行为的整治。对突出的诚信缺失问题，既要抓紧建立覆盖全社会的征信系统，又要完善守法诚信褒奖机制和违法失信惩戒机制，使人不敢失信、不能失信。对见利忘义、制假售假的违法行为，要加大执法力度，让败德违法者受到惩治、付出代价。要提高全民法治意识和道德自觉，使全体人民成为社会主义法治的忠实崇尚者、自觉遵守者、坚定捍卫者，争做社会主义道德的示范者、良好风尚的维护者。要发挥领导干部在依法治国和以德治国中的关键作用，以实际行动带动全社会崇德向善、尊法守法。

四、依法治国和依规治党

国有国法，党有党规。依法治国、依法执政，既要求党依据宪法法律治国理政，也要求党依据党内法规管党治党。依规管党治党是依法治国的重要前提和政治保障。只有把党建设好，国家才能治理好。正确处理依法治国和依规治党的关系，是中国特色社会主义法治建设的鲜明特色。党的十九大提出要坚持依法治国和依规治党有机统一，并将其纳入新时代中国特色社会主义基本方略。习近平总书记强调："**要发挥依法治国和依规治党的互补性作用，确保党既依据宪法法律治国理政，又依据党内法规管党治党、从严治党。**"要坚持依法治国与制度治党、依规治党统筹推进、一体建设，注重党内法规同国家法律法规的衔接和协调，统筹推进依规治党和依法治国，促进党的制度优势与国家制度优势相互转化，提升我们党治国理政的合力和效能，提高党的执政能力和领导水平，促进国家治理体系和治理能力现代化，推动中国特色社会主义事业不断取得新成就。

要完善党内法规体系。党内法规体系是中国特色社会主义法治体系重要组成部分。**党内法规是党的中央组织、中央纪律检查委员会以及党中央工作机关和省、自治区、直辖市党委制定的体现党的统一意志、规范党的领导和党的建设活动、依靠党的纪律保证实施的专门规章制度。**党内法规体系是**以党章为根本，以民主集中制为核心，以准则、条例等中央党内法规为主干**，由各领域各层级党内法规制度组成的有机统一整体。要从全面依法治国和全面从严治党相统一的高度，科学认识党内法规及其与国家法律的关系，确保党内法规与国家法律的衔接与协调。

　　坚持依规治党带动依法治国。习近平总书记指出："依规治党深入党心，依法治国才能深入民心。"只有坚持依规治党，切实解决党自身存在的突出问题，才能使中国共产党始终成为中国特色社会主义事业的坚强领导核心，才能为全面依法治国确立正确的方向和道路，才能发挥好党领导立法、保证执法、支持司法、带头守法的政治优势。只有坚持依规治党，使各级党组织和全体党员牢固树立法治意识、规则意识、程序意识，弘扬宪法精神和党章精神，才能对科学立法、严格执法、公正司法、全民守法实行科学有效的领导，在全面依法治国中起到引领和保障作用。